westermann

Michael Scheiblich, Heino Sewekow

Prüfungswissen KOMPAKT

Zahnmedizinische Fachangestellte

2. Auflage

W0039095

Bestellnummer 27480

Zusatzmaterialien zu 27480

Für Lehrerinnen und Lehrer

Lehrerlizenz BiBox Dauerlizenz: 978-3-427-28078-1
Kollegiumslizenz BiBox Dauerlizenz: 978-3-427-28084-2
Kollegiumslizenz BiBox Schuljahr: 978-3-427-83547-9

inkl. E-Book

Für Schülerinnen und Schüler

Schülerlizenz BiBox Schuljahr: 978-3-427-28090-3

inkl. E-Book

westermann GRUPPE

© 2022 Bildungsverlag EINS GmbH, Ettore-Bugatti-Straße 6-14, 51149 Köln
www.westermann.de

Druck und Bindung: Westermann Druck GmbH,
Georg-Westermann-Allee 66, 38104 Braunschweig

ISBN 978-3-427-**27480**-3

Vorwort

Liebe angehende ZFAs,

dieser Band aus der Reihe „Prüfungswissen KOMPAKT" umfasst die Inhalte der schriftlichen Abschlussprüfung knapp, aber dennoch verständlich und umfassend. Er eignet sich als Nachschlagewerk sowie für eine effektive und schnelle Vorbereitung auf Klassenarbeiten oder Prüfungen.

Aufbau des Buches

→ Das Buch gliedert sich in die **Abschnitte A–D entsprechend der vier Prüfungsfächer**.

→ Zu Beginn eines Kapitals gibt eine **Mindmap** einen Überblick über die wichtigsten Inhalte. Sie ist der „rote Faden". Sie enthält auch Hinweise auf die Lernfelder laut Rahmenlehrplan.

→ **Abbildungen, Tabellen, ein Abkürzungsverzeichnis** sowie eine **Formelsammlung für das kaufmännische Rechnen** sollen den Stoff veranschaulichen, einprägsam machen und einfache Rechenwege aufzeigen.

→ Ein **Sachwortverzeichnis** erleichtert das schnelle Auffinden von Begriffen.

Der Inhalt wurde gegenüber der Vorauflage wesentlich überarbeitet, aktualisiert, korrigiert und um einige Thematiken (z. B. Vertragsbeziehungen zum Dentallabor und eHealth) erweitert.

Das Werk befindet sich auf dem Stand der Gesetzgebung vom 01.01.2022.
Für Hinweise und Verbesserungen sind die Autoren und der Verlag jederzeit dankbar.

Wir wünschen Ihnen viel Erfolg bei der Arbeit mit diesem Buch!

Autoren und Verlag, Köln 2022

Inhaltsverzeichnis

A

BEHANDLUNGSASSISTENZ

Behandlungsassistenz

Grundlagen
- Behandlungsablauf
- Mundhöhle [LF 2]
- Rachen [LF 2]
- Kau- und Schluckakt [LF 2]
- Zahnaufbau und Zahnhalteapparat [LF 2/10]
- Hirn- und Gesichtsschädel [LF 5]
- Nervensystem und Anästhesie [LF 5]
- Kaumuskulatur [LF 5]
- Kiefergelenk [LF 5]
- Erkrankungen der Mundhöhle [LF 8/10]
- Behandlungen bei Patienten mit Allgemeinerkrankungen und bei Schwangerschaft

Hygiene [LF 3]
- Mikrobiologie
- Infektionen
- Desinfektion und Sterilisation
- Aufbereitung von Medizinprodukten

Zahnerhaltung und Füllungstherapie [LF 4]
- Karies
  - Molaren-Inzisiven-Hypomineralisation
  - Füllungstherapie

Wurzelkanalbehandlung [LF 5]
- Pulpa
  - Entzündungen
  - Arbeitsschritte einer Wurzelkanalbehandlung

Parodontalbehandlung [LF 10]
- Zahnhalteapparat
  - Ursachen parodontaler Erkrankungen
  - Zeichen parodontaler Erkrankungen
  - Diagnostik
  - Systematische PAR-Behandlung

Zahnärztliche Chirurgie [LF 8]
- Extraktion
  - Operative Zahnentfernung
  - Mund-Antrum-Verbindung
  - Wurzelspitzenresektion
  - Zystenbehandlung
  - Implantation
  - Präprothetische Chirurgie
  - Verletzungen
  - Tumorentfernung

Kieferorthopädie [LF 10]
- Zahn- und Kieferfehlstellungen
  - Ursachen für Zahn- und Kieferfehlstellungen
  - Kieferfehlstellungen
  - Kieferorthopädische Behandlung

Prothetik [LF 12]
- Festsitzender Zahnersatz
- Herausnehmbarer und Kombi-Zahnersatz
- Abformarten und Abformmaterialien

Notfälle [LF 7]
- Notfallausrüstung
- Wiederbelebung (Reanimation)
- Erstmaßnahmen bei Notfällen

Verdauung und Stoffwechsel [LF 11]
- Abschnitte des Verdauungstrakts
- Leber und Bauchspeicheldrüse

Atmungssystem [LF 7]

Herz-Kreislauf-System [LF 7]
- Herzaufbau und -funktion
- Blutkreislauf
- Pulsmessung
- Blutdruck und seine Messung

Blut und Immunsystem [LF 7]
- Blutzellen
- Blutgerinnung
- Immunsystem
- Lymphsystem

Arzneimittellehre [LF 8]
- Arzneimittelformen und Verabreichungen
- Arzneimittelgruppen
- Arzneimittelverschreibung

Röntgen – bildgebende Systeme [LF 10]
- Röntgenstrahlen
- Röntgentechniken
- Fehlersuche
- Strahlenschutz
- Dokumentation
- Qualitätssicherung

Prophylaxe [LF 11]
- Diagnostik
- Zahngesundheit und Mundhygiene

13

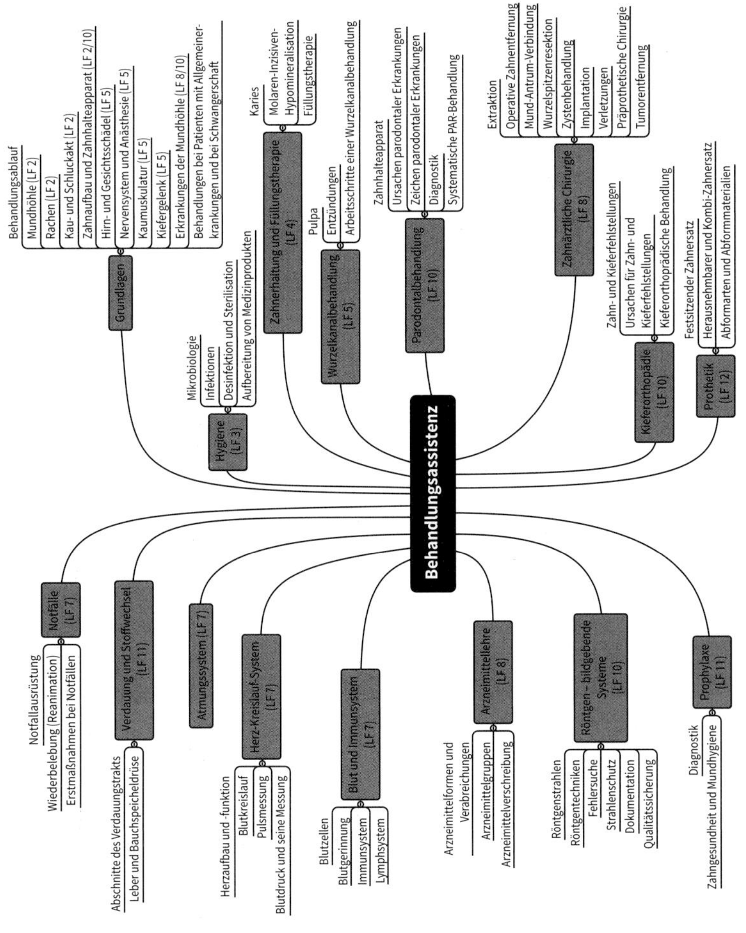

1 Grundlagen

1.1 Behandlungsablauf

Ein systematischer Behandlungsablauf gliedert sich in folgende Abschnitte:

1. **Anamnese** („Erinnerung") – Krankenvorgeschichte, Medikamenteneinnahme
   Man unterscheidet:
   --→ Allgemeine Anamnese: Vorerkrankungen, Medikamente
   --→ Spezielle Anamnese: Beschwerden und Erkrankungen im Zahn-Mund-Kieferbereich

2. **Befunderhebung** – Untersuchung
3. **Diagnose** („Entscheidung") – Feststellung und Benennung eines Krankheitsbildes
4. **Therapie** – Behandlung von Erkrankungen

Untersuchungsmethoden:
--→ Inspektion (Betrachtung): Mundhöhle, Zähne, Lippen, Kopf, Hals
--→ Palpation (Abtasten): Mundschleimhaut, Kaumuskeln, Lymphknoten, Kiefergelenke
--→ Perkussion (Beklopfen): Zähne
--→ Auskultation (Abhören): Kiefergelenke

1.2 Mundhöhle (Cavum oris)

Aufbau und Funktion:
--→ Mundschleimhaut (Mukosa): besteht aus Plattenepithel und Speicheldrüsen; geht im Bereich der Zähne in die **Gingiva** (Zahnfleisch) über; den Übergang nennt man **Mukogingivalgrenze** (farblich gut sichtbar: Mukosa dunkel/violett, Gingiva blassrosa)
Hauptaufgaben:
1. Anfeuchten von Nahrung
2. Sinnesfunktion (Geschmack-, Temperatur-, Tastempfinden)
3. Schutzfunktion (verhindert Eindringen von Krankheitserregern, Schutz vor Austrocknung und anderen schädigenden Einflüssen)

--→ Mundvorhof (Vestibulum)
--→ Lippen (Labia)
--→ Wange (Bucca) – Ausführungsgang Ohrspeicheldrüse
--→ Bänder (Frenulum): Lippenbändchen und Wangenbändchen

--→ Gaumen (Palatum): harter Gaumen (Palatum durum); weicher Gaumen (Palatum molle) mit Gaumensegel, Zäpfchen (Uvula) und Gaumenmandel (Tonsilla palatina); Übergang ist die „Ah"-Linie
--→ Mundboden: Hier befinden sich Ausführungsgänge von zwei großen Speicheldrüsen (Glandula sublingualis und Glandula submandibularis).
--→ Speicheldrüsen: produzieren ca. einen Liter Speichel täglich

1. Unterzungenspeicheldrüse (Glandula subligualis)
2. Unterkieferspeicheldrüse (Glandula submandibularis)
3. Ohrspeicheldrüse (Glandula parotis)

Ausführungsgänge: 1. + 2. münden in den Mundboden, 3. mündet im OK-Wangenbereich des 2. Molaren

Speichel: enthält Wasser (99 %), Mineralien, Eiweiße, wenige Zellen aus Abschilferungen und Bakterien; Funktion: Andauung von Nahrung (α-Amylase = Ptyalin), antibakterielle Wirkung, Gleitfähigmachen von Nahrung, Spülfunktion, Pufferung von Säuren, Remineralisation der Zähne

--→ Zähne
--→ Zunge (Lingua): besteht aus mehreren Muskeln, daher sehr beweglich; verfügt über mehrere Geschmacksknospen (bitter, sauer, salzig, süß und umami), die überwiegend am Zungenrücken liegen; Funktion: Transport von Nahrung Richtung Rachen, unterstützt den Kauvorgang, Lautbildung beim Sprechen, Wahrnehmung von Geschmack

1.3   Rachen (Pharynx)

--→ **Aufbau:** Muskelschlauch mit Schleimhaut ausgekleidet; wird unterteilt in Nasenrachen (Epipharynx/Nasopharynx), Mundrachen (Mesophayrnx/Oropharynx), unterer Rachenraum (Hypopharynx)
--→ **Funktion:** Luftweg beim Atmen, Weg der Nahrung beim Schlucken, Druckausgleich zwischen Rachen und Mittelohr (Tuba auditiva)

1.4 Kau- und Schluckakt

Schematische Darstellung des Kau- und Schluckaktes:

Mundhöhle
→ Zähne zerkleinern Nahrung
→ Zunge transportiert Nahrung Richtung Rachen

Mesopharynx
→ Kreuzung von Atem- und Speiseweg
→ Gaumensegel schließt sich (Nasenrachen/Nasopharynx wird verschlossen)
→ Kehldeckel (Epiglottis) verschließt Luftröhre

Hypopharynx
→ Trennung von Atem- und Speiseweg
→ Nahrung gelangt in Speiseröhre
→ Luft gelangt in Luftröhre

1.5 Zahnaufbau und Zahnhalteapparat

Gebiss

Man unterscheidet zwei Dentitionen (Zahndurchbrüche) im Leben:

1. **Milchgebiss:** insgesamt 20 Milchzähne; je Kieferhälfte zwei Milchschneidezähne, ein Milcheckzahn, zwei Milchmolaren, <u>keine</u> Prämolaren; erster Zahndurchbruch mit ca. sechs Monaten, vollständiges Milchgebiss mit ca. 2 ½ Jahren; Aussehen: kleiner, runder und heller als bleibende Zähne
   Wechselgebiss: Übergang zwischen Milchgebiss und bleibendem Gebiss, sowohl Milchzähne als auch bleibende Zähne sind gleichzeitig vorhanden; beginnt etwa im sechsten Lebensjahr

2. **Bleibendes Gebiss:** insgesamt 32 Zähne; je Kieferhälfte zwei Schneidezähne, ein Eckzahn, zwei Prämolaren und drei Molaren; Durchbruch des ersten bleibenden Zahnes mit ca. sechs Jahren, vollständig bleibendes Gebiss ist in der Regel im Alter von 18–25 Jahren ausgebildet; Aussehen: größer und dunkler als die Milchzähne; Mineralisation (Einbau von Mineralien und damit Erhöhung der Widerstandsfähigkeit gegenüber Säuren) erfolgt teilweise erst nach Durchbruch

Begriffe:

--→ **Ersatzzähne:** ersetzen die vorhandenen Milchzähne

--→ **Zuwachszähne:** zusätzliche Zähne, die hinter den vorhandenen Milchzähen wachsen

--→ **Retinierte Zähne**: im Knochen zurückgehaltene Zähne, häufig Weisheitszähne und OK-Eckzähne

--→ **Verlagerte Zähne:** nicht regelgerechte Lage im Kieferknochen, ebenfalls häufig Weisheitszähne und OK-Eckzähne

--→ **Antagonist:** Zahn im Gegenkiefer

--→ **Okklusion:** Kontakt beim Schließen der Zähne zwischen Ober- und Unterkieferzähnen

Zeichen einer regelrechten Okklusion (eugnathe Verzahnung):

- Schneidekanten der OK-Frontzähne ragen 1–2 mm über die UK-Frontzahnschneidekanten
- Zahnbogen des OK liegt weiter vestibulär als der UK-Zahnbogen
- Mittellinie zwischen den ersten Frontzähnen des OK stimmt mit denen des UK überein
- mesio-bukkaler Höcker des 1. OK-Molaren greift in die Querfissur des 1. UK-Molaren
- OK-Eckzahnspitze liegt zwischen UK-Eckzahn und 1. UK-Prämolaren

--→ **Artikulation:** Gleitbewegungen der Zahnreihen aufeinander; beim Kauen und Schlucken

--→ **Zahnentwicklung:** beginnt bereits im zweiten Schwangerschaftsmonat; aus Mundhöhlenepithel (obere Zellschicht der Schleimhaut) bildet sich jeweils eine Zahnleiste für zukünftigen OK und UK; an jeder Zahnleiste bilden sich zehn Zahnknospen (Zahanlagen) → Entwicklung zur Zahnkappe und abschließend zur Zahnglocke, dort beginnt ca. im vierten Schwangerschaftsmonat die Zahnhartsubstanzentwicklung

Zahnaufbau

--→ **Makroskopisch** (mit Auge sichtbar): Zahnkrone (Corona dentis), Zahnhals (Cervix/ Collum dentis), Zahnwurzel (Radix dentis) mit Wurzelspitze (Apex) und dort Wurzelspitzenloch (Foramen apikale)

⇢ **Mikroskopisch** (Aufbau der Substanzen nur mit Mikroskop sichtbar):

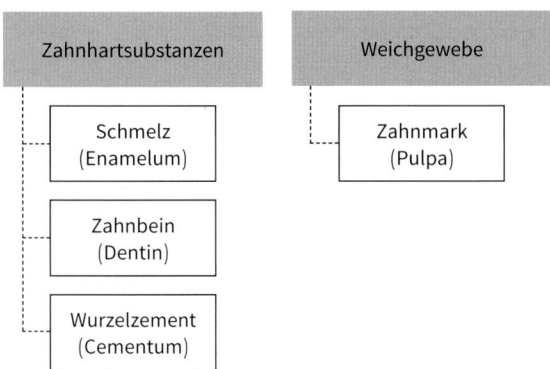

Alle drei Zahnhartsubstanzen bestehen hauptsächlich aus einem kristallinen Mineral, dem sogenannten Hydroxylapatit (Verbindung aus Phosphat, Kalzium und Fluorid [Fluorapatit]).

- **Schmelz** (Enamelum): härteste Substanz des Körpers (Hydroxylapatitanteil 96 %), wird einmalig durch Ameloblasten gebildet, diese gehen nach Zahndurchbruch zugrunde → keine Schmelzneubildung möglich
  Im Schmelz liegt das Hydroxylapatit in Form kleiner, sechskantiger Kristalle (Schmelzprismen) vor, dadurch die große Härte:

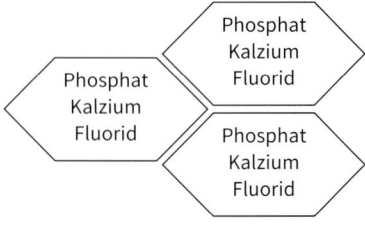

Schmelzprismen

- **Zahnbein** (Dentin): Zahn besteht größtenteils aus Dentin, zweithärteste Substanz des Körpers (Hydroxylapatitanteil ca. 69 %), zudem aus Fasern, Kohlenhydraten, Eiweißen, Fetten; wird lebenslang durch Odontoblasten (Lage: Rand der Pulpa) gebildet → Sekundär- und Tertiärdentin, über Odontontoblastenfortsätze (Tomes-Fasern) ist das Dentin mit der Pulpa verbunden.

- **Wurzelzement** (Cementum): niedrigster Hydroxylapatitanteil mit ca. 49 %, ähnelt bezüglich seiner Härte dem menschlichen Knochen, wird lebenslang durch Zementoblasten gebildet
- **Zahnmark** (Pulpa): besteht aus Blut-, Nerven- und Lymphgefäßen sowie Bindegewebe; durch das Foramen apicale an der Wurzelspitze treten die Gefäße in den Kieferknochen; Reizweiterleitung (z. B. Schmerzen) erfolgt über die Nerven der Pulpa Richtung ZNS (zentrales Nervensystem); am Rande der Pulpa liegen die Odontoblasten → Dentinbildung

Zahnhalteapparat (Parodontium)

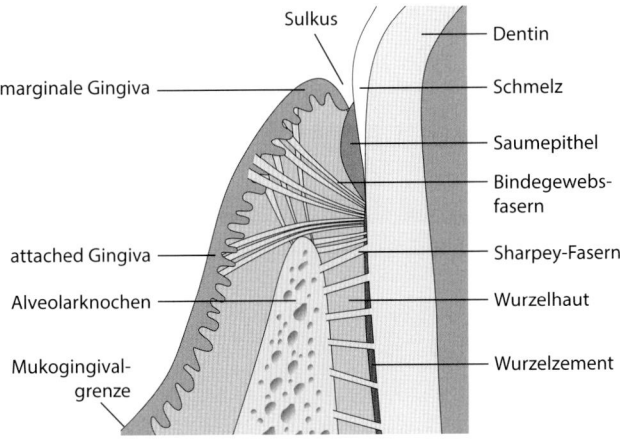

Zahnhalteapparat

-→ **Aufbau:** Wurzelhaut (Periodont, Desmodont), Wurzelzement, Alveolarknochen, Zahnfleisch (marginale und attached Gingiva)
  - Marginale Gingiva: freie, bewegliche Gingiva zirkulär (rundherum) um den Zahn auf Höhe des Zahnhalses; mit Saumepithel als ringförmige Manschette
  - Attached Gingiva (Gingiva propria): befestigte Gingiva, mit Alveolarknochen fest verwachsen

-→ **Funktion:** Verankerung des Zahns im Kieferknochen; Abschirmung von der bakteriellen Mundhöhle; Übertragung von Druck, Tastreizen und Schmerz an das Nervensystem

--→ **Saumepithel:** nicht sichtbar, sorgt als Attachment (Befestigung) für Verbindung zwischen Zahn und Gingiva
--→ **Sharpey-Fasern:** sorgen als Attachment mit Bindegewebsfasern für Verbindung zwischen Zahn und Alveolarknochen

1.6   Hirn- und Gesichtsschädel

▶   Die Gesamtheit aller Knochen (Os) wird als Skelett bezeichnet.

Knochenzellen (Osteozyten) erneuern den Knochen ständig. Behilflich sind dabei
--→ Knochen aufbauende Zellen (Osteoblasten) und
--→ Knochen abbauende Zellen (Osteoklasten).

Knochenaufbau am Beispiel eines Röhrenknochens (von außen nach innen):

Knochenhaut (Periost):
umgibt Knochen, enthält Nerven und Blutgefäße

Außenwand (Kompakta):
gibt Knochen Stabilität und Schutz

Knochenbälckchen (Spongiosa):
schwammartiges Innengerüst

Knochenmark:
dient der Blutbildung

--→ **Schädelknochen:** ähnlicher Aufbau wie Röhrenknochen; man unterscheidet Hirnschädel und Gesichtsschädel

Hirnschädelknochen
--> Stirnbein (Os frontale)
--> Scheitelbein (Os parietale)
--> Schläfenbein (Os temporale)
--> Hinterhauptbein (Os occipitale)
--> Keilbein (Os sphenoidale)

Gesichtsschädelknochen
--> Oberkiefer (Maxilla)
--> Unterkiefer (Mandibula)
--> Jochbein (Os zygomaticum)
--> Gaumenbein (Os palatinum)
--> Nasenbein (Os nasale)
--> Tränenbein (Os lacrimale)
--> Pflugscharbein (Vomer)
--> Siebbein (Os ethmoidale)
--> Untere Nasenmuschel (Concha nasalis inferior)

--> **Foramen:** Loch im Knochen für den Durchtritt von Nerven und Blutgefäßen

--> **Unterkiefer:** einziger Knochen, der beweglich mit dem Schädel verbunden ist
→ durch Kiefergelenk

Aufbau Unterkiefer:
- UK-Körper (Corpus mandibulae)
- Aufsteigender Ast (Ramus mandibulae) mit zwei Fortsätzen:
  1. Muskelfortsatz (Processus muscularis): Ansatz Schläfenmuskel
  2. Gelenkfortsatz mit Kondylus: bildet Teil des Kiefergelenks
- Kieferwinkel
- Zahntragender Alveolarfortsatz (Processus alveolaris)
- Foramen mandibulae: Innenseite, Eingang Kanal des N. alveolaris inferior
- Foramen mentale: Außenseite im Bereich der Prämolaren, Austritt des N. alveolaris inferior jetzt als N. mentalis
- Knochenvorsprünge für Muskelansätze

--> **Nasennebenhöhlen:** luftgefüllte Knochenkammern, stehen in direkter Verbindung zur Nase
- Kieferhöhle (Sinus maxillaris): besondere Bedeutung in der Zahnheilkunde → mögliche Entzündung durch grippalen Infekt oder Mund-Antrum-Verbindung (MAV) nach Extraktion
- Stirnhöhle (Sinus frontalis)
- Keilbeinhöhle (Sinus sphenoidalis)
- Siebbeinzellen (Cellulae ethmoidales)
  Funktion: trägt zur Stimmbildung bei, Gewichtsreduktion des Schädels

1.7 Nervensystem und Anästhesie

Nervensystem (NS)

Das **Nervensystem** sorgt für die Aufnahme von Reizen, deren Umwandlung in Erregungen und anschließende Weiterleitung und Verarbeitung. Nerven können mit einem Glasfaserkabel verglichen werden.

Einteilung nach Lage	Einteilung nach Funktionsweise
--→ **Zentrales** NS (ZNS): Gehirn und Rückenmark	--→ **Willkürliches** NS: nimmt Reize bewusst war, steuert Bewegungsabläufe
--→ **Peripheres** NS: Hirnnerven und Rückenmarksnerven	--→ **Autonomes** NS: kann nicht beeinflusst werden und steuert Atmung, Herztätigkeit, Blutdruck, Verdauung und Stoffwechsel Hier gibt es zwei Gegenspieler: Sympathikus („Leistungsnerv", erhöht Blutdruck, Puls; erweitert Pupillen und Bronchien; hemmt Verdauung) und Parasympathikus („Ruhenerv", bewirkt das Gegenteil)

--→ **Gehirn:**

- Großhirn; Funktion: Bewusstsein, Denken
- Hirnstamm; Funktion: Regulation von Körperfunktionen
- Zwischenhirn mit Hirnanhangsdrüse (Hypophyse); Funktion: Hormonsteuerung
- Kleinhirn; Funktion: Gleichgewicht, Feinmotorik

--→ **Rückenmark:**

- verläuft in der Wirbelsäule durch den Rückenmarkskanal; Funktion: Verbindung des peripheren NS mit dem Gehirn
- besteht aus sensiblen, motorischen und gemischten Nervenfasern
  - Sensible Nervenfasern: leiten Informationen von Sinneszellen zum ZNS, z. B. Temperatur, Schmerz, Druck
  - Motorische Nervenfasern: leiten Informationen vom ZNS zu Muskeln, Organen und Drüsen
  - Gemischte Nervenfasern: enthalten sensible und motorische Fasern

--→ **Hirnnerven:**

Hirnnerven ziehen direkt vom Gehirn durch die Schädeldecke. Man unterscheidet insgesamt zwölf, von denen in der Zahnmedizin besonders der Nervus (N.) trigeminus (V. Hirnnerv) und der N. facialis (VII. Hirnnerv) eine zentrale Rolle spielen.

- **N. facialis** (VII. Hirnnerv): motorischer Nerv für die mimische Muskulatur von Kopf und Hals; Verletzung kann zu einer Facialis-Parese führen
- **N. trigeminus** (V. Hirnnerv):

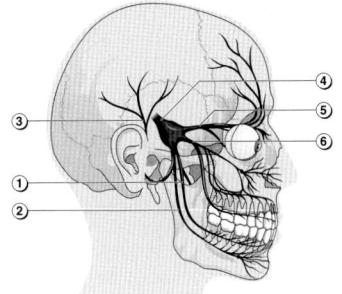

Aufbau: N. trigeminus ④ teilt sich noch vor Austritt aus dem Schädel in einem Ganglion (Nervenknotenpunkt) in seine drei Hauptäste:
– N. ophtalmicus (Augenast) ⑤
– N. maxillaris (Oberkieferast) ⑥
– N. mandubularis (Unterkieferast)

Diese Hauptäste geben im Verlauf noch weitere Äste ab.

N. ophthalmicus (Augenast)	N. maxillaris (Oberkieferast)	N. mandibularis (Unterkieferast)
mehrere Äste in Augenhöhle	⇢ Nn. alveolares superiores	⇢ N. alveolaris inferior ② mit N.mentalis
	⇢ N. infraorbitalis	⇢ N. lingualis ①
	⇢ N. incisivus	⇢ N. buccalis; N. auriculotemporalis ③
	⇢ N. palatinus	⇢ Muskeläste

Funktion: N. trigeminus enthält sensible Nervenfasern zur Versorgung der Zähne, Haut und Schleimhäute sowie motorische Nervenfasern für die Kaumuskulatur. Die OK-Zähne werden durch die **Nn.** (Nervi = Mehrzahl) **alveolares superiores** (Ast des N. maxillaris), die UK-Zähne durch den **N. alveolaris inferior** sensibel versorgt. Der N. alveolaris inferior gibt in seinem Verlauf durch den UK den N. mentalis als Ast ab. Zusätzlich liegt in unmittelbarer Nähe zum N. alveolaris inferior noch der N. lingualis (versorgt zwei Drittel der

Zunge sensibel) → bei Anästhesie des UK daher häufig Betäubung der Zunge. Besondere Vorsicht ist auch bei der Entfernung der unteren Weisheitszähne geboten, da eine dauerhafte Schädigung des N. lingualis möglich ist.

- **Aufbau von Nervenzellen (Neuronen/Neurozyten):**

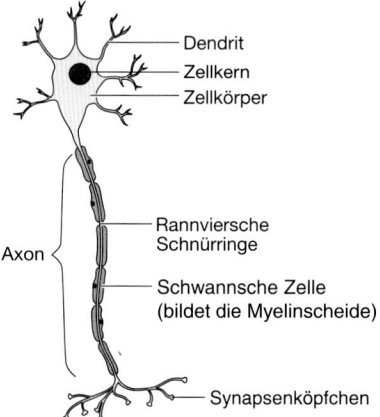

Dendriten (Empfangsantennen) nehmen Informationen auf, Zellkörper mit Zellfortsatz (Axon) leiten diese in Form von elektrischen Impulsen weiter. Die Myelinscheide isoliert die Nervenfaser und sorgt für eine schnelle Erregungsweiterleitung. Am Ende des Axons werden Erregungen in Form chemischer Botenstoffe über Schaltstellen (Synapsen) an weitere Neuronen übertragen.

- **Anastomosen:** natürliche Verbindungen zwischen verschiedenen Nervenfasern; Vorkommen: häufig im UK-Frontbereich, manchmal zusätzliche Anästhesie notwendig

Anästhesie (Schmerzausschaltung)

Lokalanästhesie (örtliche Betäubung)	Narkose (allgemeine Betäubung)
→ Oberflächenanästhesie	→ in der zahnärztlichen Praxis selten, da Anästhesist erforderlich
→ Infiltrationsanästhesie; Sonderform: intraligamentäre Anästhesie	→ Formen: Intubationsnarkose (mit Beatmung), Sedierung (Patient atmet selbstständig)
→ Leitungsanästhesie	

--→ **Formen der Lokalanästhesie:**

- **Oberflächenanästhesie:** örtliche Betäubung von Schleimhaut mit Lösung, Gel oder Spray; kurze Wirkdauer; Einsatz bei Nahtentfernung, Betäubung der Einstichstelle, Unterdrückung von Brechreiz, Druckstellenbehandlung
- **Infiltrationsanästhesie:** örtliche Betäubung der Zahnnerven; Anästhetikum wird in Schleimhaut injiziert (eingespritzt) und infiltriert (dringt ein) in umgebendes Gewebe und Knochen; funktioniert nur bei dünner äußerer Knochenschicht (gesamter OK und UK-Frontzahnbereich); Wirkdauer: bis zu mehreren Stunden
- **Intraligamentäre Anästhesie:** Sonderform der Infiltrationsanästhesie; Injektion direkt in Desmodontalspalt (zwischen Zahn und Aveolarknochen); hoher Druck erforderlich, daher besondere Spritzensysteme; geeignet für kurze Behandlungen, bei einzelnen Zähnen, Behandlung von Schwangeren und Kindern sowie PAR-Behandlung
- **Leitungsanästhesie:** örtliche Betäubung direkt am Nervstamm; man unterscheidet intra- und extraoral (extraoral spielt in der zahnärztlichen Praxis kaum eine Rolle); Anwendung vor allem zur Anästhesie des N. alveolaris inferior; Wirkdauer: bis zu mehreren Stunden

--→ **Aspiration** (Ansaugung): Bei einer örtlichen Betäubung darf nie in ein Blutgefäß injiziert werden. Durch Zurückziehen des Kolbens einer Spritze bei der Injektion kann dies überprüft werden.

--→ **Inhaltsstoffe von Lokalanästhetika:** anästhetischer Wirkstoff, Wasser, Vasokonstringenz (blutgefäßverengende Substanzen, meist Adrenalin/Noradrenalin/Vasopressin), Puffersysteme, manchmal noch Sulfite und Konservierungsmittel

--→ **Zwischenfälle bei Lokalanästhesien:**

- Sulfite und Konservierungsmittel: allergische Reaktion möglich
- Vasokontringenzien: mögliche Herz-Kreislauf-Probleme bei Patienten mit zu hohem Blutdruck und Herzerkrankungen
- Vergiftungserscheinungen
- Blutergüsse bei Einstichstelle
- Nervverletzungen
- Kopfschmerzen
- Schluckstörungen
- Verbrennungen und Bissverletzungen nach Anästhesie

▶ Vor jeder Anästhesie ist eine aktuelle Anamnese des Patienten notwendig; nach erfolgter Anästhesie sollte ein Patient nie unbeaufsichtigt bleiben.

1.8 Kaumuskulatur

--> **Unterkieferöffnungsmuskulatur:**
- M. („Musculus" = Muskel) digastricus
- M. mylohyoideus
- M. geniohyoideus

--> **Haupt-Unterkieferschließmuskulatur:**
- M. masseter: Okklusion herstellen, Kieferschluss
- M. temporalis: Kieferschluss
- M. pterygoideus medialis: Vorschub des UK und Kieferschluss
- M. pterygoideus lateralis: Vorschub des UK und Seitwärtsbewegung

▶ Bei Abwechslung zwischen M. pterygoideus lateralis und medialis findet eine **Artikulation** des UK statt.

1.9 Kiefergelenk

Der Unterkiefer (Mandibula) ist beidseits beweglich durch das Kiefergelenk mit dem Schläfenbein (Os temporale) verbunden. Das Kiefergelenk liegt jeweils vor dem Gehörgang.

--> **Aufbau des Kiefergelenks:**

Aufbau des Kiefergelenks	
• Gelenkgrube (Fossa mandibularis) • Gelenkhöckerchen (Tuberculum articulare)	Teile des Schläfenbein (Os temporale) → siehe Seite 21 „Hirnschädelknochen"
Knorpelscheibe (Discus articularis)	
• Gelenkkopf (Kondylus; Caput mandibulae)	Teil des Unterkiefers (Mandibula) → siehe Seite 21 „Unterkiefer"

--> **Funktion:** Dreh-Gleit-Bewegungen bei Mundöffnung und Kieferschluss, Seitwärtsbewegung; Kauen ist eine Kombination aus Dreh-Gleit- und Seitwärtsbewegung.

--> **Kieferklemme:** Mund kann nicht mehr geöffnet werden; Ursache können Entzündungen sein

--> **Kiefersperre:** Mund kann nicht mehr geschlossen werden; Ursache: Kondylus verkantet bei sehr weiter Mundöffnung vor dem Gelenkhöckerchen

1.10 Erkrankungen der Mundhöhle

-→ **Stomatitis:** meist bakterielle Entzündung der Mundschleimhaut, oft bei schlechter Mundhygiene oder fiebrigen Erkrankungen

-→ **Gingivitis:** Zahnfleischentzündung (bei rechtzeitiger Behandlung **ohne** Zahnfleischtaschen und Knochenabbau); reversibel (komplett heilbar); Ursachen: mangelhafte Plaqueentfernung, bei Veränderung des Hormonhaushalts (Schwangerschaft) → führt unbehandelt zur Parodontitis

-→ **Parodontitis:** bakterielle Entzündung des Zahnhalteapparates (Zahnbettentzündung) mit Zahnfleischtaschen, Knochenabbau und Zahnlockerungen; irreversibel (kann bei Behandlung gestoppt werden, entstandene Schäden regenerieren sich jedoch nicht von allein → Knochenabbau (Atrophie) muss gegebenenfalls operativ behandelt werden); Ursache: meistens, wie bei der Gingivitis, mangelhafte Plaqueentfernung

-→ **Gingivahyperplasie:** Zahnfleischverdickung durch übermäßige Bindegewebsbildung; Ursache: einige Herzmedikamente, Medikamente zur Epilepsiebehandlung

-→ **Epulis:** gutartige knotenförmige Gingivawucherung an einem Zahn; Ursache: chronische Entzündung des Zahnfleisches, z. B. durch schlechtsitzende Zahnrestaurationen

-→ **Rezessionen (Zahnfleischrückgang):** meistens verursacht durch falsche Putztechnik oder zu starkem Zug von Lippen- oder Wangenbändchen

-→ **Pilzerkrankungen (Mykosen):** weiße, abwischbare Beläge auf geröteter Schleimhaut; Ursache: Abwehrschwäche des Immunsystems; häufig Hefepilz Candida albicans als Auslöser, daher auch Candidose/Soor benannt

-→ **Lippenherpes (Herpes simplex labialis):** ansteckende Virusinfektion der Lippenschleimhaut; anfänglich Juckreiz, später eitrige Bläschen mit starkem Spannungsgefühl und Krustenbildung; Ursache: Herpes-Simplex-Virus, begünstigt durch Stress, Sonneneinstrahlung und fieberhafte Erkrankungen → Virus verbleibt lebenslang im Körper

-→ **Aphthen:** entzündliche, oberflächliche Schleimhautdefekte auf der Mundschleimhaut; meist weißliche Bläschen mit rotem Zentrum, die aufplatzen; Ursache: unbekannt; eventuell viral, meist bei Stress und geschwächtem Immunsystem

-→ **Einreißung (Rhagaden):** schmerzhafte, schlecht heilende spaltförmige Einrisse der Haut, meistens im Mundwinkel; Ursachen: Allgemeinerkrankungen, lange zahnärztliche Behandlungen, abgesunkener Biss bei Zahnlosigkeit

-→ **Druckstellen (Dekubitus):** schmerzhafter, durch falsche Druckbelastung verursachter Schleimhautdefekt; Ursache: neuer oder schlechtsitzender Zahnersatz

-→ **Leukoplakie:** weiße, nicht abwischbare Flecken auf der Mundschleimhaut; kann eine Krebsvorstufe (Präkanzerose) des Plattenepithelkarzinoms sein → Probeentnahme und pathologische Untersuchung erforderlich

⋯→ **Tumore (Schwellungen):** selbstständige Gewebeneubildung; man unterscheidet gutartige (benigne) von bösartigen (maligne) Tumoren → sichtbare Unterscheidung nicht möglich, Probeentnahme und pathologische Untersuchung notwendig

1.11 Behandlungen bei Patienten mit Allgemeinerkrankungen und bei Schwangerschaft

⋯→ **Anästhesierisiko** durch Adrenalin bei Patienten mit
- Herzmuskelschwäche,
- erhöhten Blutdruckwerten (Hypertonie),
- Herzrhythmusstörungen,
- Zustand nach Herzinfarkt,
- Erkrankungen der Herzkranzgefäße

⋯→ **Endokarditisprophylaxe** bei Patienten mit
- ersetzter Herzklappe,
- Herzklappenfehler
→ Antibiotikagabe zur Verhinderung einer Entzündung der Herzinnenhaut (Endokard)

⋯→ **Herzschrittmacher-Träger:** Vorsicht bei Verwendung von
- Elektrochirurgiegeräten,
- Ultraschallgeräten
→ Es können Störungen des Schrittmachers auftreten.

⋯→ **Diabetes mellitus:**
- Schwankung des Blutzuckerwertes → durch Adrenalin im Anästhetikum, Stress oder Angst
- mögliche Wundheilungsstörungen nach operativen Eingriffen

⋯→ **Schwangerschaft:** strenge Vorsichtsmaßnahmen insbesondere bei
- Röntgenaufnahmen (strenge Indikation),
- Verabreichung von Medikamenten (Schmerzmittel, Antibiose, Lokalanästhetikum),
- Behandlung im letzten Schwangerschaftsdrittel: keine Rückenlagerung wegen Vena-Cava-Syndrom (Blutrückfluss zum Herzen durch Druck der Gebärmutter auf die untere Hohlvene ist gestört. Risiko der Ohnmacht; im schlimmsten Fall Herz-Kreislauf-Schock und das ungeborene Kind verstirbt!)

2 Hygiene

▶ Hygiene ist die Lehre von der Verhütung von Krankheiten und umfasst alle Maßnahmen zur Förderung und Erhaltung der Gesundheit.

⇢ Vorbeugung (Prävention/Prophylaxe) von Infektionskrankheiten
⇢ Arbeitsplatzhygiene (Reinigung, Desinfektion und Sterilisation)
⇢ persönliche Hygiene
⇢ Persönliche Schutzausrüstung (PSA)

2.1 Mikrobiologie

▶ Mikrobiologie ist die Lehre von den Kleinlebewesen (Mikroorganismen).

Mikroorganismen kommen überall im und auf dem Körper vor: auf Haut, Schleimhäuten, in Mundhöhle und Darm. Ohne Mikroorganismen ist keine Verdauung und Blutgerinnung möglich (**Symbiose:** Zusammenleben von Menschen und Mikroorganismen zum gegenseitigen Nutzen). Unterschieden werden **apathogene Mikroorganismen** (nicht krankheitserregend) und **pathogene Mikroorganismen** (krankheitserregend; Erreger von Infektionskrankheiten).

Hauptgruppen von Mikroorganismen	Infektiöse Eiweißmoleküle
⇢ Bakterien	Prionen
⇢ Viren	
⇢ Pilze	
⇢ Protozoen	

⇢ **Bakterien:** einzellige Mikroorganismen (mit Zellmembran, Zellwand und Kapsel), ohne Zellkern, besitzen Geißeln zur Fortbewegung, vermehren sich durch Zellteilung (Verdopplung ca. alle 20 Minuten), können widerstandsfähige Dauerformen (Sporen) bilden, unter Lichtmikroskop sichtbar, auf Nährböden anzüchtbar
Unterscheidung:
1. Form: **kugelförmig** (Kokken) – Monokokken (einzeln), Diplokokken (zweikugelig), Streptokokken (kettenförmig), Staphylokokken (traubenförmig); **stäbchenförmig** (Bazillen); **spiralförmig** (Spirochäten)
2. Verhalten beim Anfärben (Gram-Färbung): **grampositiv** (blau) – dicke Zellwand; **gramnegativ** (rot) – dünne Zellwand
3. Verhalten gegenüber Sauerstoff: **aerob** (Sauerstoff wird benötigt); **anaerob** (Sauerstoff wird nicht benötigt); **fakultativ aerob** (Bakterium kann mit oder ohne Sauerstoff leben)

Bakterielle Erkrankungen (Beispiele)

⇢ Karies	⇢ Salmonellose
⇢ Tetanus	⇢ Syphilis
⇢ Tuberkulose	⇢ Gonorrhö
⇢ Scharlach	⇢ Furunkel
⇢ Diphtherie	⇢ Typhus

⇢ **Viren:** Infektionserreger, ca. hundertmal kleiner als Bakterien, besitzen **keine** Zellstruktur, Grundstruktur: Eiweißhülle und Kapsid, nur mit Elektronenmikroskop sichtbar, haben keinen eigenen Stoffwechsel, benötigen für Vermehrung **Wirtszellen** (man nennt Viren deshalb auch Zellparasiten), nicht auf Nährböden anzüchtbar

Virusvermehrung:
1. Virus lagert sich an Wirtszelle
2. Virus gelangt in Wirtszelle und setzt sein Erbmaterial frei
3. Virus-Erbmaterial wird im Zellkern der Wirtszelle eingebaut
4. Wirtszelle bildet nur noch Viren bis Wirtszelle platzt
5. neue Viren werden freigesetzt, Wirtszelle wird zerstört

Virale Erkrankungen (Beispiele)

⇢ Grippe	⇢ Hepatitis
⇢ Mumps	⇢ Windpocken
⇢ Masern	⇢ HIV/Aids
⇢ Röteln	⇢ Herpes simplex/zoster

⇢ **Pilze:** ca. zehnmal größer als Bakterien, Zellstruktur mit Zellwand und Zellkern, können sich nicht fortbewegen, wachsen in feucht warmer Umgebung. Pilzerkrankungen nennt man *Mykosen*.

Pilzerkrankungen (Beispiele)

⇢ Candidose (Soor) = Hefepilz
⇢ Fußpilz
⇢ Nagelpilz

⇢ **Protozoen:** tierische Einzeller, normaler Zellaufbau, Verursacher der Infektionserkrankungen Malaria und Toxoplasmose (kann in der Schwangerschaft zu einer schweren Schädigung des Kindes führen)

--→ **Prionen:** infektiöse, sehr kleine Eiweißmoleküle ohne eigenen Stoffwechsel; werden nicht mehr zu den Mikroorganismen gezählt; verursachen massive Veränderungen im Zentralen Nervensystem (bei Tieren: BSE, bei Menschen: Creutzfeldt-Jakob-Krankheit [CJK]; Folge: Zerstörung von Hirnabschnitten)

2.2 Infektionen

▶ Als Infektion wird das Eindringen von Krankheitserregern in den Körper und die anschließende Vermehrung in ihm bezeichnet.

Ob daraus eine Infektionskrankheit entsteht ist abhängig von

--→ der Menge der Erreger,
--→ der krankmachenden Wirkung der Erreger (Virulenz),
--→ der Abwehrlage des Körpers.

Infektionsquellen in der zahnärztlichen Praxis

--→ Patienten (Aerosole bei Behandlung, Blut, Eiter)
--→ Praxisteam
--→ verschmutzte (kontaminierte) Kleidung
--→ Instrumente und Geräte
--→ Abfälle
--→ Ablageflächen, Türklinken, Wände und Fußböden

Infektionswege

--→ Tröpfcheninfektion: Übertragung durch Tröpfchen mit Krankheitserregern, z. B. Niesen, Husten, Aerosole
--→ Schmierinfektion: Verschmieren von erregerhaltigem Material, z. B. Blut, Eiter, Sekret
--→ Perkutane Infektion: Übertragung von Erregern durch (lat. per) die Haut (lat. cutis), z. B. Nadelstiche, Verletzung durch Instrumente, Mückenstiche, Zeckenbisse
--→ Wasser- und Nahrungsmittelinfektionen: Verzehr verunreinigter Lebensmittel, z. B. nicht komplett durchgegartes Fleisch, rohe Eier

Ablauf einer Infektionskrankheit

1. Infektion: Eindringen und Vermehrung von Erregern
2. Inkubationszeit: Zeit von der Infektion bis zum Auftreten erster Krankheitszeichen
3. Prodromalstadium: Vorstadium einer Erkrankung mit untypischen Vorzeichen/ Symptomen, meist während der Inkubationszeit

4. Infektionskrankheit: Erkrankung mit Krankheitszeichen
5. Rekonvaleszenz: Zeit nach der Infektionskrankheit bis zur vollständigen Gesundung

Relevante Infektionserkrankungen in der zahnärztlichen Praxis

⇢ **Hepatitis** (Leberentzündung): verschiedene Ursachen möglich (Medikamente, Alkohol, Gallenstauung, Viren) – am häufigsten ist die Virushepatitis.
Formen:
  - A – „Reisehepatitis", HAV: durch kontaminiertes Wasser (Eis), Muscheln, Salate; aktive und passive Impfung möglich
  - B – HBV: Übertragung durch Blut, Blutprodukte, Stichverletzungen, Geschlechtsverkehr; aktive und passive Impfung möglich
  - C – HCV: Übertragung meistens durch Blut und Blutprodukte; keine Impfung möglich
  - D – HDV: immer nur in Verbindung mit Hepatitis B-Infektion möglich
  - E – HEV: selten, Übertragung fäkal-oral wie Hepatitis A- Infektion; aktive Impfung möglich

⇢ **HIV** (menschliches Abwehrschwäche-Virus): schädigt körpereigene Abwehrzellen (T4-Zellen/Lymphozyten) und damit die Abwehrfunktion gegen andere Infektionen; Übertragung: Blut, Blutprodukte, Stichverletzungen, Geschlechtsverkehr; keine Impfung möglich; AIDS ist das Krankheitsvollbild einer HIV und tritt meistens erst nach Jahren auf.

▶ Hepatitis-B-Viren sind etwa hundertmal, Hepatitis-C-Viren etwa zehnmal infektiöser als HIV. HIV, HBV, HCV erfordern keine **besonderen** Hygiene- und Arbeitsschutzmaßnahmen!

Standardschutzmaßnahmen in der Praxis

⇢ Tragen einer persönlichen Schutzausrüstung (PSA) bestehend aus Einmalhandschuhen, Schutzkleidung, Schutzbrille/Schutzschild, Mund-Nasen-Schutz
⇢ sachgerechte Reinigung, Desinfektion und gegebenenfalls Sterilisation aller bei der Behandlung benutzten Instrumente (Medizinprodukte) gemäß ihrer Einstufung in Risikoklassen (Hygieneplan, RKI-Empfehlung)
⇢ sicherer Abwurf von gebrauchten Kanülen, Skalpellen und Nahtmaterial in durchstichsicheren Entsorgungsbehältern
⇢ Entsorgung von kontaminierten Abfällen (Tupfer, Watterollen, Zähne) im Hausmüll
⇢ regelmäßige Überprüfung des eigenen Impfstatus (Tetanus, Diphtherie, Poliomyelitis, HAV, HBV usw.)
⇢ sachgerechte Reinigung der Arbeits- und Schutzkleidung

Schutzimpfungen (Immunisierungen)

	Aktive Impfung	Passive Impfung
Impfstoff	Antigen-Gabe (abgetötete oder geschwächte Erreger)	körperfremde Antikörper (Immunglobuline)
Wirkweise	Aktivierung des Immunsystems (→ Antikörperbildung)	Schutz durch verabreichte Antikörper (Immunsystem bleibt „passiv")
Beginn der Schutzwirkung	mehrere Gaben notwendig (Grundimmunisierung: drei Impfungen, regelmäßige Auffrischung)	nur eine Gabe, Schutz nach wenigen Stunden
Dauer der Schutzwirkung	viele Jahre, ggf. lebenslang	kurz, nur wenige Wochen
Beispiel	Tetanol®	Tetagam®
Simultanimpfung	gleichzeitige aktive und passive Impfung	

Postexpositionsprophylaxe (PEP) nach Nadelstichverletzung

-→ Funktion: Eine PEP ist gegen HIV und HBV möglich, dadurch kann das Infektionsrisiko erheblich gesenkt werden.
-→ Zuständigkeit: betreuender Betriebsarzt/Durchgangsarzt (Klinik)
-→ Erstmaßnahmen: offene Wunden bluten lassen, gegebenenfalls Blutung anregen; kontaminierte Haut gründlich mit Wasser spülen und anschließend desinfizieren; Schleimhäute (Mund und Auge) intensiv mit Wasser spülen, gegebenenfalls Spülung der Mundhöhle mit Chlorhexidin
-→ Dokumentation in Unfallbuch
-→ Unfallanzeige durch D-Arzt, dort gegebenenfalls Blutentnahme und Einleitung der PEP → Impfung bei Verdacht auf HBV, antivirale Medikamente bei HIV

2.3   Desinfektion und Sterilisation

Desinfektion

Die Desinfektion umfasst alle Maßnahmen, die zur Inaktivierung und teilweisen Abtötung von Krankheitserregern dienen → „Antisepsis" = Infektionsverhütung durch Entfernen oder Abtöten von Krankheitserregern.

Desinfektionsverfahren:

--» Chemisch (z. B. Flächendesinfektion, Händedesinfektion, Instrumentenbad):
korrekte Anwendung abhängig von Wirkspektrum, Konzentration/Dosierung und
Einwirkzeit

--» thermisch (Hitze/heißes Wasser)

--» Maschinelle Desinfektionsverfahren verbinden mehrere Arbeitsschritte miteinander. → RDG „Reinigungs- und Desinfektionsgerät" =Thermodesinfektor: Vorreini-
gung, Reinigung der Instrumente mit speziellem Reinigungsmittel, Neutralisation,
Zwischenspülung; „thermische" Desinfektion: 93 °C heißes Wasser für mindestens
zehn Minuten, danach Endspülung und Trocknung

Desinfektionsmittel: sollten VAH gelistet sein; beim Umgang Schutzkleidung tragen,
Gebrauchsanweisung/Herstellerangaben beachten → Dosierung, Einwirkzeit

Wirkspektrum von chemischen Desinfektionsmitteln:

--» Bakterizid: Bakterien abtötend

--» Bakteriostatisch: Bakterienwachstum hemmend

--» Viruzid: Viren abtötend

--» Virustatisch: Viren inaktivierend

--» Fungizid: Pilze abtötend

Ansetzen von Desinfektionsmittellösungen: Mischung aus Wasser und Konzentrat

Beispiel: *Ansetzen einer 3-prozentigen Gebrauchslösung. Die Wanne fasst 2 Liter. Um-
wandeln: 2 l sind 2 000 ml; 3 % sind* $\dfrac{3}{100}$

Formel: $\dfrac{2000 \cdot 3}{100} = 60\ ml\ Konzentrat$

Ansatz: 2 l Gebrauchslösung = 60 ml Konzentrat + 1 940 ml Wasser

Flächendesinfektion: Empfohlen wird die Scheuer-/Wischdesinfektion mittels ge-
tränkter Vliestücher. Die Sprühdesinfektion ist unsicher und durch Einatmen von
Sprühnebel gesundheitsgefährdend.

Händedesinfektion:

--» **Hygienische:** vor jeder Behandlung, bei Behandlungsunterbrechung, bei
Behandlungende
Vorgehen: 3–4 ml Desinfektionsmittel auf die trockenen Handoberflächen,
Einwirkzeit je nach Präparat 30–60 Sekunden

--→ **Chirurgische:** Behandlungsmaßnahmen in Verbindung mit sterilen Handschuhen (umfangreiche zahnärztlich-chirurgische Eingriffe, bei Patienten mit erhöhtem Infektionsrisiko), Waschung der Hände und Unterarme mit Flüssigwaschmittel für ein bis zwei Minuten, Abtrocknen mit Einmalhandtuch, Desinfektion der Hände und Unterarme (Herstellerangaben beachten, häufig 3–5 Minuten), nach Trocknung sterile Handschuhe anziehen

Sterilisation

Sterilisation ist die Abtötung aller Mikroorganismen sowie ihrer Dauerformen (Sporen). → „Asepsis" = Zustand völliger Keimfreiheit

--→ Dampfsterilisator (Autoklav): arbeitet mit gesättigtem (100 % Luftfeuchtigkeit) und gespanntem (unter Druck stehendem) Dampf
--→ Typ B-Dampfsterilisator: erzeugt während Entlüftung mehrmals (fraktioniert) ein Vakuum → Luft in Hohlräumen wird sicher entfernt, Wasserdampf kann dort so besonders gut wirken
--→ Druck: 2–3 bar   Temperatur: 121–134 °C
--→ zur Vermeidung von Verkalkungen nur Verwendung von demineralisiertem oder destilliertem Wasser
--→ Arbeitsphasen:
   1. Anheizzeit: Erwärmung des Wassers auf 100 °C
   2. Entlüftungszeit: mehrfache (fraktionierte) Entlüftung → Vakuum
   3. Steigzeit: weitere Erwärmung auf 121 °C/134 °C
   4. Ausgleichszeit: Sterilgut wird auf 121 °C/134 °C erwärmt
   5. Abtötungszeit: Abtötung aller Mikroorganismen
      • 20 Minuten – 121 °C bei 2 bar
      • 5 Minuten – 134 °C bei 3 bar
   6. Abkühlzeit: Trocknung und Abkühlung des Sterilguts

2.4 Aufbereitung von Medizinprodukten

Grundlagen: Infektionsschutzgesetz (IfSG), Medizinproduktegesetz (MPG), Medizinproduktebetreiberverordnung (MPBetreibV), TRBA 250, RKI-Empfehlungen, individueller **Hygieneplan** einer Zahnarztpraxis (beschreibt verständlich **wer, was, wie, womit, wann** zu tun hat und beschreibt alle Reinigungs-, Desinfektions-, Sterilisations- und Entsorgungsmaßnahmen)

Aufbereitungszyklus nach RKI-Richtlinie:

Im Aufbereitungsbereich erfolgt die **Risikobewertung** und Einstufung von Medizin-produkten, Medizinprodukte bei starker Verschmutzung **vorreinigen**, gegebenenfalls zerlegen, **reinigen, desinfizieren,** spülen, **trocknen,** Wartung und Funktionsprüfung durchführen, verpacken, **sterilisieren,** Chargen-Kennzeichnung, **freigeben** des Steril-guts, hygienische Lagerung.

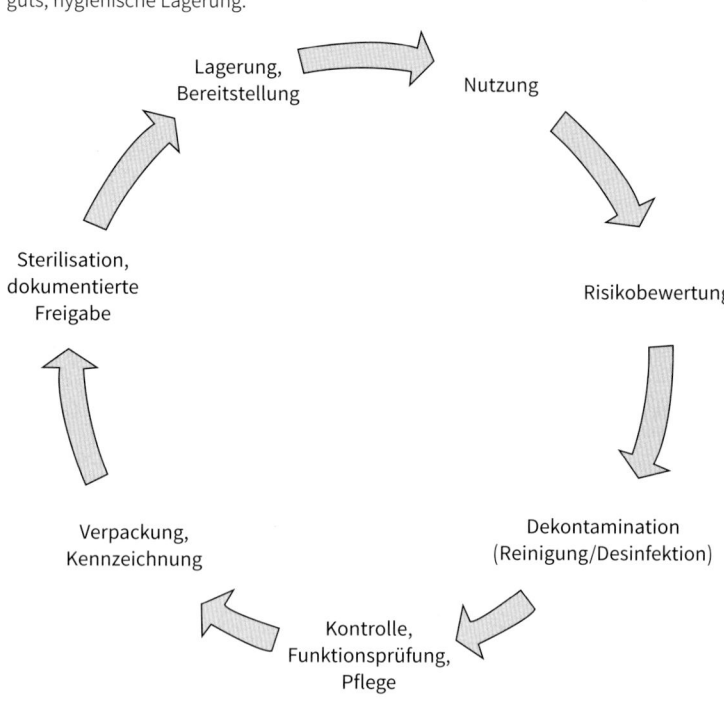

Aufbereitungszyklus von Medizinprodukten

Einteilung der Medizinprodukte in Risikogruppen:

	Erläuterung	Aufbereitung
Unkritische MP	**kommen nur mit intakter Haut in Berührung** **Beispiel:** *Anmischspatel*	Reinigungs- und Desinfektionsgerät (RDG) **oder** manuelles Verfahren
Semikritische MP	**kommen mit Schleimhaut oder krankhaft veränderter Haut in Kontakt**	
	Gruppe A: <u>keine</u> Hohlräume oder schwer zugängliche Teile **Beispiele:** *Spiegel, Sonde, Pinzette*	nur RDG **oder** manuelles Verfahren + Sterilisation
	Gruppe B: Hohlräume oder schwer zugängliche Teile **Beispiele:** *Matrizen, Hand- und Winkelstücke bei konservierenden Behandlungen*	bevorzugt RDG
Kritische MP	**durchdringen die Haut oder Schleimhaut, kommen dabei mit Blut und inneren Organen in Berührung**	
	Gruppe A: <u>keine</u> Hohlräume oder schwer zugängliche Teile **Beispiele:** *Hebel, Raspatorium, Zangen*	bevorzugt RDG + Sterilisation; verpackt
	Gruppe B: Hohlräume oder schwer zugängliche Teile **Beispiel:** *Hand- und Winkelstücke bei chirurgischen Behandlungen*	grundsätzlich RDG + Sterilisation; verpackt

3 Zahnerhaltung und Füllungstherapie

3.1 Karies

▶ Karies (Zahnfäule) ist eine durch das Zusammentreffen mehrerer auslösender Faktoren bedingte Erkrankung der Zahnhartsubstanz.

Faktoren der Kariesentstehung und Kariesvermeidung

1. Nahrungsbestandteile (Substrat), insbesondere Kohlenhydrate, haften an der Zahnoberfläche.
2. Bakterien (Streptococcus mutans und Laktobazillen) verstoffwechseln diese Kohlenhydrate.
3. Es entsteht Säure auf dem Zahn.
4. Nach einiger Zeit entwickelt sich Karies. → Demineralisation (bleibt pH-Wert für 30 Minuten unter 5,5 entsteht Karies)

⇢ **Demineralisation:** Durch den Säureangriff werden den Zahnhartsubstanzen Mineralien entzogen.

⇢ **Remineralisation:** Kalziumphosphat und Fluorid aus dem Speichel sorgen für eine neue Verkalkung der demineralisierten Zahnhartsubstanz, eine Kariesentstehung kann vermieden werden.

⇢ **Erosion:** Defekt der Zahnhartsubstanz durch ständige Säureeinwirkung

⇢ **Aufgaben von Speichel:**
- Spülfunktion
- Anfeuchtung und Gleitfähigmachen von Nahrung
- Andauung von Nahrung (α-Amylase)
- antibakterielle Wirkung
- Remineralisation der Zähne
- Pufferung von Säuren → pH-Wert

--→ **Formen von Zahnbelägen:**

Zahnbeläge	Zusammensetzung	Entfernbarkeit
Plaque (Biofilm)	Speichelbestandteile, Bakterien und ihre Stoffwechselprodukte, Nahrungsreste	mit Zahnbürste abputzbar, **nicht** abspülbar
Food debris	weicher Belag aus Speiseresten	abspülbar
Materia alba	weicher Belag aus Bakterien, Blutzellen und Zellresten	abspülbar
Zahnstein	verkalkte Plaque durch Kalksalze des Speichels	nur abkratzbar
Konkremente	subgingivaler Zahnstein	nur abkratzbar

--→ **Prädilektionsstellen** sind Stellen an einem Zahn, an dem Plaque (Biofilm) besonders schwer entfernt werden und dort so anschließend Karies entstehen kann. Dies sind vor allem Fissuren, Grübchen, freiliegende Zahnwurzeln, Approximalräume, überstehende Füllungs- und Kronenränder oder auch verschachtelt stehende Zähne. Eine besondere Pflege und Prophylaxe dieser Stellen ist besonders wichtig.

Kariesverlauf

White Spot (weißer Fleck)
→ Schmelz ist nur demineralisiert, Remineralisation möglich

Caries superficialis (Schmelzkaries)
→ kariöse Läsion ensteht

Caries media (Dentinkaries)
→ schnelle Ausbreitung

Caries profunda (Cp)
→ tiefe Dentinkaries bis Pulpa

Kariesdiagnostik

--→ Inspektion (mit bloßem Auge oder Lupenbrille)
--→ Sondierung → weiche Zahnhartsubstanz deutet auf Karies hin
--→ Röntgen (Bissflügel- oder Zahnfilmaufnahme)
--→ Laserfluoreszenzmessung
--→ Verwendung von Kariesdetektor (bei Kariesexkavation)

Kariesentfernung

mit Rosenbohrer und grünem Winkelstück/Handexkavatoren, chemisch, Laser

Vitalerhaltung der Pulpa

Ziel: Vermeidung einer Wurzelkanalbehandlung

Vorgehen: medikamentöse Einlage in Kavität nach Kariesentfernung

--→ Cp-Behandlung (**C**aries **p**rofunda): tiefe Dentinkaries, Pulpa noch verschlossen → wird auch als **indirekte Überkappung** bezeichnet
--→ P-Behandlung (Pulpaeröffnung): tiefe Dentinkaries mit Pulpabeteiligung, Pulpa wird bei Kariesentfernung punktförmig eröffnet → auch **direkte Überkappung** genannt

▶ bei großflächiger Pulpaeröffnung → Wurzelkanalbehandlung

Überkappungsmaterial: Kalziumhydroxid = $Ca(OH)_2$ → wirkt antibakteriell, neutralisiert Säuren, Odontoblasten werden zur neuen Dentinbildung angeregt (Tertiärdentin)

Begriffe

Sekundärkaries: neu entstandene Karies an vorhanden Füllungs- und Kronenrändern

Kariesrezidiv: Wiederauftreten einer nicht komplett entfernten Karies

Kariesindex DMF-T: internationaler Index zur Feststellung des Kariesrisikos bei Kindern und Jugendlichen und bereits vorhandener Schädigung des Gebisses durch Karies. Man verwendet Kleinbuchstaben für Milchzähne, Großbuchstaben für bleibende Zähne.

D/d = **d**ecayed (kariös), M/m = **m**issing (fehlend), F/f = **f**illed (gefüllt), T/t = **t**ooth; anstelle T (Zahn) kann man im bleibenden Gebiss auch S (surface = Zahnfläche) nutzen. → Folgemaßnahmen bei hohem Index: erhöhter Prophylaxebedarf, z. B. häufigere Fluoridierungen

3.2 Molaren-Inzisiven-Hypomineralisation (MIH)

Die MIH ist eine Störung der Schmelzbildung insbesondere der ersten bleibenden Molaren und Frontschneidezähne (Inzisiven) bei Kindern und Jugendlichen, und ist auch bei Milchzähnen möglich.

⟶ Ursache: ungeklärt
⟶ Aussehen: weißlich bis gelblich-braune Flecken auf den betroffenen Zähnen mit scharfer Abgrenzung zum gesunden Zahnschmelz, daher wird auch oft von „Kreidezähnen" gesprochen. Zähne können oft porös werden und leicht brechen ⟶ erhöhtes Kariesrisiko!
⟶ Therapie:
  • Ohne Zahnhartsubstanzverlust: Fluoridierung, ggf. Fissurenversiegelung, engmaschige Kontrollen, sorgfältige häusliche Mundhygiene
  • Mit Zahnhartsubstanzverlust: direkte adhäsive Füllungstherapie, auch hier engmaschige Kontrollen und sorgfältige Mundhygiene

3.3 Füllungstherapie

Nach der Kariesentfernung erfolgt eine Präparation einer **Kavität** (Hohlform) und die Versorgung ebendieser mit einer **Restauration** (hier: Füllung) unter Verwendung von formbaren (plastischen) Füllungsmaterialien. Dazu zählen:

⟶ Zement, Glasionomerzent (GIZ)
⟶ Komposit (z. B. Hybridkomposit: Kompositen mit großen und kleinen Füllkörpern)
⟶ Amalgam
⟶ Kompomer

Material	Vorteile	Nachteile
Zement	⟶ leichte Verarbeitung ⟶ haftet gut ⟶ günstig	⟶ geringe Kaustabilität ⟶ nicht zahnfarben
GIZ (Glasionomerzement)	⟶ leichte Verarbeitung ⟶ haftet gut ⟶ Fluoridabgabe	⟶ bessere Kaustabilität als Phosphatzemente ⟶ bedingt zahnfarben
Kompomer	⟶ günstiger als Komposite ⟶ höhere Kaustabilität als Zemente ⟶ geringe Fluoridabgabe	⟶ Adhäsivtechnik erforderlich ⟶ geringere Kaustabilität als Komposite

Material	Vorteile	Nachteile
Amalgam	⟶ günstig ⟶ sehr gute Kaustabilität ⟶ antibakterielle Wirkung	⟶ nicht zahnfarben ⟶ Allergiepotenzial
Komposit	⟶ zahnfarben ⟶ sehr gute Kaustabilität	⟶ aufwendige Verarbeitung (Adhäsivtechnik) ⟶ teuer

Amalgam: ist eine Legierung (Alloy) aus Silber, Zinn, Kupfer und Quecksilber. Silber und Quecksilber haben eine antibakterielle Wirkung → daher seltener eine Sekundärkaries an Füllungsrändern. Folgende Personen sollten **keine** Amalgamfüllungen erhalten:

⟶ Schwangere
⟶ stillende Mütter
⟶ Kinder unter 15 Jahren
⟶ Patienten mit Nierenerkrankungen
⟶ Patienten mit nachgewiesener Amalgamallergie → Verdacht auf Quecksilbereinlagerung in Organen!

Amalgam hält rein mechanisch durch Unterschnitte in der Zahnhartsubstanz.

Komposit: Vorbehandlung des Zahnes erforderlich → Adhäsivtechnik (Haftvermittlung) auch SÄT (Säure-Ätz-Technik) oder SDA (Schmelz-Dentin-Adhäsivtechnik) genannt

Arbeitsschritte einer Kompositfüllung inklusive Vorbehandlung:

1. Anätzen des Zahnschmelzes mit Phosphorsäure → raue Schmelzoberfläche, Adhäsiv kann gut halten
2. Auftragen des Dentin**primers ("Grundierung")** → Verbundschicht zwischen Schmelz/Dentin und dem Bonding
3. Auftragen des **Bondings ("Haftvermittler" = Adhäsiv)** → Verbundschicht zwischen Primer und Komposit
4. Lichthärtung (Polymerisation)
5. schichtweises Einbringen des Komposits in die Kavität
6. Lichthärtung der einzelnen Schichten
7. Ausarbeitung

In der Praxis gibt es mittlerweile verschiedenstufige Adhäsiv-Systeme: Entweder werden die Schritte 1–3 einzeln ausgeführt oder in einem Arbeitsschritt.

Trockenlegung: Bei der Polymerisation sind Adhäsive und Komposite besonders feuchtigkeitsempfindlich, man arbeitet deshalb entweder mit Kofferdam (**absolute** Trockenlegung) oder mit Watterollen/Parotispflastern (**relative** Trockenlegung).

Matrizensysteme: Zur Formgebung stehen verschiedene Matrizensysteme für Front- und Seitenzähne zur Verfügung. Am häufigsten werden Tofflemire®-, Ring- und Teilmatrizen verwendet.

4 Wurzelkanalbehandlung

Endodontium = das Zahninnere – funktionelle Einheit von Pulpa (Zahnmark) und Dentin (Zahnbein)

Endodontie (eigentlich Endodontologie):

⇥ wichtiges Teilgebiet der Zahnheilkunde, das sich mit der Diagnose und Therapie von Zahnmarkserkrankungen und deren Folgen befasst

⇥ gehört zu den zahnerhaltenden Maßnahmen (konservierende Zahnheilkunde)

4.1 Pulpa

Hauptaufgabe der Pulpa (Zahnmark) ist die Versorgung des Zahnes mit Nährstoffen, die Neubildung von Dentin und die Schmerzempfindung.

Aufbau:

⇥ Bindegewebe
⇥ Blutgefäße
⇥ Nervenfasern
⇥ Lymphgefäße

Dentinbildende **Odontoblasten** befinden sich an der Außenfläche der Pulpa zum Dentin hin.

Die Pulpa ist sehr temperaturempfindlich. Bereits Temperaturen über 42 °C können zum Absterben des Pulpagewebes führen.

▶ Bei Präparationen für Füllungen, Kronen und Brücken mit zu wenig Wasserkühlung kann eine Pulpitis verursacht werden!

4.2 Pulpitis (Zahnmarkentzündung)

Die fünf Zeichen einer Entzündung („-itis") sind:

1. Rubor – Röte
2. Calor – Wärme
3. Tumor – Schwellung
4. Dolor – Schmerz
5. Functio laesa – eingeschränkte Funktion

Übersicht: Verlaufsformen einer Pulpitis

Hyperämie
verstärkte Durchblutung der Pulpa

Pulpitis serosa
wässrige Pulpitis, ab hier Endodontie notwendig

Pulpitis purulenta
eitrige Pulpitis

Pulpanekrose
Gewebstod der Pulpa

Pulpagangrän
fauliger Zerfall der abgestorbenen Pulpa

⇢ **Hyperämie:** Wie bei jedem Reiz wird erst die Durchblutung der Pulpa erhöht, um Abwehrstoffe des Blutes an den Reizort zu bringen. Die Hyperämie kann auch schmerzlos erfolgen. Meist zeigen sich Reaktionen im Pulsrhythmus.

⇢ **Pulpitis serosa:** Wenn die Hyperämie in eine Entzündung übergeht, gelangt vermehrt Serum aus dem Blut ins Pulpengewebe. Es bildet sich eine wässrige Pulpenentzündung, die Pulpitis serosa. Es entstehen zeitweise heftige Schmerzen. **Ab hier ist eine endodontische Behandlung notwendig!**

--> **Pulpitis purulenta:** Es werden vermehrt weiße Blutkörperchen, vor allem Granulozyten (Fresszellen) in der Pulpa freigesetzt. Es kommt zur eitrigen (purulenten) Pulpitis coronalis (Entzündung der Kronenpulpa). Bleibt sie unbehandelt, dehnt sie sich auf die Wurzelpulpa aus. Heftige Schmerzen sind die Folge.

--> **Pulpanekrose:** Bei einer Pulpitis purulenta stirbt das Pulpengewebe schließlich ab und geht in die Pulpanekrose (Gewebetod) über. Die Schmerzen können in dieser Phase wieder abklingen.

--> **Pulpagangrän:** Durch eine bakterielle Fäulnis kommt es zur Zersetzung der abgestorbenen Pulpa. Diesen fauligen Zerfall nennt man Gangrän. Der Zahn ist sehr klopf- und aufbissempfindlich.

Weitere Folgen der Pulpanekrose: Vom toten Pulpengewebe dringen die Toxine und Bakterien über das Foramen apicale (Wurzelspitzenloch) in das umliegende periapikale Gewebe. Es kommt zu einer Entzündung des Zahnhalteapparates im Bereich der Wurzelspitze, die als apikale Parodontitis bezeichnet wird. Von der Abwehrkraft des Körpers und der Virulenz (Stärke der pathogenen Eigenschaften) ist es abhängig, ob die Parodontitis apikale einen akuten oder chronischen Verlauf nimmt.

Entwicklung und mögliche Folgen einer Pulpitis

Die folgende Abbildung zeigt die Entwicklung einer Pulpitis ab der Caries profunda mit möglichem akuten oder chronischen Verlauf. Zu beachten: Eine akute Verlaufsform kann in eine chronische Form übergehen, genauso kann sich eine chronische in eine akute Form verwandeln.

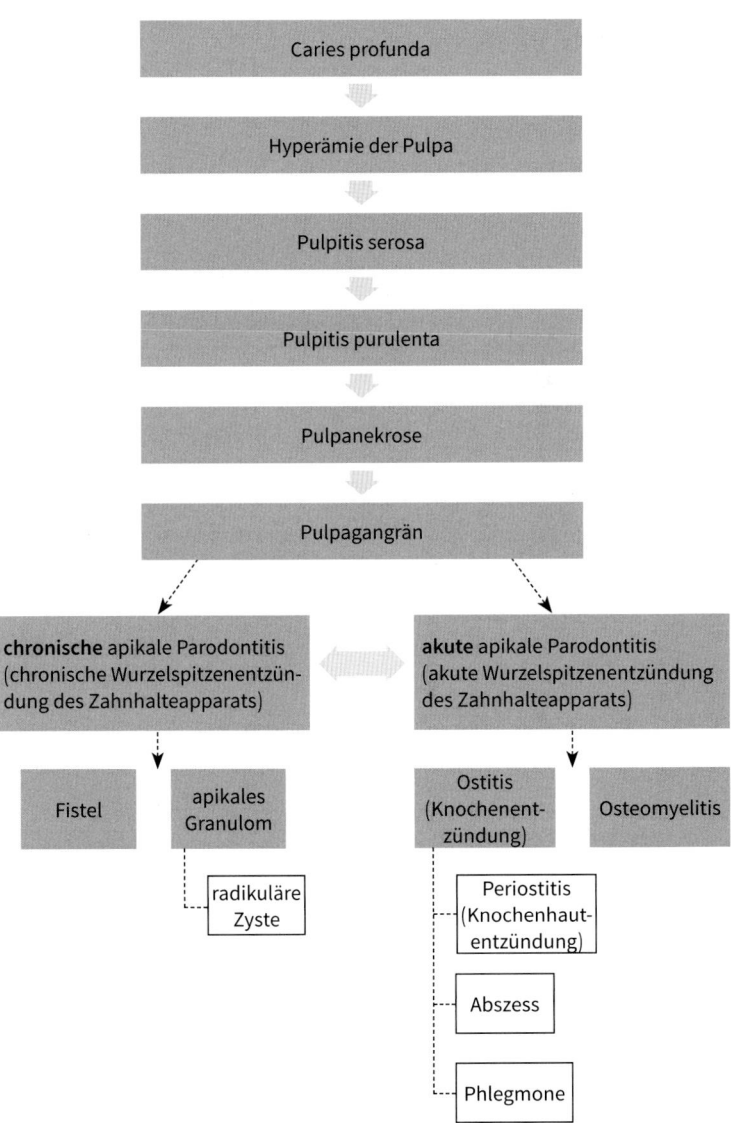

Caries profunda

Hyperämie der Pulpa

Pulpitis serosa

Pulpitis purulenta

Pulpanekrose

Pulpagangrän

chronische apikale Parodontitis (chronische Wurzelspitzenentzündung des Zahnhalteapparats)

akute apikale Parodontitis (akute Wurzelspitzenentzündung des Zahnhalteapparats)

Fistel

apikales Granulom

radikuläre Zyste

Ostitis (Knochenentzündung)

Osteomyelitis

Periostitis (Knochenhautentzündung)

Abszess

Phlegmone

Akute apikale Parodontitis

Dadurch dass Bakterien und Toxine der nekrotischen oder gangränösen Pulpa über den Apex in das parodontale Gewebe gelangen, entzündet sich der umliegende Zahnhalteapparat. Unterbleibt die Behandlung der apikalen Parodontitis, wandern die Bakterien und die Toxine (Giftstoffe) weiter zum umliegenden Knochen und es entwickelt sich die **Ostitis (Knochenentzündung)**. Sonderform der Ostitis ist die **Osteomyelitis (Knochenmarkentzündung)**. Unterbleibt die Behandlung der Ostitis, wandern die Bakterien und Toxine weiter zur umliegenden Knochenhaut. Es bildet sich die **Periostitis** (in dieser Phase ist der Zahn höchst berührungsempfindlich). Die Knochenhaut wird schnell von den Bakterien und Toxinen durchdrungen und es bildet sich ein **entzündliches Infiltrat der Weichteile** (Ansammlungen von Flüssigkeiten im Gewebe → Schwellung sichtbar!). Unbehandelt entwickelt sich daraus der **Abszess**, eine von einer Kapsel umgrenzte Eiteransammlung. Er ist intraoral und manchmal auch von extraoral tastbar und **verschiebbar**. Eine Sonderform des Abszesses ist die **Phlegmone**. Diese Eiteransammlung ist nicht abgekapselt, zähflüssig und breitet sich breitflächig aus → Richtung Gehirn, Hals und weiter abwärts Richtung Herz und Lunge.

> Eine Phlegmone muss chirurgisch und antibiotisch behandelt werden. Unbehandelt kann sie tödlich sein! → Sepsis (Blutvergiftung)

4.3 Arbeitsschritte einer Wurzelkanalbehandlung

1. Befunderhebung und Diagnostik (Vitalitätsprüfung, Perkussionstest, Röntgenaufnahme)
2. eventuell Anästhesie (abhängig von Vitalitätsprüfung)
3. Kofferdam
4. Eröffnung der Pulpahöhle (Trepanation)
5. Bestimmung der Länge des Wurzelkanals (Röntgen-Meßaufnahmen oder elektrometrische Längenbestimmung)
6. Aufbereitung des Wurzelkanals (manuell oder maschinell)
7. eventuell medikamentöse Einlage
8. Füllung des Wurzelkanals
9. Röntgenkontrolle des Wurzelkanals
10. Verschluss des Zahnes mit definitiver Füllung

Übersicht von Wurzelkanalbehandlungen

⤏ **Vitalextirpation:** Vitalitätsprüfung positiv, Anästhesie erforderlich, gesamte entzündliche Pulpa wird entfernt, weiterer Ablauf wie oben beschrieben

--> **Gangränbehandlung:** Vitalitätsprüfung negativ, Anästhesie nicht erforderlich, faulige und eitrige Pulpa wird entfernt, weiterer Ablauf wie oben beschrieben

--> **Mortalextirpation (Devitalisierung):**

1. Sitzung: Vitalitätsprüfung positiv, Anästhesie wirkt nicht aufgrund einer starken Entzündung (pH-Wert des Entzündungsgebietes stark sauer, Anästhetikum ist basisch --> Wirkung hebt sich auf (Patient hat weiterhin starke Schmerzen); Pulpa wird zuerst durch Auflage eines devitalisierenden Mittels abgetötet; Einsatz devitalisierender Mittel ist umstritten, da Nekrosegefahr von umgebendem Gewebe und Knochen

2. Sitzung: Entfernung der devitalisierten Pulpa und Aufbereitung des Kanals jetzt möglich

--> **Pulpotomie:** Entfernung der Kronenpulpa, nur bei Kindern und Jugendlichen (an Milchzähnen oder an bleibenden Zähnen, deren Wurzelwachstum noch nicht abgeschlossen ist), Vitalitätsprüfung positiv, Anästhesie, Kronenpulpa wird entfernt, Blutung gestillt, Unterfüllung und definitive Füllung

Instrumente für die Wurzelkanalaufbereitung und -füllung

--> **Wurzelkanalaufbereitung:** Extirpationsnadeln, Reamer, Kerr-Feile, Hedströmfeile (Material: Stahl), verschiedene maschinelle Aufbereitungssysteme (Material: Nickel-Titan); alle Feilen haben eine internationale ISO-Normierung und sind farblich zu unterscheiden.

--> **Wurzelfüllung:** Lentulo, Spreader, Plugger

Spüllösungen

Um bei der Aufbereitung mit Wurzelkanalinstrumenten ein Verblocken mit Dentinspänen zu vermeiden (--> Verlust der Arbeitslänge) und Seitenkanäle zu desinfizieren, nutzt man antibakterielle Spüllösungen. Meistens wird Natriumhypochlorit (NaOCl) verwendet und gilt als Standardspüllösung. Daneben werden häufig Chlorhexidingluconat (CHX), Alkohol, Zitronensäure, EDTA und Wasserstoffperoxid (H_2O_2) benutzt.

Medikamentöse Einlagen

Nicht immer ist eine medikamentöse Einlage erforderlich. Der Zweck einer solchen Einlage ist eine zusätzliche Desinfektion des Wurzelkanalsystems nach einer starken bakteriellen Besiedlung (z. B. Zustand nach Gangrän).

Standardmedikament: Calciumhydroxid (z. B. Calxyl®) – Einlagedauer: mindestens eine Woche

Bei starken Schmerzen: Pasten mit Kortikoiden und Antibiotika (z. B. Ledermix®) – Einlagedauer: nur wenige Tage

Wurzelkanalfüllung

Ziel ist der bakteriendichte Verschluss des Wurzelkanals im apikalen Drittel der Wurzel, ein Überstopfen ist zu vermeiden. Man nutzt dazu Guttaperchastifte und Wurzelkanalzemente (Sealer). Man unterscheidet grundsätzlich zwei Arten:

-→ **Orthograd:** Der Zahn wird von der Zahnkrone aus gefüllt.
-→ **Retrograd:** Der Zahn wird im Rahmen einer WSR von der Wurzelseite her gefüllt.

Folgende Techniken werden am häufigsten verwendet:

-→ **Zentralstifttechnik:** Es wird nur ein (kalter) Guttaperchastift verwendet, der die exakte ISO-Größe des zuletzt benutzen Wurzelkanalinstruments hat. Der Stift wird mit Sealer einzementiert. Überschüsse werden nach Röntgenkontrolle mit einem erhitzten Instrument entfernt.
-→ **Laterale Kondensation:** ähnliches Vorgehen wie die Zentralstifttechnik. Der erste (kalte) Guttaperchastift wird allerdings mit einem Spreader „seitlich verdichtet", weitere Guttaperchastifte werden in den Kanal eingebracht, bis kein weiterer Stift mehr in den Kanal passt. Überschüsse werden nach Röntgenkontrolle mit einem erhitzten Instrument entfernt.
-→ **Vertikale Kondensation:** Bei dieser Technik verwendet man erwärmtes Guttapercha, welches senkrecht (von oben/„vertikal") in den Kanal eingebracht und mit Pluggern verdichtet wird.

5 Parodontalbehandlung

5.1 Zahnhalteapparat (Parodontium)

→ **Aufbau:** Wurzelhaut (Periodont, Desmodont), Wurzelzement, Alveolarknochen, Zahnfleisch (marginale und attached Gingiva)
  - Marginale Gingiva: freie, bewegliche Gingiva zirkulär (rundherum) um den Zahn auf Höhe des Zahnhalses; mit Saumepithel als ringförmige Manschette
  - Attached Gingiva (Gingiva propria): befestigte Gingiva, mit Alveolarknochen fest verwachsen

→ **Funktion:** Verankerung des Zahns im Kieferknochen; Abschirmung von der bakteriellen Mundhöhle; Übertragung von Druck, Tastreizen und Schmerz
→ **Saumepithel:** nicht sichtbar, sorgt als Attachment (Befestigung) für Verbindung zwischen Zahn und Gingiva
→ **Sharpey-Fasern:** sorgen als Attachment mit Bindegewebsfasern für Verbindung zwischen Zahn und Alveolarknochen

Abbildung siehe Kapitel 1.5 (Seite 19) „Zahnaufbau und Zahnhalteapparat".

5.2 Ursachen parodontaler Erkrankungen

▶ Hauptursache für eine Gingivitis oder eine Parodontitis ist **Plaque** (Biofilm).

→ Beläge oberhalb des Zahnfleischrandes: supragingivale Plaque (weich), Zahnstein (hart durch Kalksalze des Speichels – gelblich/gräulich) = mineralisierte Plaque
→ Beläge unterhalb des Zahnfleischrandes: subgingivale Plaque (weich), Konkremente (hart durch Kalksalze des Speichels – dunkel/schwarz durch Blutbestandteile im Zahnfleisch)

Neben dem Hauptverursacher Plaque gibt es weitere Faktoren, die eine Gingivitis und Parodontitis begünstigen:

→ Zahnfehlstellungen
→ Rauchen
→ Stoffwechselstörungen (z. B. Diabetes mellitus).
→ Übergewicht, mangelnde körperliche Bewegung
→ insuffiziente (mangelhafte) Kronen- und Füllungsränder
→ insuffiziente häusliche Mundhygiene
→ unzureichend sitzende Prothesenanteile → Schmutznischen
→ Blutkrankheiten (Leukämie)
→ erblich bedingte Erkrankungen (Trisomie 21)

--→ viral bedingte Erkrankungen (Herpes, HIV)
--→ Medikamente

5.3 Zeichen parodontaler Erkrankungen

Vergleich zwischen gesunder und kranker Gingiva:

Gesunde Gingiva	Kranke Gingiva
--→ blassrosa, straff, mattglänzend	--→ gerötet, geschwollen, glänzend
--→ keine Blutung	--→ Blutung nach Sondieren
--→ keine bis leichte Sulkusflüssigkeit	--→ gesteigerte Sulkusflüssigkeit
--→ girlandenförmiger Verlauf	--→ Interdentalpapillen teilweise nicht
--→ Sulkustiefe: 0,1–2 mm	mehr vollständig erhalten

--→ **Gingivitis:** Entzündung des Zahnfleisches mit Rötung, Schwellung, Blutung; keine Taschenbildung, kein Abbau des Zahnhalteapparats; durch rechtzeitige Behandlung ist Entzündung behebbar (reversibel)

--→ **Parodontitis:** bakterielle Entzündung des Zahnhalteapparates mit Taschenbildung, Attachmentverlust und Knochenabbau → dadurch später Zahnlockerung, eventuell Zahnverlust; Entzündung kann aufgehalten werden, jedoch ist der Abbau des Zahnhalteapparates nicht umkehrbar (irreversibel)

--→ **Blutung:** Insbesondere Rauchen führt zu einer Minderdurchblutung des Zahnfleisches, dadurch fehlen gerade bei Rauchern die typischen Warnsignale wie Rötung, Schwellung und Blutung des Zahnfleisches. Durch die Minderdurchblutung wird das Parodontalgewebe zusätzlich mit weniger Sauerstoff versorgt → ideale Wachstumsbedingungen für anaerobe Parodontitisbaketerien, dadurch breiten sich diese aus.

--→ **Gingivahyperplasie:** Zahnfleischwucherung, meistens durch Medikamente (z. B. Antiepileptika, Blutdrucksenker) und hormonelle Einflüsse (Schwangerschaft)

--→ **Atrophien:** Man unterscheidet zwei Arten:
  1. Rezessionen = Zahnfleischrückbildung
  2. Alveolaratrophie = Knochenabbau

--→ **Parodontose:** Knochenabbau ohne Entzündung; selten und überwiegend bei älteren bis sehr alten Patienten

5.4 Diagnostik

--→ **Anamnese:** Fragen nach Allgemeinerkrankungen (z. B. Diabetes mellitus), Stress, Medikamenteneinnahme, Schwangerschaft, Rauchverhalten, Gewicht, körperli cher Bewegung, Zahnfleischbluten, Zahnlockerungen, Herzklappenersatz, Herzschrittmacher, sind Familienmitglieder an Parodontitis erkrankt usw.

→ **PSI** (Parodontaler Screening Index): dient der Früherkennung einer parodontalen Behandlungsbedürftigkeit. Gebiss wird in Sextanten eingeteilt (OK und UK jeweils drei), sondiert wird jeder Zahn an sechs Stellen mit der **WHO-Sonde** (abgerundetes Sondenende mit kleiner Kugel ø 0,5 mm, Messstrecke bis zu 12 mm – schwarze Markierung zwischen 3,5 und 5,5 mm), Grade 0–4, höchster Grad eines Sextanten wird notiert

Grad 0: keine Blutung, kein Zahnstein/Plaque → gesundes Parodontium

Grad 1: Blutung, kein Zahnstein/Plaque → Gingivitis

Grad 2: Blutung, Zahnstein/Plaque → Gingivitis

Grad 3: Sondierung 3,5–5,5 mm → mittelschwere Parodontitis

Grad 4: Sondierung über 5,5 mm → schwere Parodontitis

→ **Inspektion** von Zahnfleisch (Blutung, Schwellung vorhanden?)

→ **Sondierungstiefen**

→ **Furkationsbefall** bei mehrwurzeligen Zähnen

→ **Zahnbeweglichkeit** (Lockerungsgrade)

→ **Röntgendiagnostik** (meistens OPG, gegebenenfalls Zahnfilmaufnahmen)

→ **mikrobiologische Untersuchungen** (PAR-Keimbestimmung)

5.5 Systematische PAR-Behandlung

Ziele

→ Zahnerhaltung durch ein gesundes und entzündungsfreies Parodontium

→ Entzündungsfreiheit, keine Blutung beim Sondieren

→ geringe Sondierungstiefen, Rückgang von Zahnfleisch- und Knochentaschen

→ Rückgang von Zahnbeweglichkeit

→ kein weiterer Attachmentverlust und Gewinnung von neuem Attachment (Regeneration)

Schritte einer systematischen PAR-Behandlung:

1. Anamnese, Befunderhebung, vorläufige Diagnose
2. Teil 1 der Initialtherapie: Vorbehandlung, professionelle mechanische Plaquereduktion (PMPR) in Form von PZR (in der Regel zweimal), Kontrolle des supragingivalen Biofilms und der Risikofaktoren (Rauchen, Diabetes, Übergewicht, Ernährung), danach PAR-Status erstellen
3. Teil 2 der Initialtherapie: geschlossene Kürettage (subgingivale Instrumentierung) = AIT

4. Kontrolle/Wiederbewertung (Reevaluation)
5. Gegebenenfalls parodontalchirurgische Therapie: z. B. offene Kürettage (Lappen-OP) = CPT
6. Kontrolle/Wiederbewertung (Reevaluation)
7. Nachsorge, UPT(unterstützende Parodontaltherapie) = Recall (Kontrolle und regelmäßige PZR)

→ **Geschlossene Kürettage:** Zahnfleisch wird nicht aufgeschnitten, Scaling – Entfernung aller Beläge; Root planing – Entfernung von infiziertem Wurzelzement, Glätten der Wurzeloberfläche; Weichgewebskürettage – Entfernung von entzündetem Taschengewebe

→ **Offene Kürettage:** Bildung eines MPL, Deep scaling – Entfernung aller Beläge auf der Wurzeloberfläche; Root planing – Entfernung von infiziertem Wurzelzement, Glätten der Wurzeloberfläche; Weichgewebskürettage – Entfernung von entzündetem Taschengewebe, Begradigung von Alveolarknochen, gegebenenfalls Knochenersatzmaterial/Membran, Naht, eventuell Zahnfleischverband

Instrumente für die systematische PAR-Therapie

→ Handinstrumente:
- **Scaler:** nur zur supragingivalen Zahnreinigung, spitz, sichelförmig, im Querschnitt dreieckig, beidseitig scharf
- **Küretten:** zur subgingivalen Zahnreinigung, man unterscheidet Universal- und Spezialküretten
  - Universalküretten: Spitze abgerundet, jedoch beidseitig scharf, es werden weniger Instrumente zur Reinigung eines Gebisses benötigt.
    Beispiel: *Columbia-Kürette*
  - Spezialküretten: nur eine Seite scharf, die andere abgerundet; jeweils ein Instrumentenende für die mesiale, das andere Ende für die distale Zahnfläche → effektivere Reinigung, jedoch werden mehr Instrumente benötigt
    Beispiel: *Gracey-Kürette*
- Maschinelle Instrumente:
  - **Ultraschallgeräte**
  - **Schallgeräte**
  - **Pulverstrahlgeräte**

6 Zahnärztliche Chirurgie

6.1 Grundlagen

Die zahnärztliche Chirurgie umfasst neben der einfachen Zahnentfernung (Extraktion) noch viele weitere chirurgische Eingriffe:

- → operative Zahnentfernungen
- → Wurzelspitzenresektionen
- → Behandlung von Entzündungen, Zysten, kleinen Tumoren, Verletzungen in der Mundhöhle
- → Einbringen von Implantaten
- → chirurgische PAR-Behandlung
- → Maßnahmen bei kieferorthopädischer und prothetischer Behandlung

> ▶ Bei jedem chirurgischen Eingriff muss eine entsprechende Indikation (Anzeige) für die Behandlung vorliegen und eine aktuelle Anamnese erhoben werden.
>
> Vor dem operativen Eingriff muss der Patient außerdem (vorzeitig und schriftlich dokumentiert) über mögliche Risiken und Komplikationen aufgeklärt werden. → Kopie aushändigen

Mögliche Kontraindikationen (Gegenanzeigen), die sich aus der Anamnese ergeben, müssen für die Behandlung berücksichtigt werden: Vorerkrankungen (z. B. Diabetes mellitus → mögliche Wundheilungsstörungen, Herzinfarkt, künstliche Herzklappe → Endokarditisprophylaxe), Medikamenteneinnahme (Blutgerinnungshemmer, Bisphosphonate), Allergien, Schwangerschaft.

Neben einer aktuellen Anamnese sind auch aktuelle Röntgenbilder für den Eingriff notwendig.

Alle Eingriffe sollten grundsätzlich unter sterilen Bedingungen durchgeführt werden:

- → Mundhöhle kann zur Keimreduktion vor dem Eingriff mit antiseptischer Spüllösung ausgespült werden
- → OP-Gebiet wird steril abgedeckt
- → Instrumente und Materialien müssen steril sein
- → sterile Schutzkleidung für das Behandlungsteam
- → chirurgische Händedesinfektion (Bei kleineren Engriffen wie Zahnextraktion reicht die hygienische Händedesinfektion und das Tragen von Schutzhandschuhen aus. → Mundhöhle ist ständig von Keimen besiedelt)

Grundinstrumentarium (steril): Mundspiegel, zahnärztliche Pinzette, anatomische Pinzette, chirurgische Pinzette, Raspatorium, Skalpell, chirurgisches Handstück, Fräsen, chirurgischer Sauger, scharfer Löffel, Nadelhalter, Nahtmaterial, Arterienklemme, Luer-Zange, Hebel nach Bein, Langenbeck-Haken, Tuchklemme, Tupfer, Schale, Tamponadenstopfer

Mukoperiostlappen (Schleimhaut-Knochenhaut-Lappen): Bei vielen Eingriffen wird ein solcher MPL gebildet.

1. Schnitt (Inzision) mit Skalpell
2. Schleimhaut (Mukosa) mit Knochenhaut (Periost) wird mit Raspatorium abgehoben
3. Abhalten des MPL mit Langenbeck-Haken

Nahtmaterial: Nach der Lappen-Bildung muss die Wunde vernäht werden. Hierzu gibt verschiedene Materialien.

⇢ **Traumatisches** (verletzendes) Nahtmaterial: gerade oder gebogene Nadeln mit Nadelöhr → erhöhte Verletzung des Gewebes durch größeren Durchmesser durch Faden und Nadelöhr – kaum noch Verwendung in der zahnärztlichen Praxis
⇢ **Atraumatisches** (nicht verletzendes) Nahtmaterial: gerade oder gebogene Nadeln, Faden ist direkt mir der Nadel verschweißt → dadurch Schonung des Weichgewebes

Verhaltenshinweise für Patienten nach chirurgischen Eingriffen:

⇢ Reaktionsfähigkeit im Straßenverkehr durch Lokalanästhesie mehrere Stunden beeinträchtigt → Patienten sollten sich fahren lassen
⇢ Verletzungsgefahr beim Essen und Trinken während der Anästhesiedauer
⇢ Aufbisstupfer sollte mindestens 30–60 Minuten auf der Wunde belassen werden
⇢ Bei erneuten Blutungen, insbesondere beim Nachlassen des Vasokonstringenz (Adrenalin): neuen Tupfer oder sauberes Taschentuch rollen und erneut für mindestens 30 Minuten auf Wunde legen
⇢ Schwellungen vermeiden → feucht-kalte Umschläge. Direkten Hautkontakt mit Eis vermeiden!
⇢ In den kommenden 24 Stunden kein Alkohol, Kaffee, Tee, Cola (steigert Blutdruck → erhöht Blutungsneigung); nicht Rauchen; keine Wärme (Sonne, Sauna, Rotlicht usw.); kein Sport; nicht den Mund spülen
⇢ Zähne können nach Beendigung der Blutung geputzt werden, Wundgebiet auslassen
⇢ Meldung in der Praxis bei starken Nachblutungen oder Schwellungen, starken Schmerzen, Kieferklemme
⇢ postoperative Kontrolle vereinbaren

6.2 Abszessbehandlung

Ein Abszess ist ein mit Eiter gefüllter und abgekapselter Hohlraum. Die Lage gibt dem jeweiligen Abszess seinen Namen, z. B. submukös = unter der Schleimhaut, superiostal = unter der Knochenhaut, sublingual = unter der Zunge usw.

Vorgehen: Anästhesie, Inzision mit Skalpell, leichte Erweiterung der Inzision mit Raspatorium, Offenhalten der Abszesshöhle mit Gazestreifen oder Drainageröhrchen (Eiter und Wundsekret sollen weiter ablaufen können), Spülung der Wunde in den kommenden Tagen, gegebenenfalls Drainagewechsel, Naht nicht erforderlich, gegebenenfalls Antibiose

6.3 Extraktion

Die Extraktion (Entfernung eines Zahnes ohne operativen Eingriff) ist der häufigste chirurgische Eingriff in der zahnärztlichen Praxis.

Indikationen: tief kariös zerstörter Zahn, Fraktur (Bruch), starke Lockerung, Zahnerhaltung mittels Wurzelkanalbehandlung oder Wurzelspitzenresektion nicht möglich

Die Zahnentfernung erfolgt mittels Hebel oder Zange.

⇢ **Hebel:** Hohlmeißelhebel nach Bein, Krallenhebel nach Flohr
⇢ **Zagen:** verschiedene OK-Zangen (für Schneide- und Eckzähne, Prämolaren, Molaren rechts, Molaren links, Weisheitszähne), verschiedene UK-Zangen (für Schneide- und Eckzähne, Prämolaren, Molaren, Weisheitszähne und Molaren)

Vorgehen:

1. Lokalanästhesie
2. Lösen der Gingiva (Durchtrennen der Sharpey-Fasern mit Hebel oder Periotom)
3. Lockern des Zahnes mit einem Hebel
4. Entfernen des Zahnes aus der Alveole mit einer Zange
5. Bei OK-Seitenzähnen: Überprüfen einer möglichen MAV (Mund-Antrum-Verbindung) mit der Knopfsonde oder Nasen-Blas-Versuch
6. Wundsäuberung mit dem scharfen Löffel
7. Zusammendrücken der Alveole mit dem Finger
8. gegebenenfalls Naht
9. Kompression der Wunde mit einem Tupfer

Mögliche Komplikationen: Nachblutung, Schwellung, Wundheilungsstörungen, Verletzung und Lockerung von Nachbarzähnen, bei OK-Seitenzähnen kann es zur

Eröffnung der Kieferhöhle kommen, Zähne können abbrechen → operative Zahnentfernung als Folge

6.4 Operative Zahnentfernung

Indikationen: Zahn ist durch einfache Extraktion nicht zu entfernen, verbliebener Wurzelrest im Knochen, Zahn ist **retiniert/teilretiniert** (Zahn hat keine Verbindung zur Mundhöhle/Zahn hat mit einem Teil die Mundhöhle erreicht) und/oder **verlagert** (Zahn liegt gekippt und nicht achsengerecht im Knochen)

Beispiel für teilretinierte Zähne: *untere Weisheitszähne führen aus Platzgründen zu einem erschwerten Zahndurchbruch (**Dentitio difficilis**) und einer damit verbundenen Entzündung der Schleimhautkapuze (**Perikoronitis**) → Rötung, Schwellung, Schmerzen und eingeschränkte Mundöffnung sind die Folge. Therapie: Beseitigung der Schleimhautkapuze, Spülung, Streifen, gegebenenfalls Antibiose, nach ca. einer Woche operative Entfernung des Zahnes*

Vorgehen:

1. Lokalanästhesie
2. Inzision und Bildung eines Mukoperiostlappens
3. Bei unteren Weisheitszähnen: zum Schutz des N. lingualis → Raspatorium wird lingual unter Periost geschoben
4. Entfernung Knochen (**Osteotomie**) um den Zahn herum mit Fräse
5. Freilegen des Zahnes, gegebenenfalls Durchtrennen des Zahnes
6. Entfernen des Zahnes
7. Entfernen Zahnsäckchen, Granulationsgewebe
8. Bei OK-Seitenzähnen: Überprüfen einer möglichen MAV
9. gegebenenfalls Glätten von Knochenkanten
10. Naht

Mögliche Komplikationen: Nachblutung, Schwellung, Schmerzen, Wundheilungsstörung, Nachbarzahnverletzung, Knochenfraktur, MAV (Mund-Antrum-Verbindung), Nervenverletzungen des N. alveolaris inferior und des N. lingualis

6.5 Mund-Antrum-Verbindung (MAV)

Die MAV stellt eine Verbindung zwischen Mund- und Kieferhöhle dar, die es normalerweise nicht gibt. Obere Prämolaren und Molaren ragen mit ihren Wurzeln in die

Kieferhöhle. Die Trennschicht, bestehend aus einer dünnen Knochenlamelle und Schleimhaut, kann bei einer Extraktion einreißen und somit eine MAV verursachen.

Überprüfung: mittels Nasen-Blas-Versuch und Sondieren mit Knopfsonde (Vorsicht: mit der Sonde kann die Schleimhaut auch zerstört werden)

Folgen einer MAV: Es kann zu einer Keimverschleppung in die in der Regel keimfreie Kieferhöhle und damit einer Entzündung (Sinusitis maxillaris) kommen.

Vorgehen Plastische Deckung: Um einer Entzündung vorzubeugen, wird die eröffnete Kieferhöhle plastisch verschlossen.

1. Lokalanästhesie
2. Bildung eines trapezförmigen Mukoperiostlappens
3. Schlitzung des Periosts, dadurch bessere Dehnung des Lappen möglich
4. Lappen kann nun über die MAV gezogen und vernäht werden
5. Gegebenenfalls kann/muss auch eine Membran verwendet werden.

Verhaltenshinweise: bis zur Abheilung kein Schnäuzen, Niesen nur mit geöffnetem Mund, gegebenenfalls Verordnung von abschwellenden Nasentropfen und Antibiose

6.6 Wurzelspitzenresektion (WSR)

Die WSR ist ein Erhaltungsversuch eines Zahnes. Die Wurzelspitze wird operativ entfernt (reseziert) und der Wurzelkanal entweder vor oder während des operativen Eingriffs mit einer Wurzelfüllung versehen.

Indikationen: apikale Entzündung (apikale Ostitis/apikale Parodontitis), Wurzelfraktur, überstopftes Wurzelfüllmaterial, radikuläre Zysten

Vorgehen:

1. Lokalanästhesie
2. Inzision und Bildung MPL
3. Osteotomie und Darstellung der Wurzelspitze
4. Abtrennen der Wurzelspitze mit Lindemannfräse
5. Entfernung von Granulationsgewebe/Zystengewebe
6. eventuell Wurzelfüllung (orthograd/retrograd)
7. Wundsäuberung und Naht

6.7   Zystenbehandlung

▶ Eine Zyste ist ein mit Flüssigkeit gefüllter Hohlraum, der von einer Hülle (Zystenbalg) umgeben ist.

Zwei Zystenarten kommen in der Zahnheilkunde häufig vor:

- → **Follikuläre** Zysten: entstehen aus Epithelgewebe der Zahnanlage und entwickeln sich meistens an den Kronen retinierter Zähne
- → **Radikuläre** Zysten: entstehen an der Wurzel abgestorbener oder wurzelgefüllter Zähne

Die meisten Zysten sind gutartig (benigne), allerdings können wenige auch bösartig (maligne) sein. Eine histo-pathologische Untersuchung von Zysten ist daher nach Entfernung erforderlich.

Auf Röntgenbildern erscheinen Zysten in Form von Aufhellungen (dunkle Stellen im Röntgenbild).

Indikation: Zysten wachsen langsam verdrängend und schmerzfrei → Knochen im Umfeld wird langsam abgebaut, dies kann im Extremfall zur Knochenfraktur führen.

Vorgehen: Es gibt zwei Verfahren zur Zystenentfernung.

1. Die häufigste Variante ist die **Zystektomie** (Partsch II): komplette Entfernung der Zyste inkl. Zystenbalg
2. **Zystostomie** (Partsch I): wird eher bei größeren Zysten angewandt, Zyste wird zur Mundhöhle großflächig eröffnet und bleibt offen (Obturator); Zystenepithel wandelt sich innerhalb mehrerer Wochen in Mundschleimhaut um, neuer Knochen bildet sich, Zystenhohlraum wird kleiner. Die Ausheilung dauert lange.

6.8   Implantation

Zahnärztliche Implantate sind künstliche Zahnwurzeln aus Titan oder Keramik, die in den Kieferknochen eingebracht werden. Es gibt unterschiedliche Formen (Zylinder, Schrauben usw.) und sie können unterschiedlich einheilen:

- → **Subgingival:** häufigste Variante, Zahnfleisch wird aufgeschnitten, Implantat in Knochen eingebracht, Zahnfleisch wird über das Implantat gelegt und vernäht → Einheilung unter dem Zahnfleisch = subgingival; erfordert einen zweiten Eingriff zur Freilegung des Implantats nach Einheilung

--> **Transgingival:** Implantation direkt durch das Zahnfleisch hindurch, ragen nach Eingriff in die Mundhöhle, diese muss nicht freigelegt werden

Indikationen: Versorgung von Einzelzahnlücken, Verankerung einer Brücke, Befestigung von Teil- und Vollprothesen – zahnloser Kiefer, Verankerung kieferorthopädischer Apparaturen, Verankerung von Epithesen (künstlich anfertige Gesichtsbereiche)

Vor Implantation: Befund und Diagnostik; inkl. Röntgen, eventuell DVT; Aufklärung über mögliche Komplikationen, Alternativen und Kosten; prothetische Planung; eventuell Knochenaufbau; Sanierung des Restgebisses; Anleitung zur Mundhygiene; eventuell Sinuslift im OK erforderlich

Sinuslift: Verfahren zum Oberkieferaufbau, der knöcherne Boden der Kieferhöhle (Sinus maxillaris) wird verdickt.

--> Externer Sinuslift: seitlicher Zugang durch ein Knochenfenster, Kieferhöhlenschleimhaut wird vorsichtig angehoben, entstandener Hohlraum mit Knochen oder Knochenersatzmaterial aufgefüllt

--> Interner Sinuslift: einfacheres Verfahren; über Implantatbohrung wird Knochen inkl. Kieferhöhlenschleimhaut mit Hammerschlägen nach oben gedrückt, Knochen oder Knochenersatzmaterial ist meist nicht erforderlich.

Vorgehen Implantation (subgingival):

1. Lokalanästhesie
2. Inzision und Bildung MPL
3. Aufbereiten des Alveolarknochens mit Bohrern aufsteigender Größe, eventuell Gewindeschneiden
4. Einsetzen des Implantats
5. Einbringen der Abdeckschraube
6. Naht
7. Einheilphase
8. Freilegung
9. prothetische Versorgung

Mögliche Komplikationen: Verletzung des UK-Nervs, Wundheilungsstörungen durch Rauchen oder schlechte Mundhygiene, Entzündung des Implantatbetts (Periimplantitis), Verlust des Implantats

6.9   Verletzungen (Trauma-Behandlung)

▶️ Als Trauma bezeichnet man eine Verletzung.

Man unterscheidet:

--→ Knochenverletzungen
--→ Gelenkverletzungen
--→ Weichteilverletzungen
--→ Zahnverletzungen

Zahnverletzungen: am häufigsten bei Frontzähnen auftretend (Frontzahntrauma). Hier unterscheidet man Frakturen (Bruch) und Luxationen (Lockerung durch Zerreißen der Fasern im Halteapparat) der Zähne.

--→ Zahnfrakturen
  • Kronenfraktur: Bruch von Zahnhartsubstanz mit oder ohne Pulpabeteiligung
  • Wurzelfraktur: in unterschiedlicher Höhe der Wurzel oder Längsfraktur

--→ Zahnluxationen
  • teilweise Lockerung des Zahnes, noch in der Alveole
  • vollständige Lösung des Zahnes aus der Alveole (Avulsion, Eluxation)

Vorgehen bei Avulsion (Eluxation):

1. Ruhe bewahren
2. Zahn suchen; Zahn nicht reinigen – kein Gewebe entfernen, sonst keine Einheilung möglich
3. Transport des Zahnes am besten in Zahnrettungsbox oder kalter H-Milch; sofern beides nicht vorhanden im Mund – niemals trocken
4. Weichteilverletzungen mit Kompresse abdecken
5. sofort Zahnarztpraxis aufsuchen
6. In der Praxis: Kontrolle des Alveolarknochen, von Gingiva, Parodont, Endodont
7. Replantation (Zurücksetzen) des Zahnes und Stabilisierung mittels Draht-Komposit-Schiene für 1–2 Wochen
8. Antibiose und Überprüfung des Tetanus-Impfstatus
9. Kontrolle nach 1–2 Tagen
10. Replantierte Zähne müssen nach 7–10 Tagen endodontisch behandelt werden.

6.10 Präprothetische Chirurgie

Darunter versteht man alle Maßnahmen zur Verbesserung des sogenannten Prothesenlagers vor einer neuen prothetischen Versorgung:

--> Beseitigung eines Schlotterkamms
--> Beseitigung störender Lippen-/Wangenbänder
--> Glättung von Knochenkanten
--> Aufbau des Kieferkamms

6.11 Tumorentfernung

Es gibt gutartige (benigne) und bösartige (maligne) Tumore. Sie unterscheiden sich im Aussehen und ihrem Wachstumsverhalten:

--> **Gutartig:** wächst langsam, verdrängt Nachbargewebe, ist abgegrenzt, Zellen sind wenig verändert, bildet keine Metastasen (Tochtergeschwülste)
--> **Bösartig:** wächst schnell, dringt in Nachbargewebe ein, ist nicht abgegrenzt, Zellen sind stark verändert, kann Metastasen bilden

Kleine Tumore können in der Mundhöhle mit Lokalanästhesie gut entfernt werden: Sie werden spindelförmig umschnitten, entfernt und die Wunde wird vernäht. Man nennt dieses Vorgehen Exzision. Das entfernte Präparat muss histo-pathologisch untersucht werden.

7   Kieferorthopädie

▶ Die Kieferorthopädie ist die Lehre von Gebissfehlentwicklungen und deren Behandlung.

7.1   Zahn- und Kieferfehlstellungen

⇢ **Eugnathie (regelgerechtes Gebiss):** einwandfrei geformtes und funktionelles Gebiss

⇢ **Dysgnathie (Gebissfehlentwicklung):** fehlentwickeltes Gebiss mit ungewöhnlicher Form und eingeschränkter Funktion

1. **Kieferfehlstellungen (Kieferanomalien)**
   - zurückstehender OK (maxilläre Retrognathie)
   - unterentwickelter, kleiner OK (Mikrognathie)
   - vorstehender OK (maxilläre Prognathie)
   - zurückstehender UK (mandibuläre Retrognathie/Mikrogenie = „Vogelgesicht")
   - vorstehender UK (mandibuläre Prognathie)
   - Kieferkompression

2. **Zahnfehlstellungen**
   - Zahnmissbildungen
   - Zahnengstand
   - abweichende Zahnanzahl
   - abweichende Zahnstellungen
   - Störungen beim Zahndurchbruch

3. **Fehlstellungen der Zahnreihen (Okklusionsanomalien)**
   - Tiefer Biss
   - Deckbiss
   - Kopfbiss
   - Offener Biss
   - Kreuzbiss
   - Angle-Klassen:
     I. Neutralbiss (regelrechte Okklusion)
     II. Distalbiss (II_1 OK-Frontzähne stehen nach vorne; II_2 OK-Frontzähne nach palatinal gekippt)
     III. Mesialbiss

7.2   Ursachen für Zahn- und Kieferfehlstellungen

-→ angeborene Zahn- und Kieferfehlbildungen (z. B. Vorbiss, Deckbiss, Diastema mediale)
-→ zu wenige, überzählige oder retinierte Zähne
-→ zu große oder zu kleine Zähne
-→ ständiges Beißen oder Saugen an den Lippen
-→ Daumenlutschen oder Nuckeln an Daumen oder Saugflaschen
-→ Fehlfunktionen der Zunge beim Sprechen oder Schlucken
-→ Frühzeitiger Verlust der Milchzähne: benachbarte Milchzähne wandern in die Lücke und engen Platz für bleibende Zähne ein
-→ Wachstumsstörungen von Ober- und Unterkiefer
-→ Verletzungen durch Unfälle im Zahn- und Kieferbereich

7.3   Kieferorthopädische Behandlung

Behandlungsablauf

1. Anamnese, Befunderhebung, Diagnostik
2. Behandlungsplan erstellen und genehmigen lassen
3. Aktive Behandlung: Dauer ca. 2–3 Jahre
4. Retentionsphase: in der Regel mindestens doppelt so lange wie aktive Behandlung

Befundung und Diagnostik

-→ Anamnese
-→ klinische Untersuchung
-→ Funktionsanalyse
-→ Röntgenbefund (OPG, FRS, Handröntgen)
-→ Modellbefund
-→ Fotobefund

Therapiephasen

-→ kieferorthopädische Prophylaxe
-→ Frühbehandlung
-→ reguläre Behandlung
-→ Erwachsenenbehandlung

Behandlungsgeräte

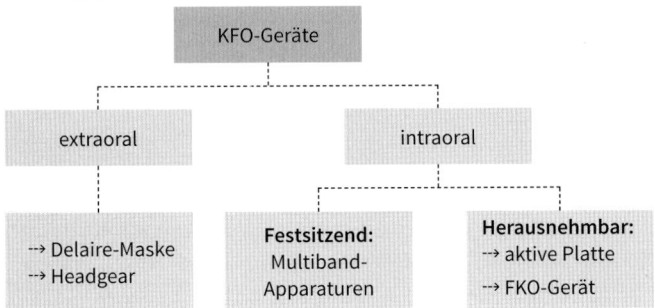

→ **Delaire-Maske:** Gesichtsmaske mit Abstützung an Stirn und Kinn; Ziel: kleiner, zurückliegender Oberkiefer soll vorverlagert werden

→ **Headgear:** Gesichtsbogen mit Zugband zur Hemmung des Oberkieferwachstums; Auflösung eines Engstandes der Frontzähne; Molaren können gedreht, verlängert oder verkürzt werden

→ **Multiband-Apparaturen:** meistens mit Säure-Ätz-Technik befestigtes, festsitzendes Bracketsystem mit Bogen, Drähten/Gummiringen und eventuell Bändern für die Molaren; Anwendung bei umfangreichen Zahnfehlstellungen

→ **Aktive Platten:** herausnehmbare Apparatur bestehend aus Plattenkörper, Halteelementen und Bewegungselementen zur Behandlung einfacher Zahnfehlstellungen

→ **FKO-Geräte** (funktionskieferorthopädische Apparaturen), auch passive Apparaturen genannt: bestehen aus einem gemeinsamen Kunststoffblock für Ober- und Unterkiefer und Drahtelementen; arbeiten nur mit körpereigenen Kräften; Anwendung: Förderung oder Hemmung des Kieferwachstums, Veränderung der Bisslage, gezielte Wanderung von Einzelzähnen

Risiken einer KFO-Behandlung

→ Karies → durch unzureichende Plaqueentfernung
→ Gingivitis → durch unzureichende Plaqueentfernung
→ Parodontitis → durch unzureichende Plaqueentfernung und Krafteinwirkung auf Knochen
→ Zahnlockerung
→ Zahnverlust
→ Rezessionen
→ Schmelzausrisse
→ Überempfindlichkeit

8 Prothetik

Aufgabengebiet der zahnärztlichen Prothetik (auch Zahnersatzkunde genannt) ist der Ersatz fehlender Zähne in Form von

→ festsitzendem Zahnersatz (Kronen, Brücken, Suprakonstruktionen),
→ herausnehmbarem Zahnersatz (Teilprothesen),
→ einer Kombination von festsitzendem und herausnehmbarem Zahnersatz (Teleskopprothesen, Coverdenture).

8.1 Festsitzender Zahnersatz

Kronen

Varianten: Teilkrone, Vollgusskrone (komplett aus Metall), Verblendkrone (teilverblendet/vollverblendet), Mantelkrone = „Jacketkrone" (Vollkeramik oder Vollkunststoff), provisorische Kronen

Materialien:

1. Metallkronen (Legierung aus mehreren Metallen) bestehen meistens aus Nicht-Edelmetall- (Chrom, Kobalt, Molybdän) oder Edelmetalllegierungen (Gold, Palladium, Platin).
2. Keramik: Glaskeramik, besonders lichtdurchlässig; Oxidkeramik (z. B. Zirkon), sehr stabil, weniger lichtdurchlässig → Vollkeramikkronen: technisch sehr aufwendig, jedoch beste Ästhetik; mittlerweile genauso stabil wie Vollgusskronen, rufen keine Allergien hervor

Verblendungen: entweder aus Kunststoff oder Keramik

Brücken

Brücken bestehen aus Ankerkronen (Brückenanker) und Brückengliedern (Brückenkörper). Der zu beschleifende Zahn wird als Brückenpfeiler bezeichnet. Es gibt unterschiedlichste Brückenarten, von der Vollgussbrücke über die Vollkeramikbrücke bis zur abnehmbaren Teleskopbrücke und Klebebrücke (auch Adhäsiv- oder Marylandbrücke genannt).

Materialien: Metalllegierungen (eventuell mit Verblendungen), Vollkeramik, Vollkunststoff

Kronenpräparation

1. **Hohlkehlpräparation:** für Versorgung mit Verblendkronen – Präparationsgrenze liegt meist unter der Gingiva (subgingival)

2. **Stufenpräparation:** für die Versorgung mit Vollkeramikkronen – Präparationsgrenze liegt meist auf Höhe der Gingiva (äquigingival)
3. **Tangentialpräparation:** für die Versorgung mit Vollgusskronen – Präparationsgrenze liegt meist unter der Gingiva (subgingival)
4. **Teilkronenpräparation:** für die Versorgung mit Teilkronen – Präparationsgrenze liegt meist über dem Zahnfleisch (supragingival)

Behandlungsablauf bei Kronen-/Brückenzahnersatz

1. **Planung:** Untersuchung, Röntgenbilder, konservierend/chirurgische Vorbehandlung, prothetische Beratung, Erstellung eines Heil- und Kostenplanes (HKP), Herstellung von Planungsmodellen, eventuell Herstellung von individuellen Löffeln
2. **Erste Sitzung:** HKP muss genehmigt vorliegen, Anästhesie, Zahnfarbenauswahl, Abformung für Provisorien, Gegenkieferabformung, Präparation der Zähne, Verdrängung von Zahnfleisch (Retraktionsfäden/-paste), Abformung der präparierten Zähne (Korrektur- oder Doppelmischabformung), Bissnahme, Herstellung von Provisorien und Eingliederung, Okklusionskontrolle, Zementrestentfernung
3. **Zweite Sitzung:** Provisorienabnahme, Stumpfsäuberung, eventuell Gerüsteinprobe oder Rohbrandeinprobe, Provisorien wiederbefestigen, Zementrestentfernung
4. **Dritte Sitzung:** Provisorienabnahme, Stumpfsäuberung, Anprobe und Kontrolle von Farbe/Form, Passgenauigkeit, Okklusion und Artikulation, Eingliederung mit Zement oder adhäsive Befestigung, Entfernung von Resten des Befestigungsmaterials

Pulpäre Stifte

Aufgabe: dienen zur Stabilisierung eines wurzelkanalbehandelten Zahnes. Der Stiftaufbau (z. B. aus Komposit) bildet eine stabile Basis für Kronen und Brücken.

Arten: Konfektionierte Stifte (Glasfaser, Keramik, Metall) können sofort in den Wurzelkanal eingebracht und präpariert werden, gegossene Stiftaufbauten erfordern einen zusätzlichen Laborarbeitsschritt.

8.2   Herausnehmbarer und Kombi-Zahnersatz

Teilprothesen

Teilprothesen können nach verschiedenen Kriterien eingeteilt werden:

Technische Ausführung und Verankerung	Kunststoff, Modellguss, Klammern (gebogen oder gegossen), Doppelkronen (Teleskop oder Konus), Geschiebe, Steg, Magnete, Druckknopfanker
Anordnung des Lückengebisses	Schalt- oder Freiendlücke, Kombination aus beiden
Tragedauer	definitive Prothesen, Interims- oder Immediatprothesen

--> **Modellgussprothesen**

- **Verankerung:** durch gegossene Klammern an den bleibenden Zähnen
- **Aufbau:** Basisplatte aus Metall, Prothesensättel mit Kunststoffzähnen, Transversalbügel (metallische Gaumenplatte) verbindet mehrere Prothesensättel im Oberkiefer miteinander, im Unterkiefer macht dies ein Unterzungenbügel (Sublingualbügel)
- **Arbeitsablauf bei Herstellung einer Modellgussprothese** (Sitzungen ohne Laborarbeitsschritte):
  1. Befund, Erstellung HKP, Planungsmodelle, Herstellung individueller Löffel für Funktionsabformung
  2. Zähne für Klammerabstützung werden eingeschliffen, Funktionsabformung (Bänder und Muskeln werden mit abgeformt, Übergang harter/weicher Gaumen wird dargestellt → Ah-Linie), Bissnahme
  3. Gerüsteinprobe, gegebenenfalls mit Wachswällen (Markierung der Lachlinie und Lage der Front- und Eckzähne); Bestimmung der Zahnfarbe und Zahnform
  4. Wachseinprobe mit aufgestellten Zähnen; Überprüfung von Okklusion, Artikulation, Sprache und Ästhetik
  5. fertiggestellte Prothese wird eingegliedert, Okklusions- und Artikulationskontrolle
  6. ZE-Kontrolle: erneute Okklusions- und Artikulationskontrolle, gegebenenfalls Druckstellen beseitigen

--> **Doppelkronenprothesen (Teleskop/Konus)**

- **Verankerung:** durch Doppelkronen an den bleibenden Zähnen
- **Aufbau:** Primärkrone wird fest auf präparierten Zahn zementiert, Sekundärkrone ist Bestandteil der Teilprothese
- **Arten:** *Teleskope* sind parallelwandig, passgenau hergestellte Doppelkronen; *Konuskronen* sind kegelförmig gestaltete Doppelkronen.
- **Vorteile:** Kaukraft wird optimal auf den Zahn übertragen, gute Haltefunktion, ästhetischer Zahnersatz, Prothesen sind sehr reparaturfreundlich

- **Arbeitsablauf bei Herstellung einer Doppelkronenprothese:** ähnlich dem Ablauf bei einer Modellgussprothese. Zähne, die Doppelkronen tragen, werden wie Kronen präpariert. Je nach Ausführung können einzelne Arbeitsschritte kombiniert oder erweitert werden.

--→ **Geschiebe:** bestehen aus einer Patrize (meist an Krone eines bleibenden Zahnes) und einer Matrize (Teil der Prothese); Patrize und Matrize werden ineinander geschoben. Der Arbeitsablauf bei der Herstellung eines Geschiebes ist ähnlich dem Ablauf bei einer Modellgussprothese.

--→ **Cover denture** (Deckprothese): Sonderform einer Totalprothese mit Doppelkronen (Teleskopen) auf Restzähnen, Schleimhaut ist komplett bedeckt

--→ **Interimsprothese:** wird nach Entfernung von Zähnen und Ausheilung hergestellt und übergangsweise getragen

--→ **Immediatprothese:** wird vor der Entfernung von Zähnen hergestellt und direkt nach Extraktion eingegliedert; nach Abheilung kann die Prothese unterfüttert und dauerhaft getragen werden.

Totalprothesen

Diese dienen der Versorgung zahnloser Kiefer. Voraussetzungen für einen guten Halt: Die Prothesenbasis muss dicht auf der Schleimhaut anliegen, ein Ventilrand (damit saugt sich die Prothese fest) und ein Funktionsrand (Bänder und Muskeln werden nicht behindert) müssen vorhanden sein.

Arbeitsablauf (ohne Laborarbeitsschritte):

1. Befund, Erstellung HKP, eventuell Abformung der alten Prothese
2. Situationsabformung der Kiefer zur Herstellung individueller Löffel für die Funktionsabformung
3. Funktionsabformung der Kiefer
4. Bissschablonen mit Wachswällen: Bissnahme (Kieferrelationsbestimmung) entweder als Handbissnahme oder mit Stützstiftregistrat (→ Ziel der Relationsbestimmung ist die Neueinstellung der Lage des Unterkiefers zum Oberkiefer, um die Kondylen zentrisch, seitengleich und nicht verschoben in den beiden Gelenkgruben zu positionieren); Einzeichnen von Hilfslinien (Mittellinie, Eckzahnlinie, Lachlinie, Kauebene), gegebenenfalls Gesichtsbogen, Bestimmung Zahnfarbe und -form
5. Wachseinprobe (Okklusion, Artikulation, Ästhetik, Sprache)
6. Eingliederung der fertiggestellten Prothese (Okklusion, Artikulation)
7. ZE-Kontrolle: erneute Okklusions- und Artikulationskontrolle, gegebenenfalls Druckstellen beseitigen

8.3   Abformarten und Abformmaterialien

Abformarten

- → **Situationsabformung** (anatomische Abformung): für Arbeits- und Planungsmodelle, erfolgt mit konfektionierten Löffeln
- → **Funktionsabformung** (für Prothesen): erfolgt mit einem individuellen Löffel, aktive und passive Bewegungen werden durchgeführt → dadurch Wiedergabe von Bändern und Muskeln für den späteren Halt der Prothese
- → **Korrekturabformung** (zweizeitig/zweiphasig): dient der Kronenabformung; zuerst Vorabformung mit festem, knetbaren Material; dann beschneiden der Vorabformung und „Korrektur" mit dünnfließendem Material → Abformung wird erneut in den Mund eingebracht
- → **Doppelmischabformung** (einzeitig/zweiphasig): dient der Kronenabformung; zähfließendes Material im Abformlöffel, dünnfließendes Material wird um die präparierten Zähne gespritzt; gleichzeitige Aushärtung
- → **Sandwichabformung:** dient der Kronenabformung; verläuft wie Doppelmischabformung, es wird jedoch zusätzlich dünnfließendes Abformmaterial auf den Abformlöffel mit dem zähflüssigen Material gegeben; härtet ebenfalls gleichzeitig aus

Abformmaterialien

Bei den am meisten in der zahnärztlichen Praxis verwendeten Materialen handelt es sich um irreversibel-elastische Abformmaterialien. Sie sind zuerst elastisch, nach Aushärtung lässt sich ihre Form nicht mehr verändern. Vertreter sind:

- → **Alginate:** werden in der Regel für Situationsabformungen verwendet. Hauptbestandteil sind Salze der Alginsäure (Seetang und Meeresalgen); Abformungen können austrocknen.
- → **Elastomere** (gummielastische Kunststoffe): Silikone und Polyether für die Abformung von Kronen, Brücken und die Funktionsabformung der Kiefer. Die Abformungen sind formstabil und können noch Tage später ausgegossen werden.

Konsistenzen:

- → knetbar – putty
- → zähfließend (hochviskös) – heavy body
- → mittelfließend (mittelviskös) – regular body
- → dünnfließend (niedrigviskös) – light body

9 Prophylaxe

▶ Als Prophylaxe (Prävention) bezeichnet man alle Maßnahmen, um Krankheiten zu verhindern.

Man unterscheidet drei Teilbereiche der zahnmedizinischen Prophylaxe:

--> **Kariesprophylaxe:** Vermeidung von Karies durch gesunde Ernährung, Mundhygiene, Fluoridierung
--> **Parodontalprophylaxe:** Vorbeugen von PAR-Erkrankungen durch gesunde Ernährung, Mundhygiene, PZR, nicht Rauchen, Behandlung von Allgemeinerkrankungen
--> **Kieferorthopädische Prophylaxe:** Vorbeugung von Gebissfehlentwicklungen durch Abgewöhnen von Habits (z. B. Daumenlutschen), ausreichende Mineralstoff- und Vitaminzufuhr, Erhalten der Milchzähne als Platzhalter

Die Prophylaxe kann zudem nach Zielgruppen unterschieden werden:

--> **Individualprophylaxe:** präventive Maßnahmen für jeden Patienten individuell in der Praxis
--> **Gruppenprophylaxe:** präventive Maßnahmen außerhalb der Praxis für mehrere Personen gleichzeitig, z. B. Kindergarten, Schule
--> **Kollektivprophylaxe:** präventive Maßnahmen für große Bevölkerungsteile, z. B. Salzfluoridierung, (Trinkwasserfluoridierung – in Deutschland nicht zugelassen)

9.1 Diagnostik

Neben der intraoralen Befundaufnahme und Röntgendiagnostik sind Indizes (Anzeiger) wichtige Hilfsmittel, um einen Befund zu vervollständigen:

--> Kariesindizes (z. B. DMF-T)
--> Plaqueindizes (z. B. API) → zeigen Zustand der Mundhygiene
--> Gingiva- und Blutungsindizes (z. B. SBI, PBI) → zeigen Entzündungen
--> Parodontalindizes (z. B. PSI)

$$API = \frac{\text{Summe der Plaquestellen} \cdot 100}{\text{Anzahl Messpunkte}} \qquad SBI = \frac{\text{Summe Messwerte} \cdot 100}{\text{Anzahl Messpunkte}}$$

Mit dem SBI kann man sehr gut das langfristige Putzverhalten des Patienten überprüfen → Entzündungen benötigen längere Ausheilungszeit.

9.2   Zahngesundheit und Mundhygiene

Bausteine der Zahngesundheit sind

--→ eine gute Mundhygiene,
--→ zahngesunde Ernährung,
--→ regelmäßige Fluoridierung,
--→ regelmäßige zahnärztliche Untersuchung, Fissurenversiegelung.

Mundhygiene

Hilfsmittel: Zahnbürste (kurzer Bürstenkopf, mittelhart, multitufted, ebenes Borstenfeld), fluoridierte Zahnpasta, Zahnseide, Interdentalbürstchen, Zahnhölzer, Zungenreiniger, Mundspüllösung

Zahnputztechniken:

--→ Bass-Technik (für Jugendliche und Erwachsene):
  1. Borstenfeld schräg im 45°-Winkel zum Zahnfleisch gerichtet
  2. kleine rüttelnde Bewegungen (Borsten gelangen in Sulkus und Approximalräume)
  3. Wischbewegung zur Zahnkrone hin (Plaqueentfernung)
  4. Kauflächenreinigung

--→ Fones-Rotationstechnik (für Kinder):
  1. kreisende Putzbewegung auf den Außenflächen
  2. kreisende Putzbewegung auf den Innenflächen
  3. Kauflächenreinigung

--→ „Rot nach Weiß"-Technik: Ansetzen der Zahnbürste am Zahnfleischrand → leicht erlernbar, jedoch unzureichende Reinigung

--→ KAI-Technik (für Kinder):
  1. Kauflächen
  2. Außenflächen
  3. Innenflächen

▶ Insbesondere bei Kindern ist eine Nachreinigung der Zähne durch die Eltern erforderlich!

Ernährung

Wichtigste Inhaltsstoffe der Nahrung sind

- ⇢ Nährstoffe (Kohlenhydrate, Fette, Eiweiße, Wasser, Vitamine, Mineralstoffe, Spurenelemente),
- ⇢ Ballaststoffe (verdauungsfördernde Wirkung des Darms).

Für die Zähne bedeutende Inhaltsstoffe sind

- ⇢ Kohlenhydrate (schädlich, da kariogen),
- ⇢ Kalzium und Phosphat,
- ⇢ Fluoride,
- ⇢ Vitamin D und C.

Für die Kariesentstehung von Bedeutung sind folgende Faktoren:

- ⇢ Häufigkeit der Aufnahme von (stark) zuckerhaltigen Nahrungsmitteln (z. B. Nursing-Bottle-Syndrom)
- ⇢ Beschaffenheit der Nahrung (Konsistenz): besser dünnflüssig als klebrig → dadurch kürzere Haftung an den Zähnen
- ⇢ Häufigkeit der Aufnahme von säurehaltigen Speisen und Getränken

Fluoridierung

Fluoride

- ⇢ hemmen den Bakterienstoffwechsel → Plaquebildung wird vermindert,
- ⇢ schützen den Zahnschmelz vor Säuren,
- ⇢ mineralisieren bereits entkalkte (demineralisierte) Stellen wieder (Remineralisation).

Fluoridierungsarten:

- ⇢ Systemisch: über Nahrung (Salz) und Trinkwasser
- ⇢ Lokal: direkte Auftragung auf den Zahn (Gel, Lack, Zahnpasta)

Fluoridmenge:

- ⇢ ab Durchbruch der ersten Milchzähne zweimal täglich eine geringe, erbsengroße Menge Kinderzahnpasta mit 500 ppm (parts per million) oder reiskorngroße Menge mit 1 000 ppm Fluorid und Verwendung von fluoridiertem Speisesalz bei Nahrungszubereitung
- ⇢ vom zweiten bis zum sechsten Lebensjahr zweimal täglich mit 1 000 ppm Fluorid in einer erbsengroßen Menge Zahnpasta

--→ ab der Einschulung zweimal täglich mit einer Fluoridmenge zwischen 1 000 und
1 500 ppm
--→ individuelle Beratung der Eltern durch das Praxisteam empfehlenswert

Dentalfluorose: Eine Einnahme von zu viel Fluorid (durch gleichzeitige Verwendung
von Fluoridtabletten, fluoridiertem Speisesalz und fluoridierter Zahnpasta) kann zu
einer Schmelzfluorose führen. Folgen sind unästhetische weiße Flecken im Schmelz.
Sie kann in der Regel bis ins Alter von zwölf Jahren entstehen. Erst dann ist die Zahnentwicklung abgeschlossen.

Fissurenversiegelung

Bester Zeitraum: innerhalb des ersten halben Jahres nach Durchbruch der bleibenden Molaren

Indikation:

--→ bei hohem Kariesrisiko
--→ bei tiefen, nicht einsehbaren Fissuren

Prophylaxesitzung

1. Anfärben, Index erheben, Aufklärung über Mundhygiene-Ist-Zustand, gegebenenfalls Ernährungsberatung
2. Motivation des Patienten, Demonstration individueller Mundhygiene
3. **PZR** (professionelle Zahnreinigung): Entfernung aller harten und weichen Beläge
   im und oberhalb des Sulkus
   Arbeitsschritte: Grobreinigung, Feinreinigung, Politur, Interdentalreinigung

10 Röntgen – bildgebende Systeme

10.1 Eigenschaften von Röntgenstrahlen

Röntgenstrahlen

--» sind elektromagnetische Wellen;
--» sind unsichtbar;
--» breiten sich gradlinig und auseinanderlaufend (divergent) aus;
--» können reflektiert, gebeugt und gebrochen werden;
--» durchdringen Materie (z. B. Gewebe, Knochen);
--» nehmen mit Abstand zum Quadrat ab (Abstandsquadratgesetz);
--» haben ionisierende Wirkung;
--» bringen fluoreszierende Stoffe zum Aufleuchten;
--» belichten fotografische Filme;
--» haben eine biologisch schädigende Wirkung, indem sie das Zellwachstum hemmen und Gewebe zerstören;
--» haben im Vakuum Lichtgeschwindigkeit;
--» können abgeschirmt werden.

Gemeinsamkeiten mit Tageslicht	Unterschiede zum Tageslicht
--» elektromagnetische Wellen	--» ionisierende Wirkung („radioaktiv")
--» belichten fotografische Filme	--» biologisch schädigende Wirkung (somatisch, genetisch, teratogen)
--» breiten sich im Vakuum mit Lichtgeschwindigkeit aus	--» unsichtbar
--» können fluoreszierende Stoffe aufleuchten lassen	--» können feste Körper durchdringen
--» können gebeugt, reflektiert und gebrochen werden	
--» breiten sich gradlinig aus	
--» können abgeschirmt werden	

10.2 Entstehung von Röntgenstrahlen

Aufbau Röntgenröhre:

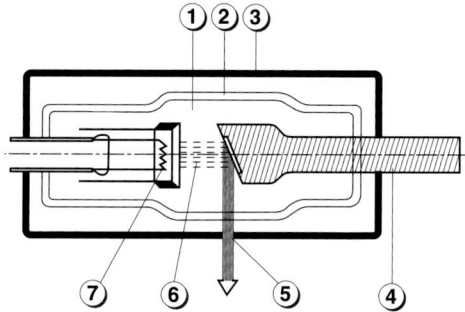

--→ Außen: strahlendichtes Gehäuse ③
--→ Innen: **Glaskolben** ②, der luftleer gepumpt ist (= Vakuum ①), in dem sich die Glühkathode (–) ⑦ und die Metallanode (+) ④ befinden
--→ Glühkathode (–) wird aufgeheizt
--→ durch angelegte Spannung zwischen Kathode (–) und Anode (+) werden die erzeugten Elektronen (negativ geladene Teilchen ⑥) zur Anode hin beschleunigt

Röntgenstrahlen werden in Röntgenröhre erzeugt:

--→ Elektronen prallen mit hoher Geschwindigkeit auf eine Metallplatte.
--→ Beim Aufprall wird ein geringer Anteil der Elektronen (1 %) als Bremsenergie in Form von Röntgenstrahlen abgestrahlt.
--→ Die meisten Elektronen (99 %) werden in Wärme umgewandelt und vom Schutzmantel aus Blei resorbiert (aufgenommen).
--→ Die entstandene Röntgenstrahlung wird durch einen Röntgentubus, in dem sich ein Aluminiumfilter und eine Lochblende befinden, auf das Objekt gerichtet.
--→ Die Bleiummantelung des Tubus und die Blende bündeln die Röntgenstrahlen. → **Nutzstrahlenbündel** ⑤ (in dessen Mitte verläuft der **Zentralstrahl**)
--→ **Blende:** grenzt Bündel ein → Reduzierung der Strahlenbelastung, bestrahlte Hautfläche maximal 6 cm Durchmesser
--→ Ein **Filter** (aus Aluminium) im Tubus filtert <u>weiche</u> Röntgenstrahlen heraus und lässt <u>harte</u> Röntgenstrahlen hindurch. (→ Harte Röntgenstrahlen haben ein besseres Durchdringungsvermögen durch den Körper und tragen zur Bildentstehung bei.)

10.3   Beeinflussung von Röntgenstrahlen

Folgende drei Größen (Parameter) beeinflussen die Entstehung, das Durchdringungsvermögen und die Bildentstehung:

Röhrenspannung in Kilovolt (kV)	Eine höhere Spannung zwischen Kathode und Anode erzeugt **härtere** Röntgenstrahlen. Tubusgeräte: meist fest auf 70 kV OPG-Geräte: zwischen 60 und 80 kV
Stromstärke in Milliampere (mA)	Eine höhere Stromstärke (Erwärmen der Glühkathode → mehr Elektronen) erzeugt **mehr** Röntgenstrahlen. Tubusgeräte: meist fest auf 7 mA OPG-Geräte: je nach Programm
Belichtungszeit/ Einschaltdauer in Sekunden (s)	Eine längere Belichtungszeit bedeutet **mehr** Röntgenstrahlen und eine dunklere Aufnahme. Tubusgeräte: abhängig von Zahnregion und Film OPG-Geräte: ca. 15 s

▶ Die Entstehung von Röntgenstrahlen wird beeinflusst durch Röhrenspannung, Stromstärke und Einschaltdauer.

10.4   Analoge und digitale Röntgentechnik

Bildträger beim analogen Röntgen

Röntgenfilme	Aufbau
Zahnfilme Formate (in cm): 3 × 4, 2 × 3, 2,5 × 5,5, 5,5 × 7,5	mehrere Schichten mit Schutzschicht, Haftschicht, Fotoschicht mit Silberbromidteilen, Metallfolie aus Blei, schwarzem Papier, Seitenmarkierung, Verpackung
Kassettenfilme Format (in cm): 12 × 30	Kassette, Röntgenfilm plus **Verstärkerfolie** → dient der Strahlenreduzierung

Entwicklung und Fixierung von Röntgenfilmen

Die lichtempfindliche Fotoschicht eines Röntgenfilms besteht aus Silberbromidkristallen:

--→ Durch Röntgenstrahlen werden diese Silberbromidteile belichtet. → Es bildet sich (zunächst) nicht sichtbares Silber.

--→ Erst durch die **Filmentwicklung** wird das Silber schwarz sichtbar.

--→ Im **Fixierbad** wird das Bild haltbar gemacht und unbelichtete Silberbromidteilchen werden herausgelöst. → Eine Nachbelichtung des Films ist somit nicht mehr möglich.

▶ Durch Entwicklungsflüssigkeit wird das Röntgenbild **sichtbar**, durch die Fixierlösung **haltbar** gemacht.

Maschinelle Filmentwicklung: Im Entwicklungsautomaten wird das Bild durch Transportrollen in die einzelnen Bäder geleitet.

1. Entwicklerlösung
2. Fixierlösung
3. Schlusswässerung
4. Trocknung

Die Flüssigkeiten sind nach einer gewissen Anwendungsdauer verbraucht und müssen erneuert werden (in der Regel nach ca. vier Wochen).

▶ Eine fachgerechte Entsorgung der Chemikalien und Bleifolien ist erforderlich!

Aufhellung: dunkle Bereiche auf dem Bildträger, da strahlendurchlässiger, z. B. Karies, Zyste, Pulpa, apikales Granulom

Verschattung: helle Bereiche auf dem Bildträger, da strahlenundurchlässiger, z. B. Krone, Füllungen, Knochenverdichtungen, Brackets

Bildträger beim digitalen Röntgen

Bildträger	Funktion
Sensor (direktes Verfahren)	Die Röntgenstrahlen treffen auf den Sensor und werden in elektrische Signale umgewandelt. Der Sensor ist über Kabel **direkt** mit einem Rechner verbunden (Kabel oder WLAN). Das Bild erscheint sofort auf dem Monitor. Nachteil: kostenintensiver, unhandlicher als Speicherfolien/Filme Vorteil: langlebiger als Speicherfolie

Bildträger	Funktion
Speicherfolie (indirektes Verfahren)	Ähnlichkeit mit Zahnfilm (Dicke und Handhabung) Vorteil: kabellos, handlicher als Sensoren Nachteile: zusätzlicher Arbeitsschritt mit Auslesen notwendig, kratzempfindlich, kürzere Haltbarkeit

▶ Durch die höhere Empfindlichkeit der Sensoren/Speicherfolien wird beim digitalen Röntgen die Belichtungszeit verkürzt. → Die Strahlenbelastung wird verringert.

10.5 Röntgentechniken

Einstellung des Zentralstrahls

Nutzstrahlen sind die aus der Röntgenröhre austretenden Strahlen, die zur Anfertigung des Röntgenbildes genutzt werden. Der **Zentralstrahl** ist eine gedachte Linie in der Mitte des Nutzstrahlenbündels.

a) Orthoradial: Zentralstrahl trifft senkrecht auf den Zahn bzw. Bildträger
b) Mesialexzentrisch: Röntgenröhre nach mesial verschoben
c) Distalexzentrisch: Röntgenröhre nach distal verschoben

Zweck von b) und c): Darstellung von Wurzeln, die sich bei orthoradialer Einstellung überlagern (obere 4er) → z. B. bei WK-Behandlung

Intraorale Röntgentechniken

Film/Speicherfolie/Sensor (= Bildträger) befinden sich im Mund des Patienten. Die Kopfhaltung des Patienten ist so, dass der zu röntgende Kiefer waagerecht = horizontal zum Boden ausgerichtet ist.

⇢ **Zahnfilmaufnahme:** drei Zähne, Wurzel, Apex, Knochen sichtbar
⇢ **Bissflügelaufnahme** (Bite Wing): zeigt nur Zahnkronen zweier Quadranten und Approximalräume, dient der Kariesdiagnostik
⇢ **Aufbissaufnahme:** Bildträger horizontal im Mund → zur Darstellung verlagerter 3er im OK und Speichelsteinen im UK

Aufnahmetechniken:

1. **Halbwinkeltechnik:** Zahnachse und Bildträger bilden einen Winkel, der Zentralstrahl trifft senkrecht auf die Winkelhalbierende zwischen Zahnachse und Bildträgerebene. Der Zentralstrahl soll durch den apikalen Bereich des Zahnes verlaufen.

Neigungswinkel Tubus zur Horizontalebene	
+ 55°	OK-Frontzähne
+ 45°	OK-Prämolaren
+ 35°	OK-Molaren
– 20°	UK-Frontzähne
– 10°	UK-Prämolaren
– 5°	UK-Molaren

2. **Le Master-Technik:** Ein Problem bei der Halbwinkeltechnik ist, dass die OK-Molarenwurzeln oft durch das Jochbein überlagert werden. → Daher Watterolle zwischen Zahn und Bildträger legen. **Der Zentralstrahl kann dann flacher gewählt werden.** Es treten keine Überlagerungen mehr auf.
3. **Exzentrische Aufnahmen:** siehe Seite 80 „Einstellung Zentralstrahl"
4. **Paralleltechnik:** Hier werden Zahnachse und Bildträger mithilfe eines **Halters** parallel ausgerichtet. Danach wird der Zentralstrahl mittels eines Visierringes senkrecht zur Zahnachse und Filmebene eingestellt.
5. **Rechtwinkeltechnik:** Der Halter ist rechtwinklig und starr mit dem Röntgentubus verbunden. Für eine korrekte Aufnahme muss die Zahnachse senkrecht zum Zentralstrahl eingerichtet werden; heute nicht mehr gebräuchlich.

Extraorale Röntgenaufnahmen

Die Bildträger befinden sich außerhalb der Mundhöhle.

--→ Panoramaschichtaufnahmen (PSA) = Orthopantomogramm (OPG): Bildträger und Röhre bewegen sich um den Kopf des Patienten, es entsteht eine Übersichtsaufnahme von OK und UK.
Schichtaufnahmetechnik: Nur eine bestimmte Schicht, nämlich der Zahnbogen, wird dargestellt. Objekte außerhalb der Schicht sind unscharf. → Deshalb: Patient richtig positionieren!
- Mittellinie
- Frankfurter Horizontale (Linie zwischen oberem Rand des Gehörgangs und unterem Rand der knöchernen Augenhöhle)
- Eckzahnlinie
- Zunge an den Gaumen drücken lassen
- nicht bewegen

-→ FRS – Fernröntgenseitenaufnahmen (Anwendung in KFO)
-→ DVT – digitale Volumentomografie (Anwendung in Chirurgie)
-→ Handröntgenaufnahme (Anwendung in KFO)

10.6 Fehlersuche

-→ **Aufnahme zu hell:** Entwickler zu kalt, verbraucht, zu schwach konzentriert; Temperatur zu niedrig; Entwicklungszeit zu kurz; Belichtung zu kurz; Röhrenspannung/Stromstärke zu niedrig
-→ **Aufnahme zu dunkel:** Entwickler zu konzentriert; Temperatur zu hoch; Belichtung zu lang; Röhrenspannung/Stromstärke zu hoch; Film eventuell vorbelichtet
-→ **Artefakte (Schäden) am Bildträger:** Fingerabdrücke, Flecken, Kratzer, Druck- und Knickstellen
-→ **Zahn wird verkürzt dargestellt:** Tubus zu steil eingestellt
-→ **Zahn wird verlängert dargestellt:** Tubus zu flach eingestellt, Bildträger nicht parallel zur Zahnachse

10.7 Strahlenschutz

Gesetzliche Grundlagen: Strahlenschutzgesetz (StrlSchG); Strahlenschutzverordnung (StrlSchV), Richtlinien

Rechtfertigende Indikation: medizinische Begründung für die Anfertigung einer Röntgenaufnahme; *der gesundheitliche Nutzen muss größer sein als das Strahlenrisiko;* muss durch Zahnärztin/Zahnarzt vor Anfertigung des Röntgenbildes gestellt werden

Befragung des Patienten vor dem Röntgen über:

-→ vorangegangene Röntgenaufnahmen
-→ mögliche Schwangerschaft
-→ Prothesen/herausnehmbaren Zahnersatz
-→ Schmuck im Gesichtsbereich (Brillen, Ohrringe, Piercing, Ketten)

Schwangere Patientinnen: besondere Sorgfalt bei der Indikationsstellung

Schutz des Patienten: Schutzschild und Bleischürze (bei intraoraler Aufnahme: hochabschließend am Hals → Schutz der Schilddrüse!; extraorale Aufnahme: Bleischutz im Rückenbereich); Verwendung von Einblendungen bei Bildträgerhaltern (Strahlen treffen nur auf Bildträger, damit weniger Streustrahlen)

Kontrollbereich: 1,50 m breiter Bereich um die Strahlenquelle; nur Patient oder helfende Person dürfen sich hier aufhalten

Überwachungsbereich: grenzt an Kontrollbereich; spielt in der zahnärztlichen Praxis keine Rolle, da nicht mehr als 1 Millisievert (mSv) erreicht wird.

Effektive Dosis: Äquivalentdosis plus Gewebewichtungsfaktor

--→ Äquivalentdosis: Wirkungsgrad von Röntgenstrahlen auf den Organismus, Maßeinheit ist Sievert (Sv)
--→ Gewebewichtungsfaktor: drückt die Strahlenempfindlichkeit von Gewebe aus
--→ Kontrollbereich – effektive Dosis: mehr als 6 mSv pro Jahr
--→ Überwachungsbereich – effektive Dosis: mehr als 1 mSv pro Jahr

Folgende menschlichen Körperzellen reagieren besonders empfindlich auf Röntgenstrahlen:

--→ embryonale Zellen
--→ Drüsenzellen
--→ Knochenmarkzellen
--→ Augenlinse
--→ Zellen der Fortpflanzungsorgane
--→ Lymphgewebe
--→ Epithelzellen

Mögliche Schäden durch Röntgenstrahlen:

--→ Genetisch: Erbanlagen betroffen, Auswirkung erst in der nächsten Generation
--→ Somatisch: Körperzellen betroffen, direkte Schädigung (Verbrennung, Krebs)
--→ Teratogen: embryonale Fehlbildungen

▶ Neben der künstlich erzeugten Strahlung (Röntgen, Atomkraft) ist der Mensch auch einer natürlichen Strahlung ausgesetzt.

10.8 Dokumentation

Nach der Röntgenaufnahme ist Folgendes im Röntgenkontrollbuch zu dokumentieren:

--→ Name, Geburtsdatum (und Geburtsort) der Patienten
--→ Befragung nach Schwangerschaft
--→ Befragung nach früheren Röntgenaufnahmen
--→ Datum der Aufnahme
--→ Art der Aufnahme
--→ untersuchte Körperregion
--→ Angaben zur rechtfertigenden Indikation
--→ Daten zur Ermittlung der Strahlenexposition (Stromstärke, Röhrenspannung und Belichtungszeit)

Aufbewahrung von Röntgenbildern und dazugehörige Aufzeichnungen:

--» Bei 18-Jährigen oder älteren Patienten: zehn Jahre
--» Bei unter 18-Jährigen: bis zum 28. Lebensjahr

10.9 Qualitätssicherung

Abnahmeprüfung: nach Neuaufstellung des Röntgengeräts durch Firma/Depot; hier Erstellung Uraufnahme (Referenzaufnahme)

Sachverständigenprüfung: nach erfolgter Abnahmeprüfung durch TÜV oder andere Institutionen, danach alle fünf Jahre

Konstanzprüfung: wichtige Maßnahme zur Qualitätssicherung

--» Bei analogem Röntgen:
- Jährlich: Dunkelkammerprüfung
- Monatlich: Röntgengerät (Sonderregel in ZÄ-Kammern möglich)
- Wöchentlich: Filmverarbeitung im Entwicklungsgerät
  Bei den letzten beiden Prüfungen wird das angefertigte Bild mit der Uraufnahme verglichen. Hierbei darf die optische Dichte um höchstens eine Graustufe, das Nutzstrahlenfeld um maximal 2 mm abweichen.

--» Bei digitalem Röntgen:
- Täglich: Befundungsmonitor (Grauwertwiedergabe)
- Monatlich: Röntgengerät (Sonderregel in ZÄ-Kammern möglich)

--» Aufbewahrung der Ergebnisse der Konstanzprüfungen: zehn Jahre
--» Jährliche Belehrung Röntgenpersonal: fünf Jahre Aufbewahrungsfrist
--» Aktualisierung der Kenntnisse im Strahlenschutz: alle fünf Jahre

11 Arzneimittellehre (Pharmakologie)

11.1 Begriffe und Erläuterungen

⇢ **Arzneimittel** (Medikament): Stoffe in bestimmter Dosierung; sie dienen der Heilung, Vorbeugung oder Diagnose einer Krankheit und unterliegen dem Arzneimittelgesetz (AMG).

⇢ **Heilmittel:** sind Leistungen aus den Bereichen der Physikalischen Therapie, Stimm-, Sprech- und Sprachtherapie, Podologie sowie Ergotherapie

⇢ **Hilfsmittel:** vom Patienten selbst genutzte Gegenstände, die eine Beeinträchtigung des Körpers ausgleichen, z. B. Brille, Hörgerät, Rollstuhl

⇢ **Sprechstundenbedarf (SSB):** umfasst Artikel, darunter Arzneimittel, die im Rahmen der ambulanten Behandlung in der Praxis, bei Notfällen oder Sofortbehandlungen benötigt werden. Achtung: In vielen KZV-Bereichen ist eine Verordnung nicht mehr möglich. Zur Vereinfachung des Praxisalltags wurde der Punktwert für Behandlungen erhöht und der SSB eingepreist.

Gesetzliche Grundlage für den Umgang mit Arzneimitteln sind

⇢ das Arzneimittelgesetz (AMG),
⇢ die Arzneimittel-Verschreibungsverordnung (AMVV),
⇢ das Betäubungsmittelgesetz (BtMG),
⇢ die Betäubungsmittel-Verschreibungsverordnung (BtMVV).

Man unterscheidet:

⇢ **Freiverkäufliche Arzneimittel:** Verkauf ohne Verordnung in Drogerien, Supermärkten, Apotheken
⇢ **Apothekenpflichtige Arzneimittel:** dürfen nur in Apotheken verkauft werden
⇢ **Verschreibungspflichtige Arzneimittel:** Verordnung durch Ärzte
⇢ **Betäubungsmittel (BtM):** nur auf besonderen Rezepten, Verordnung durch Ärzte

Häufige Begriffe:

⇢ **Applikation:** Anwendung, Gebrauch
⇢ **Dosis:** Verabreichungsmenge
⇢ **Indikation:** Heilanzeige, Anzeige Anwendungsgebiet
⇢ **Kontraindikation:** Gegenanzeige
⇢ **Nebenwirkungen:** unerwünschte Wirkungen
⇢ **Wechselwirkungen:** gegenseitige Beeinflussung mehrerer Wirkstoffe (z. B. bei Einnahme verschiedener Medikamente)

11.2 Arzneimittelformen und Verabreichung

Arzneimittelformen

Einteilung nach Konsistenz:

--→ **Fest:** Tablette, Dragee, Kapsel, Pulver, Zäpfchen
--→ **Streichfähig:** Creme, Salbe, Paste, Gel
--→ **Flüssig:** Lösung, Tinktur, Tropfen
--→ **Gasförmig:** Gas (z. B. Lachgas), Aeorosol (Inhaliermittel)

Verabreichung von Arzneimitteln (Applikation)

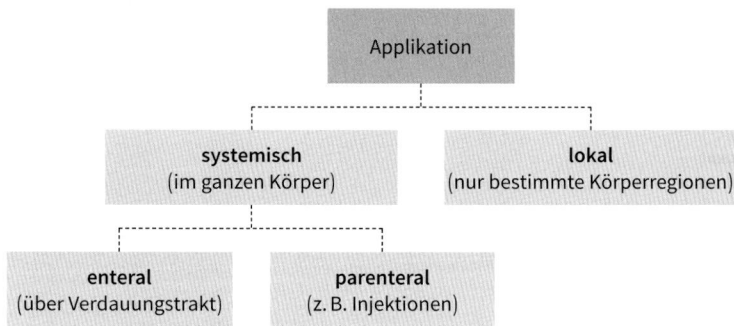

--→ **Lokale Applikation:** örtlich begrenzte Anwendung (Salben, Spülungen, Tropfen, Aerosole). Auch lokale Anwendungen können Auswirkungen auf den gesamten Körper haben. → Nebenwirkungen!
--→ **Systemische Applikation:** den gesamten Körper betreffend. Ziel ist die Aufnahme des Medikamentes im Blut und somit seine Verteilung über den Blutkreislauf.
  • **Enteral:** über Magen-Darm-Trakt (oral, sublingual, rektal)
  • **Parenteral:** am Magen-Darm-Trakt vorbei (Injektion, Infusion, perkutan wirkende Pflaster)

First-Pass-Effekt: Nach Aufnahme des Medikamentes in Magen und Darm wird der Wirkstoff über die Pfortader zur Leber transportiert und hier bereits teilweise abgebaut. → Es gelangt weniger Wirkstoff in den gesamten Blutkreislauf. Man kann diesen Effekt durch parenterale, sublinguale oder rektale Gabe umgehen.

11.3 Arzneimittelgruppen

In der nachfolgenden Übersicht werden alle Arzneimittelgruppen in der Mehrzahl (Endung „-a") genannt (Einzahl = Endung „-um").

Arzneimittelgruppe	Wirkung	Beispiele (Wirkstoff/Handelsname)
Analgetika	Schmerzmittel	Ibuprofen
Antibiotika	gegen bakterielle Infektionen	Penicillin, Tetracyclin
Antihypertonika	gegen erhöhten Blutdruck	Beta-Blocker, ACE-Hemmer
Antikoagulantia	zur Hemmung der Blutgerinnung	Marcumar®
Antiymkotika	gegen Pilze	Clotrimazol
Antiphlogistika	gegen Entzündungen	Ibuprofen, Diclofenac
Antipyretika	fiebersenkend	Paracetamol, Ibuprofen
Antiseptika	keimhemmend	Chlorhexidin
Antitussiva	gegen Husten	Codein, ACC®
Hämostyptika	zur Blutstillung	Tabotamp®
Hypnotika	Schlafmittel	Diazepam
Kortikoide	gegen Entzündungen	Prednisolon
Lokalanästhetika	örtliche Betäubung	Ultracain, Lidocain
Psychopharmaka	Beeinflussung der Psyche	Antidepressiva
Sedativa	zur Beruhigung	Midazolam, Lachgas
Vasokonstringentia	gefäßverengend	Adrenalin

11.4 Arzneimittelverschreibung

Verschreibungspflichtige Medikamente dürfen nur von approbierten Ärzten verordnet werden. Dies erfolgt in Form eines **Rezeptes** (lat. recipere = nehmen). Der Aufdruck auf Rezepten **Rp.** bedeutet „recipe" (lat.) = „nimm", „man nehme".

Rezeptarten:

Arten	Farbe	Gültigkeit
1. rezeptfrei – eRezept	ehemals Grün	unbegrenzt
2. BtM	Gelb	sieben Tage
3. Kassen – eRezept	ehemals Rot	28–30 Tage
4. Privat	Weiß/Blau	drei Monate

Eine Verschreibung von rezeptpflichtigen Arzneimitteln muss **generell** enthalten:

1. Name, Berufsbezeichnung und Anschrift des Zahnarztes
2. Datum der Ausfertigung
3. Name und Geburtsdatum des Patienten
4. Bezeichnung des Fertigarzneimittels oder des Wirkstoffes einschließlich der Stärke
   4a. Bei Rezepturen: die Zusammensetzung
5. Darreichungsform (Tabletten, Kapseln usw.)
6. abzugebende Menge des verschriebenen Arzneimittels (z. B. N1, N2, N3, zehn Stück)
7. Dosierungsangabe (Pflicht seit 01.11.2020)
8. Gebrauchsanweisung bei Arzneimitteln, die in der Apotheke hergestellt werden sollen (Rezepturen)
9. die eigenhändige Unterschrift des Zahnarztes/elektronische Signatur des Zahnarztes

Vertragszahnärztliche eRezepte (ehemals rot) müssen zusätzlich enthalten:

--→ Rezept-ID
--→ Rezept-Schlüssel
--→ Gültigkeit
--→ mögliche Alternativen, wenn verordnetes Medikament nicht verfügbar
--→ PZN (8-stellige Pharmazentral-Nummer)
--→ elektronische Signatur des Zahnarztes
--→ Adresse + Register-Nr. des Vertragszahnarztes bei der KZV
--→ Gültigkeitsdauer der elektronischen Gesundheitskarte

Klassische Packungsgrößen:

--→ N1: Behandlung bis zehn Tage
--→ N2: Behandlung bis 30 Tage
--→ N3: Behandlung bis 100 Tage

12 Blut und Immunsystem

12.1 Bau und Funktion

▶ Blut ist ein Gewebe und setzt sich aus festen und flüssigen Bestandteilen zusammen.

--→ **Menge** bei einem 60 kg schweren Erwachsenen: ca. 5–6 Liter (8 % des Körpergewichts)

--→ **Aufbau:** Lösung aus 55 % flüssigen Bestandteilen (Plasma, Elektrolyte, Wasser, Eiweiße) und 45 % zellulären Bestandteilen (Erythrozyten, Thrombozyten, Leukozyten)
  • **Plasma:** flüssiger Anteil des Blutes; 90 % Wasser; 8 % Proteine (Eiweiße); 2 % Glukose (Zucker)
  • **Serum:** Plasma ohne Fibrinogen (Gerinnungsprotein)

--→ **Funktionen:** Gerinnung, Infektabwehr, pH-Pufferung, Transport (O_2, CO_2, Nährstoffe, Hormone, Medikamente, Abfallstoffe, Körperwärme)

12.2 Blutzellen

▶ Die **Blutzellenbildung** (Hämatopoese) findet im (roten) Knochenmark statt.

Rote Blutkörperchen (Erythrozyten)

--→ **Beschreibung:** rötlich, klein, rund, leicht eingedellt, kein Zellkern, ca. 5 Mio./µl, Lebensdauer ca. 120 Tage, Abbau in Milz und Leber
--→ **Hämoglobin:** roter Blutfarbstoff (eisenhaltiges Eiweißmolekül), wichtig für O_2-Transport
--→ **Aufgabe:** O_2/CO_2-Transport
--→ **Erkrankungen:** Mangel führt zu Anämie (Eisen- oder Vitamin-B_{12}-Mangel)

Weiße Blutkörperchen (Leukozyten)

--→ **Beschreibung:** weißlich, kernhaltig, doppelt so groß wie die Erythrozyten, ca. 4 000–10 000/µl, Lebensdauer: Tage bis Monate
--→ **Aufgabe:** Immunabwehr
--→ **Unterteilung in**
  • **Granulozyten:** weitere Unterteilung in neutrophile (kleine Fresszellen), eosinophile und basophile; → bei unspezifischer Abwehr (**Phagozytose**) und Allergien

- **Lymphozyten:** Unterscheidung in B-Lymphozyten (Bildung von Antikörpern) und T-Lymphozyten (zelluläre Abwehr)
- **Monozyten:** große Fresszellen → Phagozytose

⇢ **Erkrankungen:** Leukämie (Blutkrebs)

Blutplättchen (Thrombozyten)

⇢ **Beschreibung:** kleine Zellbruchstücke, unregelmäßig geformt, kernlos; ca. 150 000–300 000/µl, Lebensdauer: eine bis zwei Wochen
⇢ **Aufgabe:** starten Gerinnungskaskade, Wundverschluss

12.3 Blutgerinnung

Ablauf der Blutgerinnung (sekundäre Hämostase):

1. Gefäße verengen sich
2. Thrombozyten lagern sich an verletzte Gefäßwand
3. Blutpfropf (Thrombus) bildet sich
4. Gerinnungsfaktoren werden aktiviert
5. Fibrin sorgt für eine feste Thrombozytenstruktur

12.4 Immunsystem

Das Immunsystem (lat. immunis = frei, unberührt) bekämpft in den menschlichen Körper eindringende Fremdsubstanzen und Krankheitserreger (**Antigene**) durch **Antikörper**, bestimmte Zellen und Körperflüssigkeiten. Man unterscheidet die **unspezifische Abwehr** (angeboren) und die **spezifische Abwehr** (erworben).

Vier Säulen des Immunsystems:

Abwehr	Zellulär (fest)	Humoral (flüssig)
unspezifische Abwehr	→ Makrophagen → Phagozytose ⇢ neutrophile Granulozyten → Phagozytose	→ Zytokine (antiviral – Interferon) ⇢ Lysozym (antibakteriell – Tränenflüssigkeit) ⇢ Komplementsystem ⇢ Magensäure

Abwehr	Zellulär (fest)	Humoral (flüssig)
spezifische Abwehr	→ T-Zellen → T-Helferzellen → aktivieren B-Zellen → T-Gedächtniszellen → T-Killerzellen	→ B-Zellen ↓ Umwandlung in → Plasmazellen ↓ produzieren → Antikörper

12.5   Lymphsystem

Das Lymphsystem bildet einen wichtigen Teil des Immunsystems. Es besteht aus Lymphgefäßen und den lymphatischen Organen:

→ Lymphknoten (Filterstationen: fangen Krankheitserreger, Krebszellen und Fremdstoffe auf; Lymphozyten bekämpfen diese dort)
→ Lymphbahnen („Autobahn des Immunsystems")
→ Rachenmandeln
→ Lymphgewebe im Darm
→ Milz
→ Thymus

Aufgaben:

→ dient dem körpereigenen Abwehrsystem (Immunabwehr)
→ reguliert den Flüssigkeitshaushalt im Gewebe
→ Abtransport von Abfallstoffen und Stoffwechselprodukten Richtung Leber und Nieren

13 Herz-Kreislauf-System

13.1 Herzaufbau und Funktion

⇢ **Lage:** zu zwei Dritteln links im Brustraum zwischen den Lungenflügeln, Herzspitze zeigt nach vorne unten links
⇢ **Größe:** etwa faustgroß

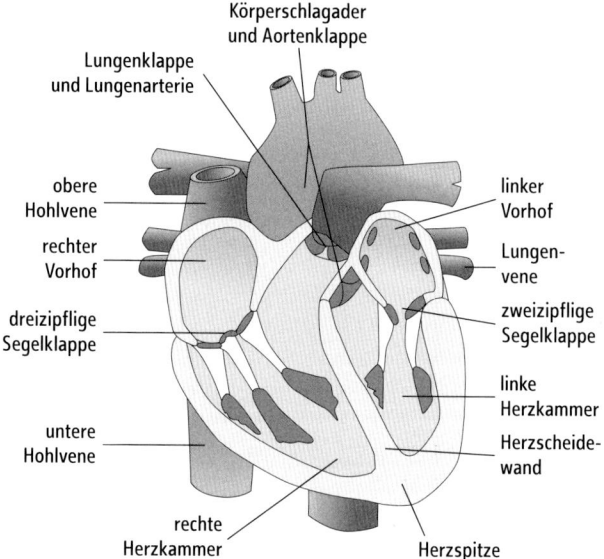

Körperschlagader und Aortenklappe

Lungenklappe und Lungenarterie

obere Hohlvene

rechter Vorhof

dreizipflige Segelklappe

untere Hohlvene

rechte Herzkammer

linker Vorhof

Lungen-vene

zweizipflige Segelklappe

linke Herzkammer

Herzscheide-wand

Herzspitze

⇢ **Aufbau:** Hohlmuskel mit vier Kammern; Unterteilung durch Herzscheidewand (Septum cordis) in eine linke und eine rechte Herzhälfte, dort durch Klappen in Vorhöfe (Atrium) und Kammern (Ventrikel)
⇢ **Wandaufbau:** Endokard (Innenauskleidung), Myokard (mittlere dicke Herzmuskel-schicht), Epikard (innere Außenwand), Perikard (äußere Außenwand – „Herzbeutel")
⇢ **Funktion:** Pumpmotor für den Kreislauf, Muskel kann sich zusammenziehen (Kontraktion – Systole) und wieder erschlaffen (Diastole)
⇢ **Erregungsleitung:** Notwendige elektrische Impulse für die Herzmuskelkontraktion bildet das Herz selbstständig im Sinusknoten und im AV-Knoten. Die Weiterleitung erfolgt über HIS-Bündel zu den Tawara-Schenkeln bis Purkinje-Fasern. Erregungs-leitungsvorgänge können als **Elektrokardiogramm (EKG)** aufgezeichnet werden.

Blutfluss durch das Herz

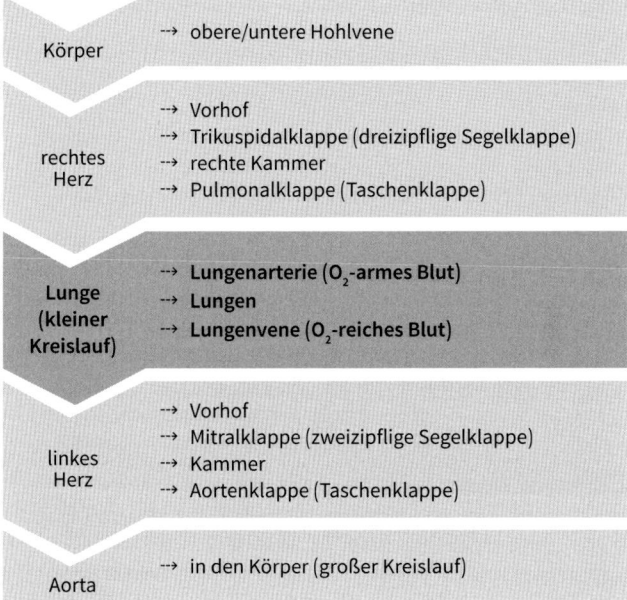

Körper	$\dashrightarrow$ obere/untere Hohlvene
rechtes Herz	$\dashrightarrow$ Vorhof $\dashrightarrow$ Trikuspidalklappe (dreizipflige Segelklappe) $\dashrightarrow$ rechte Kammer $\dashrightarrow$ Pulmonalklappe (Taschenklappe)
Lunge (kleiner Kreislauf)	$\dashrightarrow$ **Lungenarterie (O_2-armes Blut)** $\dashrightarrow$ **Lungen** $\dashrightarrow$ **Lungenvene (O_2-reiches Blut)**
linkes Herz	$\dashrightarrow$ Vorhof $\dashrightarrow$ Mitralklappe (zweizipflige Segelklappe) $\dashrightarrow$ Kammer $\dashrightarrow$ Aortenklappe (Taschenklappe)
Aorta	$\dashrightarrow$ in den Körper (großer Kreislauf)

13.2 Blutkreislauf

Blut zirkuliert (kreist) in einem geschlossenen System aus Blutgefäßen:

- $\dashrightarrow$ **Arterien** leiten Blut vom Herzen weg; Wandaufbau: dicke Muskelschicht; in der Regel sauerstoffreiches Blut (Ausnahme: Lungenarterie!)
- $\dashrightarrow$ **Venen** leiten Blut zum Herzen hin; Wandaufbau: dünne Muskelschicht mit Venenklappen; in der Regel sauerstoffarmes Blut (Ausnahme: Lungenvene!)
- $\dashrightarrow$ **Kapillargefäße** sind Orte des Nährstoffaustauschs (z. B. O_2 und CO_2) = „innere Atmung"; verbinden kleinste Arterien (Arteriolen) mit kleinsten Venen (Venolen)

13.3 Pulsmessung

Bei jeder Herzkontraktion wird Blut in das Gefäßsystem gepumpt. Diese Druckwelle wird als **Pulsschlag** bezeichnet.

-→ **Messung an Arterien:** Handgelenk (Arteria [A.] radialis), Hals (A. carotis) oder Leiste (A. femoralis)
-→ **Normwerte:** Erwachsene 60–80 Schläge pro Minute, Sportler < 60, Neugeborene und Kleinkinder bis 140
-→ **Abweichende Werte:** Herzrasen (Tachykardie) >100, langsamer Herzschlag (Bradykardie) < 60

13.4 Blutdruck und seine Messung

▶ Blutdruck ist der in den Blutgefäßen herrschende Druck.

Es wird zwischen dem **systolischen Blutdruck** (höchster Druckwert, gemessen bei Kontraktion des Herzmuskels) und dem **diastolischen Blutdruck** (niedrigster Druckwert, gemessen bei Erschlaffung des Herzmuskels) unterschieden.

-→ **Messung nach Riva-Rocci (RR):** Arm auf Herzhöhe, luftleere Manschette um den unbekleideten Oberarm legen, aufpumpen bis kein Puls mehr tastbar (A. radialis) oder hörbar (mit Stethoskop an Ellenbeuge) ist, Stethoskop an Ellenbeuge anlegen, Druck langsam und gleichmäßig ablassen, erstes hörbares Geräusch („Korotkow-Geräusch") = erster Wert (Systole), weiter Druck ablassen, zweiter Wert (Diastole) = letzter hörbarer Puls, Werte dokumentieren
-→ **Einheit:** mm-Quecksilbersäule (mmHg)
-→ **Fehlerquellen:** falsche Auswahl der Manschettengröße; falsche Werte, da Arm ober- oder unterhalb der Herzhöhe bei Messung; mehrmalige Messung am selben Arm direkt hintereinander; Manschette nicht ausreichend aufgepumpt; Druck zu schnell abgelassen
-→ **Normwerte:**
  • Optimal: 120/80
  • Normal systolisch: 100–140
  • Normal diastolisch: 60–90
  • Hypertonie (Bluthochdruck): ab 140/90
  • Hypotonie (erniedrigter Blutdruck): bei Werten unter den oben genannten Normwerten

14 Atmungssystem

Hauptaufgaben des Atmungssystems sind der Gasaustausch (Sauerstoffaufnahme und Kohlenstoffdioxidabgabe) in der Lunge und die Reinigung, Aufwärmung und Befeuchtung der Atemluft.

Die Atemluft besteht zu 78 % aus Stickstoff, zu 21 % aus Sauerstoff, zu 1 % aus Edelgasen und zu 0,03 % aus Kohlenstoffdioxid.

Die Atmung wird unterschieden in:

⤳ **Äußere Atmung (Lungenatmung):** Ein- und Ausatmung in der Lunge mit Sauerstoffaufnahme ins Blut und Kohlenstoffdioxidabgabe aus dem Blut
⤳ **Innere Atmung (Zellatmung):** Zellen von Organen und Geweben nehmen Sauerstoff aus Blut auf, geben Kohlenstoffdioxid an Blut ab

Atemmechanik:

⤳ **Einatmung (Inspiration):** Atemmuskulatur (besonders durch Zusammenziehen des **Zwerchfells**) sorgt für einen Unterdruck im Brustkorb, Luft kann einströmen
⤳ **Ausatmung (Exspiration):** Zwerchfell erschlafft, Brustraum verkleinert sich, Luft wird ausgeatmet

Aufbau und Funktion:

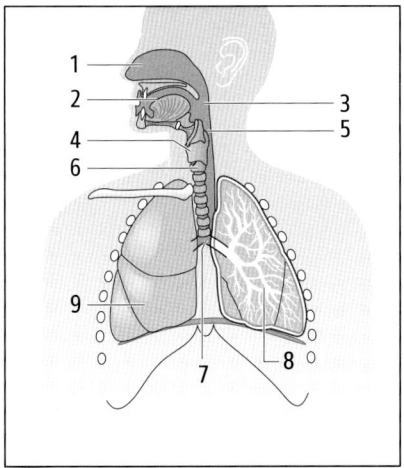

Nase [1] und Mundhöhle [2]: Reinigung, Erwärmung und Anfeuchtung der Atemluft

Rachen (Pharynx [3]): Druckausgleich über Tuba auditiva, Immunabwehr

Kehlkopf (Larynx [4]): Stimmbildung

Kehldeckel [5]: Verschluss der Luftröhre beim Schluckakt

Luftröhre (Trachea [6]): Weiterleitung der Atemluft

Bifurkation [7]: Gabelstelle der Luftröhre in linken und rechten Hauptbronchus, die sich weiter verzweigen in Bronchien und Bronchiolen [8]; an deren Enden befinden sich die Alveolen (Lungenbläschen), hier findet der Gasaustausch statt

Lunge (Pulmo [9]): mit Bronchien, Bronchiolen und Alveolen

15 Verdauung und Stoffwechsel

15.1 Abschnitte des Verdauungstrakts

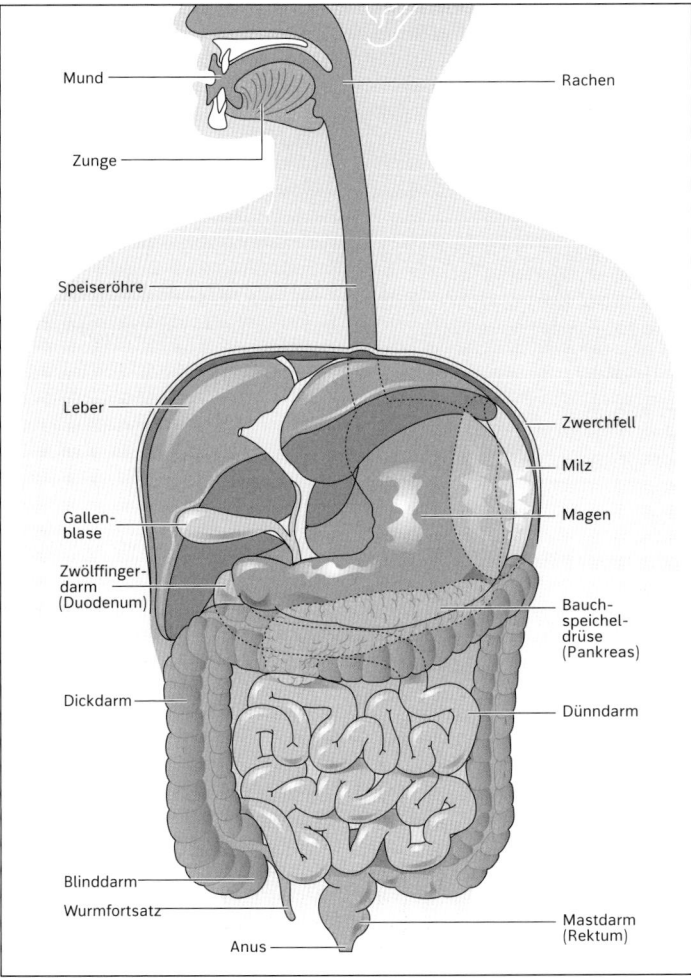

Mund — Rachen

Zunge

Speiseröhre

Leber — Zwerchfell

— Milz

Gallen-
blase — Magen

Zwölffinger-
darm
(Duodenum) — Bauch-
speichel-
drüse
(Pankreas)

Dickdarm — Dünndarm

Blinddarm

Wurmfortsatz — Mastdarm
(Rektum)

Anus

Mund (Os)

Aufbau: Milchgebiss mit 20, bleibendes Gebiss mit 32 Zähnen; Speicheldrüsen (Ohrspeichel-, Unterkieferspeichel- und Unterzungenspeicheldrüse), Zunge

Funktion: Nahrungsaufnahme, -zerkleinerung und Gleitfähigmachen; Beginn der Kohlenhydratverdauung (alpha-Amylase); Geschmackserkennung

Rachen (Pharynx)

Funktion: Schluckvorgang

Speiseröhre (Ösophagus)

Bau: ca. 25 cm lang

Funktion: Nahrungstransport vom Rachen zum Magen; Wandmuskulatur zieht sich ringförmig zusammen (Peristaltik)

Magen (Gaster)

Lage: unterhalb des Zwerchfells im linken Oberbauch

Funktion: produziert ca. 1,5 l sauren Magensaft am Tag (Hauptbestandteil: Salzsäure mit pH-Wert 2); Zerkleinerung, Durchmischung und Verflüssigung des Speisebreis; Bildung von Gastrin (verdauungsförderndes Hormon)

Bestandteile und Funktion des Magensaftes:

--→ Salzsäure: Keimabtötung
--→ Schleim: Schutz des Magens vor Salzsäure
--→ Pepsin: Eiweißverdauung
--→ Intrinsic Factor: Vitamin-B_{12}-Aufnahme

Dünndarm

Abschnitte: Zwölffingerdarm (Duodenum), Leerdarm (Jejunum) und Krummdarm (Ileum)

Funktion: Einleitung von Gallensaft und Bauchspeichel mit Enzymen (Eiweißstoffe zur Beschleunigung chemischer Reaktionen im Körper) zur Aufspaltung der Nahrung; Neutralisation des sauren Nahrungsbreis; Aufnahme von Nahrungsbestandteilen in den Körper (Resorption) in den oberflächenvergrößernden Schleimhautfalten; Immunabwehr (durch lymphatisches Gewebe)

Dickdarm

Abschnitte: Blinddarm (Caecum) mit Wurmfortsatz (Appendix), aufsteigender Dickdarm (Colon ascendens), querliegender Dickdarm (Colon transversum) und absteigender Dickdarm (Colon descendens), Sigma-Schleife (Sigmoid) und Mastdarm (Rektum)

Funktion: Rückresorption von Wasser und Elektrolyten (→ Darminhalt wird eingedickt), Gärungsprozesse durch Bakterien, Vitamin-K-Produktion als bakterielles Nebenprodukt (→ wichtig für Blutgerinnung)

15.2   Leber und Bauchspeicheldrüse

Leber (Hepar)

Lage: rechter Oberbauch unterhalb des Zwerchfells, Gallenblase liegt an der Unterseite der Leber

Bau: mehrere Lappen, ca. 1,5 bis 2 kg schwer; Leberarterie (versorgt Leber mit sauerstoffreichem Blut); Pfortader (bringt sauerstoffarmes, aber nährstoffreiches Blut aus dem Magen-Darm-Trakt zur Leber)

Hauptfunktionen:

1. **Entgiftung** toxischer (giftiger) Stoffe aus dem Verdauungstrakt (Medikamente, Alkohol, Umweltgifte)
2. Bildung und **Absonderung** von Gallenflüssigkeit (zerkleinert Fetttropfen in der Nahrung)
3. **Speicherung** von Glukose (Zucker) als Glykogen, Fett, Vitaminen, Eisen
4. **Bildung** von Gerinnungsfaktoren
5. **Abbau** von alten Erythrozyten (Umwandlung von Hämoglobin in Bilirubin)

Erkrankungen: Entzündung (Hepatitis), Leberzirrhose, Fettleber, Tumore

Bauchspeicheldrüse (Pankreas)

Lage: linker Oberbauch, quer hinter dem Magen

Bau: besteht aus zwei Drüsenanteilen (exokrin und endokrin)

→ Exokrin (nach außen abscheidend): bildet den Verdauungssaft Bauchspeichel mit Enzymen
→ Endokrin (in den Blutkreislauf abgebend): bildet die Hormone Insulin und Glukagon (→ Regulation Blutzuckerspiegel)

Erkrankungen: Entzündung (Pankreatitis), Diabetes mellitus, Tumor

16 Notfälle

 Das beste Notfallmanagement ist die Vorbeugung eines Zwischenfalls.

--» Anamnese regelmäßig aktualisieren
--» ausreichend Zeit für Gespräche und Behandlung nehmen
--» Patienten aufmerksam beobachten, insbesondere nach Anästhesie
--» Puls und Blutdruck bei Bedarf kontrollieren

Erste **Anzeichen (Symptome)** eines möglichen Zwischenfalls:

--» Schweißausbruch
--» Unruhe, Zittern
--» blasse Hautfarbe
--» erweiterte Pupillen
--» Bewusstseinsstörungen, Sprachstörungen
--» Veränderung von Atmung, Puls oder Blutdruck

Notfallmanagement in der Praxis: klare Zuständigkeiten festlegen; mögliche Notfälle in Praxis feststellen, Abläufe üben und Ablaufpläne für Notfallsituationen erstellen; regelmäßige Team-Schulungen

Rettungskette: Ruhe → Sicherheit (eigene und eventuell Verletzte aus möglicher Gefahrenzone bringen) → Sofortmaßnahmen (z. B. stabile Seitenlage, HLW) → Arzt rufen/ Notruf 112 (Wo? Was? Wie viele Verletzte? Welche Verletzungen? Warten auf Rückfragen!) → Notarzt/Rettungsdienst → Klinik

16.1 Notfallausrüstung

Fast jede Praxis verfügt über eine Notfallausrüstung, die regelmäßig auf Vollständigkeit, Funktionsfähigkeit und Verfallsdatum überprüft werden sollte.

Die Verabreichung von Medikamenten vor Eintreffen des Notarztes/Rettungsdienstes darf nur durch einen Arzt mit ausreichender Kenntnis von möglichen Nebenwirkungen durchgeführt werden.

Material: Blutdruckmessgerät und Stethoskop, Notfallbeatmung (Beatmungsbeutel, -maske, Laryngoskop, Tuben, gegebenenfalls Sauerstoffflasche und -zubehör), Absaugung, Material für Venenzugang (Verweilkanüle, Infusionslösung, -besteck), Defibrillator/ Automatisierter externer Defibrillator (AED)

16.2 Wiederbelebung (Reanimation)

Vorgehen: bei Bewusstlosigkeit Überprüfung der Atmung und Puls (Halsschlagader)

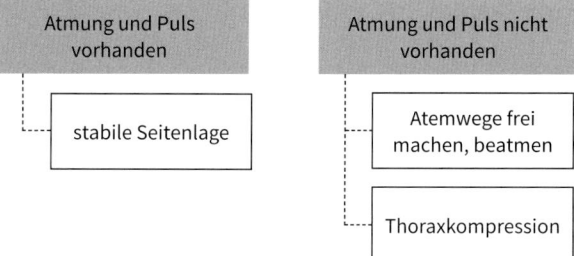

Herz-Lungen-Wiederbelebung:

Schnellstmöglich nach ABC-Regel durchzuführen: **A** = Atemwege freimachen, **B** = Beatmen, **C** = Wiederherstellung eines ausreichenden Kreislaufs (Circulation)

1. **Notruf 112**, AED holen lassen
2. Atemwege freimachen
3. **Herzdruckmassage** (Brustmitte, ca. 100–120-mal pro Minute, ca. 5–6 cm tief eindrücken) → nur Drücken hilft schon
4. Noch besser: **30-mal Herzdruckmassage + 2-mal Beatmung**
5. **Fortsetzen** bis Hilfe vor Ort ist oder Atmung wieder einsetzt

16.3 Erstmaßnahmen bei Notfällen

⇢ **Anaphylaktische Reaktion:** nach Lokalanästhesie oder allergischer Reaktion (Medikamente, Medizinprodukte) → Schocksymptomatik, Notarzt rufen, gegebenenfalls Notfallmedikamente vorbereiten

⇢ **Asthmaanfall:** Luftnot durch Verengung der Bronchien beim Ausatmen → Atemwege freimachen, Oberkörperhochlagerung, Frischluft, Notfallmedikamente vorbereiten (Asthmaspray des Patienten), gegebenenfalls Notarzt

⇢ **Aspiration:** Einatmung von Flüssigkeiten oder Fremdstoffen (z. B. Instrumente oder Flüssigkeiten) in die Atemwege → Atemwege freimachen, Patient beruhigen, Notarzt rufen

⇢ **Hyperventilation** (übermäßige Atmung): durch Angst, Anspannung oder Schmerzen hervorgerufene übermäßige Atmung; zu viel CO_2 wird ausgeatmet;

typische Pfötchenstellung bis Bewusstlosigkeit → Patient beruhigen und Rückatmung in Plastiktüte

-→ **Schock** (Kreislaufkollaps): Blässe, kalter Schweiß, Zittern, Blutdruckabfall mit hohem Puls (RR ↓, Puls ↑) → Schocklagerung (nicht bei Herzinfarkt), Patient beruhigen, Schockursache beseitigen

-→ **Krampfanfall** (Epilepsie): → für Patientensicherheit sorgen, auf den Boden legen, Atemwege freimachen, Notarzt rufen

-→ **Bluthochdruck** (Hypertonie)/**hypertensive Krise:** massiver Blutdruckanstieg (Bluthochdruck: Systole > 140 mmHg, Diastole > 90mmHg/hypertensive Krise: Systole >200 mmHg, Diastole >120 mmHg) durch Stress, Angst; Symptome: Kopf- und Brustschmerzen, Übelkeit, Erbrechen, Schwindel, Sehstörungen → Oberkörperhochlagerung, Notarzt rufen

-→ **Herzinfarkt** (Myokardinfarkt): Absterben von Myokardgewebe durch Verschluss von Koronararterien mit anschließendem Sauerstoffmangel; Symptome: variabel; meist Brustenge und massive, in die linke Schulter ausstrahlende Schmerzen, Todesangst, Übelkeit, Erbrechen) → Notarzt rufen, rechtzeitig Venenzugang, Defibrillator bereithalten

-→ **Störungen des Blutzuckerspiegels:**
  - Erhöhte Blutzuckerwerte (Hyperglykämie): z. B. schlecht eingestellte Diabetes-Medikation (zu wenig Insulin)
  - Erniedrigte Blutzuckerwerte (Hypoglykämie): z. B. zu viel Insulin gespritzt → bei bekannten Diabetikern und unklarer Bewusstlosigkeit sofort Glukosezufuhr, gegebenenfalls Notarzt rufen
    Die einfache Unterscheidung zwischen erniedrigten und erhöhten Blutzucker-werten erfolgt mittels Schnelltest.

-→ **Schlaganfall** (Apoplex): Sauerstoffunterversorgung des Gehirns durch Verschluss einer Hirnarterie oder Hirnblutung; Symptome: Schwindel, Kopfschmerzen, Sprachstörungen, Halbseitenlähmung → Notarzt rufen

B

PRAXISORGANISATION UND -VERWALTUNG

Praxisorganisation und -verwaltung

Qualitätsmanagement [LF 6]

Grundgedanken
- QM-Systeme
- Grundelemente des einrichtungsinternen QM
- Qualitätsbereiche
- Qualitätsverbesserung (PDCA-Zyklus)

Hilfsmittel
- Mitarbeiterzufriedenheit
- Patientenzufriedenheit
- Beschwerdemanagement
- Dokumentation
- Außendarstellung

Kommunikation [LF 1]

Arten der Kommunikation
- Rezeption
- Telefon
- Fax
- E-Mail
- Besondere Patientengruppen

Arbeitsplatz Zahnarztpraxis [LF 1, 2, 13]

Berufsbild des Zahnarztes
- Aus- und Weiterbildung
- Zahnärztliche Tätigkeit

Leistungsangebot
- Arbeitsgebiete
- Weitere Leistungsangebote

Arbeitsbereiche der ZFA
- Praxisräume und Praxisgestaltung
- Ergonomische Arbeitsplatzgestaltung

Verwaltung von Patientendaten [LF 2]

NFC-fähige (kontaktlose) elektronische Gesundheitskarte (eGK - GZ)
- elektronische Patientenakte (ePA)
- Karteiführung
- EDV
- Datenschutz und Datensicherung
- Formularwesen

Rechtliche Grundlagen [LF 2]

- Rechtsordnung
- Rechtsobjekte
- Rechtssubjekte
- Rechtsfähigkeit
- Geschäftsfähigkeit
- Rechtsgeschäfte (RG)
- Vertragsarten
- Abschluss von Verträgen
- Rückgängigmachung von Verträgen

Behandlungsvertrag [LF2]

Grundlagen
- Zustandekommen, Ablehnung, Beendigung

Pflichten von Zahnarzt und Patient (Praxispersonal und Patient)
- Pflichten des Zahnarztes (Praxispersonals)
- Pflichten des Patienten

Schriftgutbearbeitung [LF 6]

Versendungsformen
- Briefbearbeitung
- Postbearbeitung
- Wertstufen des Schriftgutes
- Ordnungssysteme
- Ablagesysteme

Aufbau- und Ablauforganisation, Mitarbeiterführung, Zeitplanung [LF 6, 13]

Aufbauorganisation
Ablauforganisation
- Mitarbeiterführung
- und Ablaufplanung

Weisungssysteme
- Führungsstil
- Teamarbeit

Terminplanung
- Dienstpläne   Zeitplanung
- Urlaubsplanung

Zahlungsverkehr und Finanzierung [LF 3, 12]

Zahlungsverkehr
- Barzahlung
- Halbbare Zahlung   Zahlungsarten
- Bargeldlose Zahlung

Finanzierung
- Kreditarten
- Kreditvertrag
- Leasing   Financierung
- Factoring

Verwaltung von Waren [LF 3, 9]

- Wareneingang
- Lagerhaltung
- Entsorgung
- Wartungsvertrag

Lagerung von Arzneimitteln und verpackten Steril gut
Abfallentsorgung, -vermeidung und Umweltschutz

Beschaffungsplanung

- Anbahnung von Kaufverträgen
- Abschluss von Kaufverträgen
- Inhalte von Kaufverträgen
- Erfüllung von Kaufverträgen
- Störungen des Kaufvertrages

Besteuerung von Waren [LF 9, 12]

Zahlungsverzug (Gläubigerverzug)
- (Nicht rechtzeitig Zahlung)
- Annahmeverzug (Gläubigerverzug)
- Mangelhafte Lieferung (Schlechtleistung)
- Lieferungsverzug
- (Nicht rechtzeitig Lieferung)

Vertrags-Beziehungen zum Dentallabor [LF 12]

Arten von Zahntechniklaboren
- Auswahlkriterien für eine Vertragsbeziehung
- Ablauf eines Laborauftrages

- Kassenpatienten
- Mehrkostenvereinbarung   Rechnungserstellung und Privatpatienten   und Bezahlung

Aufgaben der ZFA

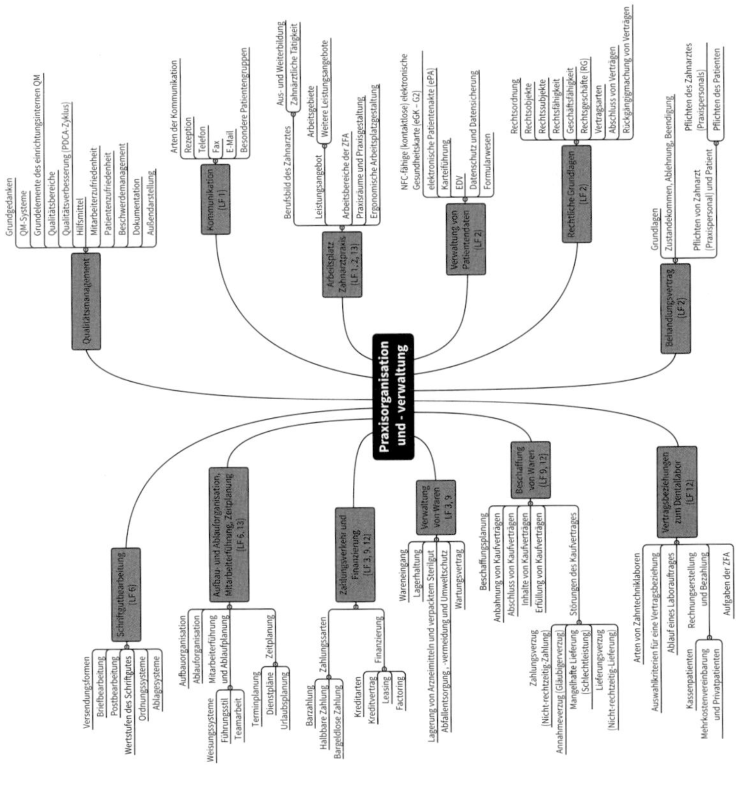

1   Kommunikation

Unter **Kommunikation** versteht man den wechselseitigen Prozess des Sendens und Empfangens von Botschaften, Nachrichten und Informationen.

1.1   Arten der Kommunikation

Verbale Kommunikation

Die **verbale Kommunikation** ist der Teil der zwischenmenschlichen Kommunikation, der auf sprachlicher (verbaler) Ebene erfolgt. Sie umfasst **Worte und Sätze** (Aussagen, Fragen, Antworten, Kommentare, Füllwörter) und **weitere hörbare Signale** (Aussprache, Stimmumfang, Tonfall, Betonung, Sprechtempo, Pausen).

Grundsätze für die verbale Kommunikation in der Praxis:

--→ einfache Worte, wenig bzw. keine Fachsprache bei Patienten
--→ kurze Sätze
--→ deutlich und laut sprechen
--→ normale Betonung und Stimmlage
--→ Stimmhärte → weiche Stimme
--→ Betonung → Wichtiges hervorheben
--→ bei Informationen gleichbleibende Stimme
--→ bei Fragen Stimme am Ende heben
--→ Tempo → je schwieriger, desto langsamer
--→ Pausen → Schweigen ist Gold
--→ „Bitte" und „Danke" sagen
--→ auf Ironie, Sarkasmus, Andeutungen verzichten
--→ wenn man etwas nicht versteht: mit eigenen Worten wiederholen oder nachfragen

Nonverbale Kommunikation

Die **nonverbale Kommunikation** ist der Teil der zwischenmenschlichen Kommunikation, der ohne Sprache (nonverbal) erfolgt. Sie erfolgt mittels Gestik, Mimik oder aber auch durch optische Zeichen.

Beispiele für nonverbale Elemente und ihre Bedeutung:

Nonverbales Element	Beispiele	Bedeutung
Mimik (Gesicht)	Blickkontakt vermeiden	Unsicherheit, Ängstlichkeit
	Beißen auf den Lippen	Nervosität
Gestik (Arme, Hände, Kopf)	Hinweis mit der Hand	den Weg weisen

Nonverbales Element	Beispiele	Bedeutung
Körperhaltung	aufrechter Rücken	Selbstvertrauen, Stolz
	Kopf einziehen, Ducken	Unsicherheit, Angst
Atmung	schnell	aufgeregt
Muskelbewegung	Schultern hängen lassen	bedrückt, traurig
Geruch	Mundgeruch, Schweißgeruch	Angst, Krankheit, besondere Lebensumstände
Gang	Schwanken	Unsicherheit
Raumverhalten	1 m Abstand	Nähe
	1,50 m – 2 m Abstand	Distanz
Berührung	ältere Menschen stützen	Sicherheit geben
Handlungen	eGK vorlegen	Behandlungsvertrag
Kleidung	Praxiskleidung (Arbeitskleidung)	Zugehörigkeit zum Team
Aussehen (Schmuck)	Teurer Schmuck	Reichtum

Grundsätze für die nonverbale Kommunikation in der Praxis:

⇢ freundlich Lächeln (ehrlich lächeln, entspannte Mundwinkel, weite Pupille, Augenlider heben, glatte Stirn)

⇢ entspannte, direkt zugewandte Körperhaltung (Oberkörper leicht nach vorne gebeugt)

⇢ aufrecht sitzen, stehen, gehen

⇢ Distanz: 1 m – 1,50 m

⇢ Aufmerksamkeit, Zustimmung signalisieren (Kopfnicken)

⇢ Pausen aushalten; Patienten Zeit geben, sich zu äußern

⇢ Angemessener Blickkontakt

- Blickkontakt halten
- Blick zwischen Augen und Mund
- Patienten direkt in die Augen sehen
- kurzer Kontakt (max. 3 Sekunden; Zähle: 1-2-3)
- lockere Kopfposition
- bei mehreren Personen Augen hin und herwandern

Die eigene verbale Kommunikation sollte durch nonverbale Elemente wirkungsvoll ergänzt werden.

Größte Vorsicht gilt bei Berührungen: erst ansprechen (fragen), dann anfassen; manche Menschen mögen keine Berührung.

Medienvermittelte Kommunikation

Bei der **medienvermittelten Kommunikation** wird zwischen Sender und Empfänger ein Medium geschaltet.

Anwendungsbereich	Medien
Hilfsmittel bei Beratung	⇢ Praxisflyer ⇢ Aufklärungsbogen ⇢ Informationsblätter zur Mundhygiene ⇢ Schautafeln im Behandlungszimmer
Reinigung von Zähnen und Zahnersatz	⇢ Zahnmodelle zum Demonstrieren ⇢ verschiedene Zahnbürsten ⇢ verschiedene Pflegeprodukte

1.2 Rezeption

Begrüßung

⇢ Lächeln, Augenkontakt herstellen und halten, Tagesgruß
⇢ positive Worte benutzen („Was kann ich für Sie tun?", „Sehr gerne!", „Sofort!")
⇢ Stammpatienten mit Namen ansprechen
⇢ Namensschild tragen

Äußeres Erscheinungsbild

Es ist auf ein **gepflegtes Äußeres** (Haare, Augenbrauen, Zähne, Haut, Körpergeruch, Parfüm, Hände, Nägel, Kleidung, Schuhe, Schmuck) zu achten.

Umgang mit Erstpatienten

⇢ Stammdaten erfassen
⇢ Anamnesebogen ausfüllen lassen
⇢ Hilfe anbieten
⇢ Datenschutzerklärung unterschreiben lassen
⇢ Abtretungserklärung der PVS unterschreiben lassen
⇢ Hinweis auf Sprechzeiten, Praxisflyer, Homepage
⇢ wichtige Wege und Orte zeigen (Garderobe, Patienten-WC)

Verabschiedung

⇢ **Terminplanung**
  • neue Termine absprechen

- in Terminplaner eintragen
- Terminzettel mitgeben
- Recall anbieten

--> **weitere Unterlagen ausstellen bzw. mitgeben**
- eRezept oder Rezept (elektronisch oder Papierform)
- eAU oder AU

--> **Patienten fragen,** ob er alles verstanden hat
--> freundliche Verabschiedung

1.3 Telefon

Allgemein gilt beim Telefonieren in der Praxis:

--> **Aussprache:** klar, deutlich, laut
--> **Wortwahl:** kurze Sätze, einfache Worte
--> **Verabschiedung:** Termin , Name, Abschiedsformel

Anliegen des Gesprächspartners erfragen:

--> **Offene Fragen** („Türöffner", Informationen gewinnen)
   W-Fragen (Schmerzanamnese)
- **WO** haben Sie Schmerzen? (oben, unten, links, rechts?)
- Seit **WANN** haben Sie Schmerzen?
- **WIE OFT** haben Sie Schmerzen? (gelegentlich, gleichbleibend?)
- **WANN** tritt der Schmerz auf? (tagsüber, nachts?)
- **WAS** ist das für ein Schmerz? (dumpf, ziehend, stechend, pochend?)
- **WODURCH** wird er ausgelöst? (Kälte, Wärme?)
- **WELCHE** Medikamente nehmen Sie hierfür?

--> **Geschlossene Fragen** führen zu einer Entscheidung (ja/nein).
- Statt „Im Mai?" besser: „Donnerstag, 06.05.?"
- Statt „Nachmittags?" besser „15 Uhr?"

Amtliche Buchstabiertafel Deutschland (DIN 5009):

Um Missverständnisse beim Telefonieren auszuschließen, sollten Namen, Zahlen und wichtige Daten unbedingt wiederholt werden. Bei Namen wird jeder einzelne Buchstabe als Wort mit dem entsprechenden Anfangsbuchstaben gesprochen:

A	=	Anton	J	=	Julius	Sch	=	Schule
Ä	=	Ärger	K	=	Kaufmann	ß	=	Eszett
B	=	Berta	L	=	Ludwig	T	=	Theodor
C	=	Cäsar	M	=	Martha	U	=	Ulrich
Ch	=	Charlotte	N	=	Nordpol	Ü	=	Übermut
D	=	Dora	O	=	Otto	V	=	Viktor
E	=	Emil	Ö	=	Ökonom	W	=	Wilhelm
F	=	Friedrich	P	=	Paula	X	=	Xanthippe
G	=	Gustav	Q	=	Quelle	Y	=	Ypsilon
H	=	Heinrich	R	=	Richard	Z	=	Zacharias
I	=	Ida	S	=	Samuel			

Beispiel: *Wiedergabe des Vornamens „Ariatna": Anton-Richard-Ida-Anton-Nordpol-Theodor-Anton*

Angaben auf einer Telefonliste:

- ⇢ Datum und Uhrzeit des Anrufs
- ⇢ Name des Anrufers
- ⇢ Grund des Anrufs
- ⇢ Telefonnummer des Anrufers
- ⇢ eventuell gewünschte Zeit für Rückruf
- ⇢ Name des Bearbeiters des Anrufs

Aufgaben (= Funktionen) einer Telefonanlage:

Aufgabe (= Funktion)	Erklärung
Kurzwahl	häufig genutzte Nummern speichern
Wahlwiederholung	die zuletzt gewählte Nummer wiederholen
Freisprechen	ohne Hörer in der Hand sprechen
Stummschalten	Mikrofon abschalten
optische Anrufanzeige	Nummer des Anrufers anzeigen

Berufliche Nutzung von Telekommunikationsgeräten:

Gerät	Nutzungsmöglichkeiten
Anrufbeantworter	⇢ Öffnungszeiten ⇢ Notdienst/Urlaub/Vertretung
Fax	⇢ Bestellungen ⇢ Mitteilungen
Mobiltelefon	⇢ Erreichbarkeit ⇢ privat (z. B. Fortbildungen)
Computer (Internet)	⇢ Bestellungen ⇢ Informationen einholen
Notrufgerät	⇢ Hausnotruf ⇢ Hausbesuche

1.4   Fax

Vorteile eines Faxgerätes (Fernkopierer): preiswert, schnell, Beweismittel

Besonderheiten:

⇢ Möglichkeit eines Testfaxes
⇢ Sendebericht, Original abheften
⇢ Faxgerät im Nebenraum aufstellbar

1.5   E-Mail

Arten: Geschäftsmails, Pendelbriefe (Rückfrage – Antwort), Werbe-E-Mails, Versende-E-Mails (Rechnung, Kontoauszug), E-Mail-Server-Kommunikation (Passwortänderung bestätigen)

Aufbau Geschäfts-E-Mail: Betreff – Anrede – Einleitung – Anliegen (Absätze) – Schluss – Gruß – Absender

Vorteile: schnell, kostenlos

Nachteile: Spam-Mails, Phishing-Mails (betrügerische E-Mails)

Vor dem Absenden einer E-Mail sind zu kontrollieren:

⇢ Länge (max. DIN A5)
⇢ sprachlicher Ausdruck

--→ Rechtschreibung, Tippfehler

--→ Anhang (PDF, IPG)

1.6 Besondere Patientengruppen

Patientengruppe	Besonderheiten in der Kommunikation
Angstpatienten **a) Kinder**	--→ zuerst begrüßen (Hauptperson) --→ mit Vornamen ansprechen --→ kindgerecht, langsam und deutlich sprechen --→ kurze Sätze, einfache Worte --→ mit Tier, Puppe, Ball, Bildern, Blicken aus dem Fenster ablenken --→ beruhigen, über den Kopf streicheln --→ Belohnung nach der Behandlung
b) Schmerzpatienten	--→ Behandlung mit einfachen Worten erklären --→ Zwischenschritte erklären und ankündigen --→ kleine Pausen einlegen --→ leise Hintergrundmusik --→ über unverfängliche Themen sprechen --→ für Mitarbeit danken --→ belohnen, Mut machen --→ beistehen, Hand halten, vorsichtig berühren --→ beruhigen (mit ruhiger, weicher Stimme sprechen) Hinweis, dass es gleich losgeht --→ auf ZA verweisen
Senioren	--→ langsam und deutlich sprechen, kurze Sätze --→ Stufen, Hindernisse ankündigen --→ Hilfe anbieten beim Aufstehen, Hinsetzen, Anziehen, Ausfüllen des Anamnesebogens --→ nachfragen, wie es dem Patienten geht
Schwerhörige	--→ an ruhigem Ort und mit tieferer Stimme langsam und deutlich sprechen --→ Worte mit ruhiger Mimik unterlegen --→ Gestik verstärken --→ dem Patienten zuerst das Gesicht zuwenden, (laute) Nebengeräusche vermeiden

Patientengruppe	Besonderheiten in der Kommunikation
Sehbehinderte	⇢ für helle Beleuchtung sorgen
	⇢ Lupe bereithalten (Anamnesebogen)
	⇢ Treppe: Hand des Patienten auf Handlauf führen
Ausländer/Aussiedler/Geflüchtete	⇢ beim Ausfüllen von Formularen helfen
	⇢ Patient bitten, Begleiter mitzubringen
	⇢ langsam und deutlich sprechen
	⇢ Arbeitshilfen in Muttersprache
	⇢ kulturfremdes Verhalten (z. B. Kopftuch) nicht bewerten

2 Arbeitsplatz Zahnarztpraxis

2.1 Berufsbild des Zahnarztes

Aufgaben des Zahnarztes/der Zahnärztin sind die Vorbeugung, Erkennung und Behandlung von Zahn-, Mund- und Kieferkrankheiten.

2.1.1 Aus- und Weiterbildung

⇢ **Studium (mindestens fünf Jahre), mit Staatsexamen abgeschlossen**
⇢ **Promotion** (Doktortitel = Dr. dent. = doctor dentariae = Doktor der Zahnmedizin) durch Doktorarbeit (= Dissertation) und mündliche Prüfung (Rigorosum)
⇢ **Approbation:** staatliche Zulassung als niedergelassener Zahnarzt, eigene Praxis möglich
⇢ **Weiterbildungsmöglichkeiten des Zahnarztes:**
  • Kieferorthopäde
  • Kieferchirurg
  • Oralchirurg
  • Fachzahnarzt für Parodontologie
  • ZA im öffentlichen Gesundheitswesen
  • Schulzahnarzt

2.1.2 Zahnärztliche Tätigkeit

Die Berufsrechte und -pflichten des Zahnarztes werden in der **Berufsordnung** festgelegt. Diese regelt auch das Verhalten gegenüber Patienten, Kollegen, Mitarbeitern und anderen Partnern im Gesundheitswesen.

Ein Zahnarzt kann sich als **Vertragszahnarzt** (Zulassung nach zwei Jahren Praxis durch die Kassenzahnärztliche Vereinigung) oder in einer **privaten Zahnarztpraxis** niederlassen. Zudem gibt es die Möglichkeit, als angestellter Zahnarzt in einer Zahnklinik oder in einer Forschungseinrichtung zu arbeiten.

Praxisarten:

⇢ **Einzelpraxis:** ein Zahnarzt als Inhaber
⇢ **Praxisgemeinschaft:** Kooperation von Vertragszahnärzten; mehrere rechtlich selbstständige Zahnarztpraxen mit gemeinsam genutzten Räumen, Geräten und beschäftigtem Personal; getrennte Patienten und Abrechnung
⇢ **Gemeinschaftspraxis** (= Berufsausübungsgemeinschaft – **BAG**): alles wird gemeinsam genutzt; gemeinsame Patienten und Abrechnung

--> Es wird zwischen einer **örtlichen** BAG (ein Standort) und **überörtlichen** BAG (mehrere Standorte) unterschieden.

Weitere Organisationsformen:

--> **Partnergesellschaft:** Zusammenschluss mehrerer freier Berufe einer gleichen Berufsgruppe
--> **Medizinisches Versorgungszentrum (MVZ):** mehrere Gesundheitseinrichtungen (Arzt, ZA, Apotheke) sind unter einer Dachgesellschaft zusammengefasst
--> **Zahnklinik** (Krankenhaus, Universitätsklinik)
--> **Zahnlabore (Dentallabor)**
  - Eigenlabor (Praxislabor)
  - Fremdlabor (gewerbliches Labor)
  - Laborgemeinschaft: mehrere Zahnärzte nutzen ein Labor gemeinsam

2.2 Leistungsangebot

2.2.1 Arbeitsgebiete des Zahnarztes

Tätigkeitsfelder	Tätigkeiten
Präventive Zahnheilkunde	Vorbeugung von Krankheiten (PZR)
Konservierende Zahnheilkunde	Zahnerhaltung (Kariesprophylaxe, Füllungstherapie, Wurzelbehandlung [= Endodontie])
Parodontologie	Diagnose des Zahnhalteapparates
Chirurgie	operative Eingriffe im oralen Bereich (Extraktionen)
Anästhesie	Schmerzausschaltung
Implantologie	Einpflanzung künstlicher Zähne
Prothetik	Zahnersatz (Brücken, Kronen, Prothesen, Unterfütterung)
Gnathologie	Lehre von den Kaufunktionen und deren Wiederherstellung

2.2.2 Weitere Leistungsangebote

--> Ästhethik
--> Bleaching
--> Kinderbehandlung
--> Laserbehandlung

--> Naturheilkunde
--> Oralakkupunktur
--> Schnarchtherapie
--> zahntechnisches Labor

2.3 Arbeitsbereiche einer ZFA

-→ **Patientenbetreuung:** Beratung, psychologische Betreuung, Hilfe in ungewöhnlichen Situationen
-→ **Stuhlassistenz** bei Untersuchungen und Behandlungen
-→ **Verwaltung:** Karteiführung, Schriftverkehr, Formularwesen, Abrechnung, Buchführung, Lagerverwaltung, EDV
-→ **Organisation:** Dienst-, Urlaubs- und Terminplanung; Qualitätsmanagement (QM)
-→ **Geräte- und Instrumentenpflege:** Säuberung, Desinfektion, Sterilisation, Aussortieren (Ersetzen, Reparieren defekter Materialien/Instrumente)
-→ **Praxishygiene:** saubere Räume, Flächen, sauberes Praxisinventar (Behandlungseinheit, Schränke, Geräte usw.)

2.4 Praxisräume und Praxisgestaltung

Bei den **Raumtypen** wird zwischen **klinisch genutzten** (z. B. Behandlungszimmer) und **nicht klinisch genutzten** (z. B. Anmeldung) unterschieden.

Funktionsbereiche einer Praxis:

-→ **Personalbereich** (Sozialraum, Umkleide, Personal-WC)
-→ **Wartebereich** (Wartezimmer mit Spielecke, Stühle am Empfang und vor dem Behandlungsraum, Patienten-WC)
-→ **Kommunikationsbereich** (Hauptarbeitsbereich → Anmeldung, Garderobe,
-→ Behandlungsräume, Steri, Röntgen, Labor, Büro, Lager, Archiv)

Anforderungen an den Händewaschplatz:

-→ fließendes warmes und kaltes Wasser
-→ Einmalhandtücher
-→ Spender für Händereinigungsmittel, Händedesinfektionsmittel
-→ geeignete Hautschutz- und Pflegemittel
-→ Wasserarmaturen ohne Handberührung

Vorteile bestimmter Räumlichkeiten:

-→ mehrere Behandlungsräume
-→ **Zeitersparnis** bei Vor- und Nachbereitung der Behandlung
-→ **Garderobe oft in der Mitte** → schnelle Orientierung, guter Überblick über Garderobe (geringere Diebstahlgefahr), kurze Wege
-→ **Trennung von Personal- und Patienten-WC** → Schutz der Privatsphäre, Schutz vor Infektionen

‣ **Trennung von Straßen-, Arbeits- und Patientenkleidung** → Umkleideraum und Spind für Mitarbeiter, Hygieneschutz

2.5 Ergonomische Arbeitsplatzgestaltung

Unter „ergonomischer Arbeitsplatzgestaltung" versteht man einen an die dort tätigen Menschen optimal angepassten Arbeitsplatz.

Luft und Raum:

‣ genug Luftfeuchtigkeit
‣ Klimaanlage
‣ regelmäßige Lüftung
‣ Grünpflanzen
‣ Optimale Temperatur: 20–22 °C

Strahlung: WLAN, strahlungsfreier Bildschirm

Farben:

‣ anregende Farben (bei monotoner Arbeit)
‣ beruhigende Farben (im Behandlungsraum)
‣ helle Farben (in kleinen Räumen)

Licht: Tageslicht, spezielle Arbeitsplatzbeleuchtung

Lärm: Zur Reduktion von Geräuschen dienen

‣ schallaufnehmende Wand- und Deckenverkleidungen,
‣ Teppichböden,
‣ schallisolierte Fenster,
‣ Trennwände,
‣ Pflanzen.

Anmeldung – Schreibtisch:

‣ höhenverstellbar
‣ ausreichend Arbeitsplatz
‣ Beinbewegungen unter dem Tisch möglich; Schreibutensilien, Kartei + Geräte in Greifnähe

Bürostuhl: verstellbar, Rückenstütze, Armlehne

PC-Arbeitsplatz:

‣ blendungsfreier Arbeitstisch
‣ ausreichend Arbeitsfläche

⇢ Stuhl in Höhe und Neigung verstellbar

⇢ ausreichender Sehabstand zum Monitor

⇢ Beleghalter

⇢ abgeschrägte, rutschfeste und geneigte Tastatur

⇢ flimmerfreier, höhenverstellbarer, dreh-/neigbarer Monitor

⇢ helle Beleuchtung

⇢ großer Monitor

⇢ geräuscharmer Drucker

Behandlungseinheit:

⇢ Patientenstuhl mit günstiger Liegeposition (Softpolster, Rücken- und Armlehne, Kopfstütze)

⇢ optimale Ausleuchtung

⇢ optimale Greifwege (25 cm für Instrumente; sonst 50 cm)

⇢ Arbeitsfläche in optimaler Arbeitshöhe

⇢ Ausreichend Platz für Hände, Arme, Beine

⇢ Sitzen statt stehen

⇢ 33 – 37 cm Abstand der Augen

⇢ schwenkbares und thermodesinfiziertes Mundspülbecken

Gesundheitsgefahren:

⇢ Nacken- und Rückenschmerzen

⇢ Verspannungen

⇢ Kopfschmerzen

⇢ Sehnenscheidenentzündungen

⇢ Durchblutungsstörungen in den Beinen

3 Verwaltung von Patientendaten

3.1 NFC-fähige (kontaktlose) elektronische Gesundheitskarte (eGK – G2)

Zweck:

--→ Versicherungsnachweis

--→ Berechtigung für Leistungen der GKV

--→ Europäische Krankenversicherungskarte (automatisch auf der Rückseite aufgedruckt)

--→ Abrechnungsgrundlage

--→ zum kontaktlosen Auslesen der eGK beim eNFD, eMP, eRezept und einer ePA

Auf dem Chip der eGK gespeicherte Daten:

--→ Name und Nummer der Krankenkasse

--→ Name und Vorname des Versicherten

--→ Anschrift

--→ Geburtsdatum

--→ Geschlecht

--→ Versicherten-Nummer

--→ Versichertenstatus (Mitglied, Familienangehöriger, Rentner)

--→ Beginn des Versicherungsschutzes

--→ Gültigkeit

--→ Speicherung auf dem Chip freiwillig: Notfalldaten, Medikamentenplan, elektronisches Rezept, elektronische Patientenakte

Für das Auslesen erforderlich:

--→ elektronischer Heilberufsausweis des Zahnarztes

--→ PIN des Patienten

--→ PUK (= Entsperrschlüssel) → mit dem die vorherige PIN zurückgesetzt werden kann, falls der Patient seine alte PIN vergessen oder dreimal falsch eingegeben hat

Personalien werden auf das „Personalienfeld" aller Kassenformulare übertragen. Das Personalienfeld dient auch als Aufkleber auf der Karteikarte.

▶ Vor dem Einlesen der eGK müssen das Foto, die Unterschrift und die Gültigkeit überprüft werden → beim 1. Besuch im Quartal und bei Neupatienten einlesen.

--→ bei Stammpatienten: Änderungen erfragen: Name, Anschrift, Tel.-Nr., Risiken; ggf. Anamnesebogen ergänzen

⇢ Fehlt die eGK → Vermerk im PC/in Karteikarte; es erfolgt ein „Ersatzverfahren":
- Daten werden in das elektronische Praxissystem eingepflegt
- Patient unterschreibt auf dem Erfassungsschein und bestätigt damit seine Mitgliedschaft in der KV
- Patient ggf. telefonisch oder schriftlich an die Abgabe erinnern
- Karte muss binnen zehn Tagen nachgereicht werden → sonst Privatrechnung
- Bei Papierausdruck von Rezepten: Vermerk „eGK fehlt" oder Privatrezept
- Bei unbekannten Personen: Personalausweise kopieren oder bei Krankenkasse anrufen (Mitgliedsbescheinigung erbitten)

⇢ Mitgliedschaft kann künftig mit dem Versicherungs-Datensatz- Management (VSDM) online überprüft werden

3.2 Elektronische Patientenakte (ePA)

⇢ Rechtsgrundlage: § 291a SGB V

⇢ GKV-Patienten ab 16 Jahren haben seit dem 01.01.2021 ein Anrecht auf Nutzung

⇢ Bis zum 16. Lebensjahr wird die ePA von den Eltern bzw. Erziehungsberechtigten verwaltet. Die Krankenkasse muss die ePA anbieten und darüber informieren.

⇢ Ab dem 01.07.2021 muss die ePA vom ZA angeboten werden.

⇢ ab 2022 auch für Privatpatienten

Die elektronische Patientenakte enthält in papierloser gebündelter Form für die Behandlung wichtige Gesundheitsinformationen, die auf dem Chip der eGK abgespeichert werden.

Inhalte:

⇢ ePA 1.0 (Einführungsphase bis 2022)
- medizinische Dokumente von Leistungserbringern (Befunde Therapien, Arzt-, Facharztberichte, Röntgenaufnahmen (geplant), Blutgruppe)
- vom Versicherten eingestellte Dokumente (Anamnesebogen, Schmerztagebuch, Notfalldatensätze)
- Die Inhalte kann der Patient selbst festlegen oder vom Zahnarzt ablegen lassen.

⇢ ePA 2.0 (2022)
  Bonusheft, Impfausweis, Mutterpass, Kinderuntersuchungen, Laborberichte

⇢ ePA 3.0 (2023)
  Weitere Nutzerkreise: Pflege, Hebammen, Messenger für die Arzt-Kommunikation

Datenhoheit: Versicherte haben jederzeit Zugriff auf ihre Akte und können selbst bestimmen, welche Daten sie ablegen (lassen) und welche Praxen, Apotheken oder Krankenhäuser Zugriff auf ihre Daten haben:

--> Dokumente und Notizen verwalten (einstellen, einsehen oder löschen)
--> Protokolle verwalten (Änderungen, Löschungen)
--> Zugriffsberechtigung verwalten (Ärzte, Krankenhäuser, Apotheken)
--> Auch ein Stellvertreter (Betreuer) kann für die Verwaltung bestimmt werden

Die Nutzung der Akte ist freiwillig, lebenslang möglich und kostenlos.

Beantragung bei der KK: Voraussetzungen sind Zugang zum Onlinebereich der Krankenkasse + ePA-App der KK aus dem App-Store

Registrierung (freiwillig):

--> KK informiert zuvor über die ePA
--> Notwendige Daten und Karten: PIN der KK + eGK + Krankenversichertennummer + gültige E-Mail-Adresse
--> Patient unterschreibt Datenschutzerklärung

Login-Verfahren:

1. Mit Smartphone oder Tablet:
   --> Patient lädt die Krankenkassen-App herunter und öffnet die KK-App in der ePA-App
   --> Patient gibt an der Anmeldung erst die CAN, dann die PIN ein
   --> PIN + persönliche NFC-fähige eGK (NFC = NearFieldCommunication = kontaktloses Auslesen per Funk); eGK enthält CAN → 6-stellige Card-Access-Number unterhalb des Schriftzuges „Gesundheitskarte" auf der Kartenvorderseite
2. Ohne eGK (auf Antrag bei der Krankenkasse möglich):
   Zwei-Faktor-Authentisierung mittels der alternativen Versichertenidentität (al.vi)
   --> Patient gibt am Terminal seine PIN ein
   --> ein Modul der ePA erfragt die Identität (wird von KK mittels al.vi geprüft)
   --> KK bestätigt zweifelsfrei die Identität (Übermittlung an Signaturdienst und Bestätigung durch diesen)

Auswirkungen auf die eigene Praxisdokumentation (Kartei in Papierform oder papierlose Kartei):

--> Eine eigene Patientenkartei muss nach wie vor geführt werden.
--> Einzelne Dokumente aus der ePA können heruntergeladen und als Kopie gespeichert werden.

--> Eigene Dokumente können als Kopie in die ePA hochgeladen werden.

--> Die Entscheidung über das Hoch- und Herunterladen der Dokumente trifft in allen Fällen der Patient.

--> keine Pflicht des ZAs, vor Behandlungsbeginn die gesamte Akte durchzusehen

--> Dokumente von Leistungserbringern (Zahnärzte usw.) können nicht geändert werden

Datenschutz:

--> Patient muss bei Registrierung den Nutzungsbedingungen zustimmen und eine Datenschutzerklärung unterschreiben

--> Alle Daten werden verschlüsselt übermittelt, gespeichert und können entschlüsselt werden.

--> Jeder Zugriff (Hochladen, Speichern, Herunterladen oder Löschen) wird drei Jahre nach der Aktivität im Aktivitätsprotokoll vermerkt.

--> Zugriff kann ganz oder teilweise jederzeit widerrufen werden → sofortige Löschung der Daten

--> Auch beim Wechsel der KK bleiben die Daten erhalten und sind jederzeit einsehbar

--> kein Zugriff für die Krankenkasse oder den Betreiber (IT-Dienstleister)

--> Daten liegen auf 2 Servern in Deutschland und unterliegen dem europäischen Datenschutz

--> Einhaltung der gesetzlichen Vorgaben wird laufend durch die Spitzenorganisationen des deutschen Gesundheitswesens überprüft

Vorteile:

--> Papierersparnis

--> bessere Zusammenarbeit zwischen den Beteiligten im Gesundheitswesen

--> Informationen liegen transparent vor

--> Erleichterung der Anamnese

--> Patient hat die volle Datenhoheit

--> hohe Datensicherheit

Erhöhte Sicherheitsanforderungen an das Smartphone:

--> neuestes Update der ePA-App und der eRezept-App aus dem App-Store der Krankenkasse herunterladen

--> Smartphone nicht unbeaufsichtigt liegen lassen

⇢ Sperrbildschirm mit kurzen Inaktivitätsphasen verwenden
⇢ biometrische Entsperrungen und komplexes Passwort verwenden

3.3 Karteiführung

Neben der Erfassung der Patientendaten im Computer (elektronisch) werden in vielen Praxen Daten auch noch auf Karteikarten (Papierform) eingetragen.

Aufbau einer Kartei in Papierform:

1. **Karteileiste** (oberer Kartenrand = Alphabetleiste) für farbliche Markierung der Anfangsbuchstaben und/oder den Zweitbuchstaben des Familiennamens
2. **Kartenkopf (Vorderseite)**
   - **Stammdaten** (Aufkleber mit dem Personalienfeld)
   - **Zusatzangaben:** Behandler, Arbeitgeber, Telefonnummer, Hausarzt, Risiken (gegebenenfalls farbig markiert)

3. **Kartenrumpf (Innenteil)**
   Bewegungsdaten (bei jeder Behandlung unterschiedlich): Datum, Gebührenziffern, Zahn, Region, Diagnose, Behandlung, Anzahl der Röntgenaufnahmen, Namenskürzel, eRezept, eAU, Verhaltensregeln nach einer OP, ggf. mit Einlegeblättern erweitert
4. **Kartenfuß** (unterer Kartenrand): Bestelldaten des Anbieters der Karteikarte (zum schnellen Nachbestellen)

Hilfsmittel: Aufkleber, Klebezettel, Reiter, Tarben, Trennblätter, farbige Karteikarten

Formen der Papierkartei: Karteimappe, mit/ohne Klappe, Karteitasche

Aufbewahrungsformen:

⇢ Blockkartei (Karteikasten)
⇢ Steilkartei (Karteitrog)

Elektronische Kartei:

⇢ Vorteile: schnell, übersichtlich, papiersparend
⇢ Nachteile: Gefahr von Stromausfall, erhöhter Datenschutz nötig, Gefahr von Datenverlust

Gründe (Aufgaben) der Karteiführung:

--→ Dokumentationspflicht
--→ Beweismittel
--→ Gedächtnisstütze
--→ Abrechnung

Anforderungen an die Karteiführung: übersichtlich, aktuell, vollständig, schneller Zugriff

Sortierregeln nach DIN 5007:

--→ **Regeln für die Buchstabenfolge:**
  1. Sortierung nach ABC
  2. bei Namen nach dem Anfangsbuchstaben sortieren
  3. Mehrere Namen mit dem gleichen Buchstaben: nach ABC sortieren
  4. Umlaute auflösen (ä = ae; ö = oe, ü = ue)
  5. aus ß wird ss
  6. Sch, Sp, St: eigene Ordnungsgruppe → nach S eingeordnet

--→ **Regeln für Personennamen:**
  1. Familienname ohne Anfangsbuchstabe: an 1. Stelle
  2. Familienname + abgekürzter Vorname: an 2. Stelle
  3. Bei gleichen Anfangsbuchstaben des Vornamens: nach ABC
  4. Bei gleichem Vornamen: nach Wohnort, Straße
  5. erst der Einzelname, dann der Doppelname, dann neuer Name
  6. Vorsatzwörter (de, del, der, dem, von, vor, Dr.): nicht beachten

Karteisysteme:

--→ Recall-Kartei → Terminerinnerung
--→ Mahnkartei (für unbezahlte Rechnungen)
--→ Kassen- und Privatpatienten (oft farbige Karteikarten)
--→ Lieferantenkartei (Apotheke, Dentaldepot)
--→ Adressenkartei (Fachzahnärzte, Notruf, Krankenhaus, Kliniken)

Ablagesysteme:

--→ Laufende Kartei: Patienten des laufenden Quartals
--→ Ruhende/tote Kartei: Patienten waren länger nicht da
--→ Altablage (Archiv): Behandlung ist abgeschlossen, Umzug, Arztwechsel, Patient verstorben

Die **Herausgabe von Karteikarten** ist nicht erlaubt (Eigentum des Zahnarztes), aber das Anfertigen von Kopien gegen Kostenerstattung ist möglich.

Die **Aufbewahrungsfrist beträgt** zehn Jahre ab Behandlungsende.

Vernichtung der Karteikarten: Zerreißen, Schreddern, Verbrennen, gegebenenfalls zertifizierte Entsorgungsfirma beauftragen. Aus Gründen des Datenschutzes ist ein Vernichtungsprotokoll anzufertigen.

3.4 EDV

Zahnmedizinische Behandlungen sind verbunden mit zahlreichen Verwaltungsarbeiten (Abrechnung, Terminplanung usw.), bei denen der Computer für Erleichterung und eine Zeitersparnis sorgt.

Für die Bearbeitung von Daten am Computer ist **Hardware (Geräte)** vonnöten. Nach dem EVA-Prinzip kann folgende Hardware unterschieden werden:

1. **Eingabe:** z. B. Lesegerät, Maus, Scanner, Tastatur, Touchscreen
2. **Verarbeitung:** z. B. externe Festplatte, Rechner, USB-Stick
3. **Ausgabe:** z. B. Bildschirm, Drucker, Lautsprecher, Lesegerät

Zudem ist für den reibungslosen Betrieb des Computers bestimmte **Software (Programme)** nötig:

1. **Betriebssystem:** z. B. Windows, Linux → ermöglichen das Starten des PCs
2. **Zahnarztsoftware:** z. B. Z1, CremaDent → Praxisverwaltungsprogramme erleichtern den Arbeitsalltag
3. **Standardsoftware:** z. B. Word, Excel, PowerPoint → häufig genutzte Programme

Netzwerk: Mindestens zwei PCs sind untereinander verbunden.

Einsatzgebiete des PCs:

--› **Organisation:** z. B. Terminplan, Dienstpläne, Wartezimmer-TV
--› **Beratung:** z. B. intraorale Kamera, digitales Röntgen
--› **Behandlung:** z. B. Messung der Taschentiefe
--› **Verwaltung:** z. B. Formulare, Abrechnung, Patientenkartei

Vorteile des PCs: Zeit-, Kosten-, Papierersparnis

Fachbegriffe:

--› Backup: Datensicherung durch Abbild → manuelle Einstellung am Gerät nötig
--› Delete: Löschung von Daten

--→ Save: Datensicherung (externe Festplatte, USB-Stick)
--→ Update: Aktualisierung von Daten (neueste Version verwenden)

Internet:

Die Einsatzmöglichkeiten des Internets sind in einer Zahnarztpraxis vielfältig: E-Mail-Korrespondenz, Datenfernübertragung, Homepage (Möglichkeit, Informationen über eigene Praxis und eventuelle Spezialgebiete zu geben), Informationssuche, Online-shopping (z. B. Praxisausstattung), Onlinebanking. Den Vorteilen der Einfachheit und Schnelligkeit des Internets stehen Nachteile bei der Datensicherung (Gefahr durch Viren, Trojanern usw.) gegenüber.

Fachbegriff	Erklärung
Attachment	Anhang einer E-Mail (Texte, Grafiken, Tabellen)
Browser	Internetzugang (Google Chrome, Firefox usw.)
Cloud	= Wolke = mehrere Server, die Daten speichern oder komplizierte Programmabläufe übernehmen
Cookies	speichern Daten (Name, Suchverlauf) auf der Festplatte
DSL	Datenübertragung mit hoher Geschwindigkeit über das Telefonnetz
Firewall	Schutzprogramm vor feindlichen Übergriffen (G-Data)
Hacker	jemand, der Daten ausspäht (juristische Definition)
IP-Adresse	eindeutige Adresse des PCs im Internet
Login	Anmeldedaten im PC (Benutzername, Passwort)
Modem	Kommunikationsgerät, um digitale Signale auszutauschen
Passwort	starkes Kennwort (mindestens acht Zeichen davon mind. ein Groß- und Kleinbuchstabe, Sonderzeichen, Zahl)
Phishing-Mails	betrügerische Mails zum Ausspähen von Bankdaten
Provider	Anbieter von Internetdiensten (z. B. T-Online)
Server	EDV-Rechner mit bestimmten Netzwerkaufgaben
Spam-Mail	unerwünschte (Werbe-)E-Mail, eventuell mit Virus
Trojaner	Programme, die unbemerkt Dateien ausspähen
Viren	Störprogramme zum Infizieren (Zerstören) eines PCs
WLAN	lokales Funknetz für kabellosen Internetzugang
www	world wide web (weltweites Internet)

3.5 Datenschutz und Datensicherung

In einer Zahnarztpraxis werden zahlreiche, zum Teil sehr sensible personenbezogene Daten erfasst und verarbeitet. Man unterscheidet

→ **Stammdaten** (feste Daten = verändern sich relativ selten oder nie): z. B. Name, Vorname, Adresse, Geburtsdatum, Geburtsort, Hausarzt, Risiken

→ **Bewegungsdaten** (veränderliche Daten = verändern sich relativ oft oder immer): z. B. Datum, Gebührenziffer, Behandlung, Diagnose, Medikamente, eAU, eRezept

Datenschutz

▶ Unter Datenschutz sind alle Maßnahmen zu verstehen, die den Schutz personenbezogener Daten vor Missbrauch durch Erhebung, Verarbeitung und Weitergabe an Dritte sicherstellen sollen.

Grundlagen: ärztliche Schweigepflicht (StGB), Musterberufsordnung der Zahnärzte, Bundesdatenschutzgesetz (BDSG), Datenschutz-Grundverordnung (DSGVO)

Ausnahmen: Schweigepflichtentbindung, wissenschaftliche Gutachten, Forschungszwecke

Meldepflicht: meldepflichtige Krankheiten (Infektionsschutzgesetz), Straftaten (Kapitalverbrechen und/oder Wiederholungsgefahr einer erheblichen Rechtsverletzung), Verschreibung von Betäubungsmitteln

Dauer der ärztlichen Schweigepflicht: bis über den Tod des Patienten hinaus
Datenschutzbeauftragter: Pflicht, wenn ständig mehr als neun Personen in der Praxis mit der Verarbeitung personenbezogener Daten beschäftigt

Datenschutzmaßnahmen:

Bereich	Maßnahmen
Empfang	→ Monitor schräg, tief
	→ Bildschirmschoner
	→ Distanzzone
	→ Grünpflanzen
	→ Karteikarten umdrehen
	→ Tür schließen
	→ keine Patientennamen am Telefon nennen
programmtechnisch	→ Benutzerkennung
	→ Zugriffsberechtigung (eZAA, eBA, bestimmte Mitarbeiter, PIN)
	→ Passwort

Bereich	Maßnahmen
	⇢ Kopierschutz
	⇢ optische Signale
organisatorisch	⇢ Zutrittskontrolle (Alarmanlage, Türsicherung, Öffnungs- und Bruchsignale)
technisch	⇢ Türsicherung
	⇢ Alarmanlagen
	⇢ Notstromaggregat
	⇢ Aufbewahrung von Sicherungskopien und Rechner in feuerfestem und einbruchssicherem Raum

Rechte des Patienten oder Arbeitnehmers:

⇢ **Benachrichtigung** über gespeicherte Daten

⇢ **Auskunft** über Datenherkunft

⇢ **Berichtigung** falscher Daten

⇢ **Sperrung** angezweifelter Daten

⇢ **Löschung** unzulässig gespeicherter/nicht mehr benötigter Daten

Datensicherung

Zahnärzte sind verpflichtet, alle erhobenen personenbezogenen Daten im Rahmen der gesetzlichen Aufbewahrungsfristen aufzubewahren.

Maßnahmen zum Schutz vor Datenverlust:

⇢ Virenschutzprogramme

⇢ Datenspeicherung/Backups mehrmals täglich auf externer Festplatte, Cloud, USB-Stick

⇢ Vorsicht beim Download aus dem Internet

⇢ keine Daten und Datenträger von Fremden annehmen

⇢ verdächtige E-Mails nicht öffnen (löschen, in den Spam-Ordner)

⇢ Notstromaggregat

3.6   Formularwesen

Kassenformulare AU, HKP, Erfassungsschein (bei sonstigen Kostenträgern), KFO-Behandlungsplan, Mehrkostenvereinbarung, Notfall/Vertretungsschein, Parodontalstatus Blatt 1 + 2 sowie Überweisung sind bei der KZV anzufordern, alle **übrigen Formulare** sind bei privaten Anbietern zu bestellen:

⇢ Anmeldebogen

⇢ Anamnesebogen

⇢ Datenschutzerklärung

⇢ Abtretungserklärung (PVS)

⇢ Aufklärungsbogen

⇢ Ausfallbescheinigung

⇢ Attest

⇢ Quittung

⇢ Formulare für Unfälle

⇢ Laborauftrag

Elektronische Arbeitsunfähigkeitsbescheinigung (eAU)

⇢ Ab 01.10.2021: digitale Übermittlung vom Zahnarzt an die Krankenkasse mit dem eZAA (elektronischer Zahnarztausweis) bzw. eHBA

⇢ Bis 30.06.2022: Vertragszahnarzt muss zusätzliche Papierbescheinigung ausstellen (A4 oder A5; normales Papier), die der Patient an seinen Arbeitgeber weiterleitet

⇢ Ab 01.07.2022: digitale Übermittlung von der Krankenkasse an den Arbeitgeber; für Privatpatienten AU weiterhin in Papierform

Angaben:

⇢ Personalien

⇢ Erstbescheinigung: erstmalige Bescheinigung

⇢ Folgebescheinigung: Weiterbescheinigung der ersten Erkrankung

⇢ arbeitsunfähig seit …

⇢ voraussichtlich arbeitsunfähig bis einschließlich …

⇢ festgestellt am …

⇢ elektronische Signatur des Zahnarztes (mit eZAA + PIN)

Heil- und Kostenplan (HKP)

Der Heil- und Kostenplan ist bei gesetzlich Versicherten vorgeschrieben, wenn Zahnersatz geplant ist (Prothesen, Kronen usw.).

Ablauf der Erstellung:

1. Terminplan erläutern
2. Bonusheft nachtragen
3. Aufklärung über die Kosten
4. Mehrkostenvereinbarung erstellen und unterschreiben lassen
5. HKP ausfüllen (dreifach)
6. Original bei der Krankenkasse einreichen
7. Krankenkasse genehmigt HKP und informiert Patienten

8. Patient legt genehmigten HKP vor
9. Behandlung durchführen
10. HKP abrechnen

Dem HKP entspricht bei Privatpatienten der **Kostenvoranschlag.**

eRezept/Rezept

Verschreibungspflichtige Medikamente dürfen nur von approbierten Ärzten verordnet werden. Dies erfolgt in Form eines **Rezeptes** (lat. recipere = nehmen). Der Aufdruck auf Rezepten **Rp.** bedeutet „recipe" (lat.) = „nimm"; „man nehme".

Rezeptarten:

Rezept	Farbe	Medikament	Eigenanteil	Gültigkeit
1. eRezept	keine	rezeptpflichtig	5,00–10,00 €[1]	28–30 Tage[2]
2. eRezept	keine	rezeptfrei	kompletter Betrag	immer
3. Privatrezept[3]	blau/weiss	rezeptpflichtig	kompletter Betrag	drei Monate
4. BtM-Rezept	gelb	Betäubungsmittel	5,00–10,00 €[1]	sieben Tage

Eigenanteil bei rezeptpflichtigen Medikamenten:

⟶ 10 % des Preises; mind. 5,00 €, max. 10,00 €
⟶ Medikamentenpreis muss mind. 5,00 € betragen

Beispiele:

Preis	10 % des Preises (Preis : 100 · 10)[4]	Eigenanteil	Grundpreis
4,50 €	entfällt	4,50 €	unter 5,00 €
34,50 €	3,45 €	5,00 €	mind. 5,00 €
85,00 €	8,50 €	8,50 €	über 5,00 €, aber unter 10,00 €
120,00 €	12,00 €	10,00 €	max. 10,00 €

---

[1] 10 % des Preises; mind. 5,00 €, max. 10,00 €
[2] je nach Bundesland und Krankenkasse
[3] als eRezept geplant
[4] Vereinfachung: Komma rutscht eine Stelle nach links (nach vorne) oder Multiplikation: Preis · Prozentfaktor 0,1

Elektronisches Rezept (eRezept)

- → löst das rosa Kassenrezept, das grüne OTC-Rezept (Over-the-Counter; Empfehlung) und später das Privatrezept ab
- → Das BtM-Rezept ändert sich vorerst nicht.
- → Jedes Rezept ist nur einmal nutzbar (Sonderregelung für Folgerezepte in Coronazeiten).

Voraussetzungen:

- → Praxis: eZAA, HBA, PIN
- → Patient: NFC-fähige eGK mit PIN, eRezept-App der KK aus dem App-Store; beim Smartphone: mind. IOS 14 oder Android 7

Das eRezept enthält alle Angaben, die auch auf dem Papierrezept stehen.

Die Frontseite des eRezepts enthält (laut Entwurf):

- → Ausstellungsdatum
- → QR-Code
- → Name der Praxis
- → Pflichtangaben zum Medikament (Name, Stärke, Wirkstoff, Darreichungsform, Packungsgröße*, Dosierung, PZN**)
- → Button, um das Rezept jetzt einzulösen

Die Rückseite des eRezepts enthält (laut Entwurf):

- → Anzahl der von der Praxis erhaltenen Medikamente
- → Praxisnamen
- → Pflichtangaben zum Medikament und zur Gültigkeit
- → Hinweise zur Einlösung (direkt/später)
- → Übersicht über neue/ältere Rezepte (Arzneimittelhistorie)

Ausstellung des eRezepts:

- → Arzt verordnet online oder in der Praxis das Rezept
- → ZA legt das eRezept mit QR-Code auf Server;
- → Patient kann mit QR-Code das Rezept einsehen **oder**
- → ZA druckt das Rezept auf Wunsch mit QR-Code
- → Patient übermittelt das Rezept an jede Wunschapotheke
- → Apotheke liest den QR-Code aus
- → Apotheke überprüft, ob das Medikament lieferbar/abholbereit ist
- → Apotheke übergibt die Arzneimittel und rechnet mit der KK ab

Nutzung des QR-Codes beim Papierausdruck:

--→ App der Wunschapotheke im App-Store herunterladen
--→ QR-Code per App einscannen oder abfotografieren
--→ App verarbeitet den Code und führt Befehle aus
--→ Inhalt öffnen

Der Papierausdruck eines eRezepts enthält:

1. Versicherte Person (Name und Geburtsdatum)
2. Ausstellende Person (Name, Berufsbezeichnung, Anschrift, Tel.-Nr., E-Mail)
3. Ausstellungsdatum
4. Gültigkeit
5. Vermerke (gebührenpflichtig, befreit, aut idem, noctu)
6. Krankenkasse
7. QR-Code für alle verordneten Medikamente
8. QR-Code für jedes einzelne Medikament
9. Pflichtangaben zum Medikament (Name, Stärke, Wirkstoff, Darreichungsform, Packungsgröße*, Dosierung, PZN**)
10. sonstige Hinweise, die App zum eRezept, Hinweise auf Informationsmöglichkeiten zum eRezept

* Klassische Packungsgrößen: N1: Behandlung bis zehn Tage; N2: Behandlung bis 30 Tage; N3: Behandlung bis 100 Tage.

** Pharmazentralnummer (8- stellig): bundeseinheitlicher Identifikationsschlüssel für Arzneimittel und Medizinprodukte zum Aufruf in der Datenbank des Apothekers

Vertragszahnärztliche Rezepte müssen zusätzlich enthalten:

--→ Bezeichnung der Krankenkasse
--→ Kassen- und Versicherten-Nr.
--→ Status des Patienten (Mitglied, Familienangehöriger, Rentner)
--→ Vertragszahnarztnummer
--→ Gültigkeitsdauer der elektronischen Gesundheitskarte
--→ Vermerke (befreit, aut idem, noctu)

Weitere Angaben auf dem eRezept:
Rezept-ID → Nummer, mit der ein Rezept einem Verkauf zugeordnet werden kann, eine Art „Vorgangsnummer")

Vorteile Praxis:

1. Effektiver Praxisablauf: Papier- und Zeitersparnis, keine handschriftlichen Unterschriften, weniger Rückfragen bei der Apotheke

2. Lückenlose Dokumentation: Alle Informationen sind digital verfügbar und können in die ePA übertragen werden.
3. Folgerezepte können digital ausgestellt werden. → Infektionsrisiko wird reduziert, Zeitersparnis zugunsten akuter Fälle
4. Wegbereiter für die Fernbehandlung: sofortige kontaktlose Übermittlung auch bei Videobehandlung

Vorteile Patienten:

1. Mehr Zeit durch weniger Wege; Bestellungen können direkt der Wunschapotheke/ Online-Apotheke übermittelt werden.
2. Folgerezepte sind auch per E-Mail oder telefonisch (Smartphone) möglich.
3. Abholung der Medikamente ist auch durch Freunde und Verwandte möglich.
4. Papierersparnis
5. Wechselwirkungscheck mit dem elektronischen Medikationsplan → weniger gesundheitliche Risiken
6. Sicher und diskret: Rezeptdaten sind nur in der eRezept-App und im System der autorisierten Apotheke einsehbar.
7. Eine App für alle Mitglieder der GKV; zukünftig auch für Privatversicherte

Bonusheft Bedeutung

Das **Bonusheft** ist ein Nachweisheft für den regelmäßigen Zahnarztbesuch für Mitglieder einer gesetzlichen Krankenkasse (z. B. bei einer O1). Man erhält es kostenfrei ab dem zwölften Lebensjahr (auch Kinder, Jugendliche und Rentner).

Aufbau und Inhalt:

--» Deckblatt: Name, Vorname, Geburtsdatum, Adresse
--» Im Heft: IP (Individualprophylaxe), Stempel zahnärztliche Untersuchung (Erwachsene mindestens einmal im Jahr, Kinder und Jugendliche zweimal)

Prothetik-Festzuschuss:

--» Die Krankenkasse gibt einen Festzuschuss auf den Befund. Durch das Bonusheft kann auf diesen Zuschuss noch ein Bonus (ein nachträglicher Rabatt) gewährt werden.
--» Festzuschuss:

60 %	→	Regelleistung (Festzuschuss)	→	Bonus 0
70 %	→	+ 5 Jahre lückenloses Bonusheft	→	Bonus 1
75 %	→	+ 10 Jahre lückenloses Bonusheft	→	Bonus 2
100 %	→	Härtefälle		

4 Rechtliche Grundlagen

4.1 Rechtsordnung

▶ Als **Rechtsordnung** wird die Gesamtheit des gültigen objektiven Rechts bezeichnet.

Rechtsquellen sind das **geschriebene Recht** (Gesetze, Verordnungen, Satzungen) und das **ungeschriebene Recht** (Gewohnheitsrecht).

Rechtsgebiete:

⇢ **Öffentliches Recht:** regelt Rechtsbeziehung zwischen Staat und Bürger
- Staat ordnet Tun oder Unterlassung an
- Strafrecht: Teil des Öffentlichen Rechts
- Staatsanwalt erhebt Anklage vor dem Landgericht
- Strafgesetzbuch (StGB) regelt Übertretung, Vergehen, Verbrechen
- Strafen: Geldstrafe, Freiheitsstrafe, Nebenstrafe

⇢ **Bürgerliches Recht:**
- bei Streit unter Bürgern (Arbeitsvertrag, Kaufvertrag, Ehestreit, Nachbarschaftsstreit)
- geregelt im Bürgerlichen Gesetzbuch (BGB)

4.2 Rechtsobjekte

▶ **Rechtsobjekte** sind Gegenstände des Rechts (Sachen, Tiere, geistige Güter, bestimmte Rechte).

⇢ **Sachen** (körperliche Gegenstände)
- Beweglich (Mobilien): Gattungsware, Massenprodukte (z. B. Auto); Stückkauf, Einzelanfertigung (z. B. Zahnersatz)
- Unbeweglich (Immobilien): z. B. Grundstück, Haus

⇢ **Rechte:** z. B. Ansprüche, Forderungen, Persönlichkeitsrechte

Eigentum und Besitz

Eigentum ist die **rechtliche Herrschaft** über eine Sache. Der Eigentümer darf darüber nach Belieben verfügen.

Besitz ist die **tatsächliche Herrschaft** über eine Sache. Der Besitzer darf eine Sache benutzen.

Eigentum und Besitz können identisch sein.

Beispiele:

⇢ *Ich habe ein Haus gekauft (Eigentümer/-in) und bewohne es selbst (Besitzer/-in).*
⇢ *Wir liefern unter Eigentumsvorbehalt. → Der Verkäufer bzw. die Verkäuferin bleibt bis zur vollständigen Bezahlung Eigentümer/-in der Ware.*

4.3 Rechtssubjekte

▶ **Rechtssubjekte** sind Träger von subjektiven Rechten und Pflichten.

Man unterscheidet:

⇢ **Natürliche Personen:** alle Menschen
⇢ **Juristische Personen:** z. B. Firmen, Vereine, Körperschaften des öffentlichen Rechts (Zahnärztekammer, Kassenzahnärztliche Vereinigung)

4.4 Rechtsfähigkeit

▶ **Rechtsfähigkeit** ist die Eigenschaft juristischer und natürlicher Personen, Träger von Rechten und Pflichten zu sein. Die Rechtsfähigkeit eines Menschen beginnt mit der Vollendung der Geburt und endet mit seinem Tod.

4.5 Geschäftsfähigkeit

Geschäftsfähigkeit ist die Fähigkeit, Rechtsgeschäfte (RG) selbstständig und voll gültig abzuschließen.

Alter	Geschäftsfähigkeit	Rechtsfolge
0–7 Jahre	geschäftsunfähig	RG sind **nichtig**
7–18 Jahre	beschränkt geschäftsfähig	RG sind **schwebend unwirksam**
ab 18 Jahren	voll geschäftsfähig	RG sind **voll gültig**

Beschränkte Geschäftsfähigkeit

Eltern müssen dem Geschäft vorher oder nachher zustimmen. Nach dem Kauf → 2 Wochen Bedenkzeit → Schweigen = Ablehnung

Ausnahmen:

⇢ Geld zur freien Verfügung für altersübliche geringfügige Geschäfte (z. B. Schulsachen)
⇢ Schenkung mit rechtlichem Vorteil (z. B. Puzzle)
⇢ **Berufsmündigkeit:** Geschäfte im Auftrag des Chefs

4.6 Rechtsgeschäfte (RG)

Rechtsgeschäfte bestehen aus mindestens einer, von einer geschäftsfähigen Person abgegebenen Willenserklärung (= private Willensäußerung, die auf die Herbeiführung einer Rechtsfolge gerichtet ist). Durch eine Willenserklärung kann ein Rechtsgeschäft zustande kommen, abgeändert oder aufgelöst werden. Man unterscheidet zwischen einseitigen und zweiseitigen Rechtsgeschäften.

--→ **Einseitige Rechtsgeschäfte** (nur eine Willenserklärung):
- **Empfangsbedürftig:** Willenserklärung muss zugegangen sein (z. B. Kündigung)
- **Nicht empfangsbedürftig:** Willenserklärung auch ohne Zugang gültig (z. B. Testament)

--→ **Zweiseitige Rechtsgeschäfte** (zwei oder mehr, sich deckende Willenserklärungen; Verträge):
- **einseitig verpflichtend** (z. B. Schenkungs-, Bürgschaftsvertrag)
- **zweiseitig verpflichtend** (z. B. Kauf-, Arbeits-, Mietvertrag)

4.7 Vertragsarten

Verträge	Erklärung	Beispiele
Kaufvertrag	Kauf einer Ware	Kauf beim Dental-Depot
Dienstvertrag (ohne Erfolgsgarantie)	Erstellung einer Dienstleistung	Behandlungsvertrag, Ausbildungsvertrag
Behandlungsvertrag (ohne Erfolgsgarantie)	Behandlung eines Patienten	Schmerzbehandlung
Werkvertrag (mit Erfolgsgarantie)	Herstellung oder Reparatur einer Sache	Herstellung oder Reparatur von Zahnersatz
Wartungsvertrag (mit Erfolgsgarantie)	vorbeugende Instandhaltung	Wartung von Feuerlöscher, Röntgengerät
Kreditvertrag	zeitweise Überlassung von Geld gegen Zinsen	Ratenkauf
Leasingvertrag/ Mietvertrag	Überlassung einer Sache zur Nutzung gegen Entgelt	Miete einer Sache, Wohnung
Leihvertrag	kostenloser Gebrauch einer Sache	Hans leiht Ute ein Blatt Papier
Factoring-Vertrag	Verkauf einer Forderung vor Fälligkeit	Einzug einer Privatrechnung durch die PVS

4.8   Abschluss von Verträgen

Zustandekommen von Verträgen

Verträge kommen durch zwei inhaltlich übereinstimmende Willenserklärungen (Antrag und Annahme) zustande. Darüber hinaus durch schlüssiges (konkludentes) Handeln/aktives Tun.

Beispiel: *Ein Vertrag kommt zustande, wenn der Patient oder die Patientin nach Einlesen der eGK einen Behandlungsraum der Zahnarztpraxis betritt; außerdem durch Terminvereinbarung, Hausbesuche oder Münzeinwurf am Automaten.*

Form

Grundsatz der Formfreiheit: beliebige äußere Gestaltung (z. B. schriftlich, mündlich, telefonisch, per Fax, per E-Mail)

Formvorschriften (Form muss eingehalten werden):

⇢ **Schriftliche Form:** eigenhändige Unterschrift nötig (z. B. Kündigung, Ausbildungsvertrag)
⇢ **Öffentliche Beglaubigung:** notarielle Bescheinigung der Richtigkeit der Unterschrift (z. B. Grundbucheintrag)
⇢ **Notarielle Beurkundung:** notarielle Bescheinigung der Richtigkeit der Unterschrift und des Inhaltes (z. B. Grundstückskaufvertrag)

4.9   Rückgängigmachung von Verträgen

Nichtigkeit von Rechtsgeschäften

Nichtige Rechtsgeschäfte sind **von Anfang an ungültig**. Nichtigkeit liegt vor bei

⇢ Geschäftsunfähigkeit einer Person,
⇢ verbotenen Geschäften (z. B. Drogenhandel),
⇢ Scheingeschäften (z. B. Scheinehe),
⇢ Scherzgeschäften (z. B. Verkauf des Mondes),
⇢ Verstößen gegen Formvorschriften (z. B. mündliche Kündigung).

Anfechtung von Rechtsgeschäften

Das Rechtsgeschäft ist **zunächst gültig und muss später** angefochten werden. Anfechtungsgründe sind:

⇢ Irrtum in der Erklärung (Schreib- und Hörfehler), Übermittlung (Verwechslung namensgleicher Personen), Eigenschaft (z. B. falsche Größe oder Farbe einer Ware)
⇢ arglistiges (absichtliches) Verschweigen,
⇢ widerrechtliche Drohung.

5 Behandlungsvertrag

5.1 Grundlagen

Vertragsart und Form:

--→ zweiseitiges Rechtsgeschäft, formfrei
--→ Dienstvertrag, ohne Erfolgsgarantie

Vertragspartner:

--→ Einzelpraxis: Zahnarzt und Patient
--→ Praxisgemeinschaft: jeweiliger Behandler und Patient
--→ Gemeinschaftspraxis (BAG): alle Zahnärzte und Patient

Es herrscht die freie Arztwahl unter Vertragszahnärzten. Vertragszahnärzte müssen Kassenpatienten behandeln.

5.2 Zustandekommen, Ablehnung, Beendigung

Zustandekommen

--→ Terminvergabe an Patient
--→ Vorlage der eGK
--→ Behandlung
--→ Zusage eines Hausbesuches
--→ Notfall, Patient nicht ansprechbar (Geschäftsführung ohne Auftrag)

Ablehnung

--→ Überlastung des Zahnarztes (Überfüllung der Praxis) → Verweis auf anderen ZA in Wohnortnähe
--→ fremdes Fachgebiet (keine Zulassung oder Qualifikation des ZA)
--→ fehlendes Vertrauensverhältnis, Belästigung oder Beleidigung des ZA durch den Patienten
--→ zahnärztliche Anweisungen werden nicht befolgt

Beendigung

--→ Kündigung gemäß §§ 626, 627 BGB
--→ jederzeit durch den Patienten, ohne Angaben von Gründen
--→ Behandlungsende
--→ Quartalsende
--→ Umzug
--→ Tod

5.3 Pflichten von Zahnarzt (Praxispersonal) und Patient

Übersicht über die Pflichten von Zahnarzt (Praxispersonal) und Patient:

Pflichten des Zahnarztes (Praxispersonals)	Pflichten des Patienten
1. Behandlungspflicht	1. Offenbarungspflicht
2. Sorgfaltspflicht	2. Honorarpflicht
3. Aufklärungspflicht	3. Termine einhalten
4. Einwilligung einholen	4. Einwilligungspflicht
5. Schweigepflicht	5. Mitwirkungspflicht
6. Dokumentationspflicht	
7. Meldepflicht	
8. Abrechnungspflicht	
9. Haftpflicht	

5.3.1 Pflichten des Zahnarztes (Praxispersonals)

Behandlungspflicht (§ 630a BGB)

⇥ sich um Verbesserung des Gesundheitszustandes bemühen
⇥ Diagnose, Indikation, Therapie → **keine Erfolgsgarantie**

Sorgfaltspflicht

⇥ **Behandlung nach „Lege artis"**, d. h. nach den anerkannten Regeln der zahnärztlichen Wissenschaft und Kunst
⇥ **bestehende allgemein anerkannte fachliche Standards anwenden**
⇥ ordnungsgemäß arbeiten, Weiterbildungspflicht (ständige berufliche Fortbildung)

Aufklärungspflicht

Der Zahnarzt ist verpflichtet (nach § 630c BGB), über alle für die Behandlung wichtigen Umstände zu informieren und diese zu erläuten.

⇥ **Wann:** rechtzeitig vorher, sodass Patient Entscheidung wohlüberlegt treffen kann
⇥ **Wie:** Gespräch, Aufklärungsbogen
⇥ **Worüber:**
- Diagnose
- Krankheitsverlauf
- Ziele, Art und Umfang der Maßnahmen (Therapie)
- Erfolgsaussichten des Eingriffs
- Medikamente, Kosten und ggf. Kostenübernahme durch Dritte

- Behandlungsalternativen
- Verhalten bei Nachsorge

Einwilligung einholen

Der Patient darf nicht ohne seine Einwilligung behandelt werden. Voraussetzung für eine wirksame Einwilligung ist die Aufklärung und die Einwilligungsfähigkeit, d. h. eine gewisse Verstandesreife. Er muss die Art, Bedeutung, Tragweite und Risiken der zahnärztlichen Maßnahmen erfassen und dementsprechend seinen Willen bestimmen können. Dies muss der Zahnarzt im Einzelfall prüfen, wobei es keine festen Altersgrenzen gibt. Es kann jedoch davon ausgegangen werden, dass Kindern unter 14 Jahren die erforderliche Einsichtsfähigkeit fehlt.

Eine Behandlung gegen den Willen des Patienten ist eine strafbare Körperverletzung.

Die Einwilligung kann mündlich oder schriftlich mit einer Unterschrift auf dem Aufklärungsbogen erfolgen. Ausnahme: Bei „Geschäftsführung ohne Auftrag" (Bewusstlosigkeit) liegt es im mutmaßlichen Interesse des Betroffenen.

Schweigepflicht

--→ bezieht sich auf alle Angelegenheiten des Patienten (persönlich, beruflich, wirtschaftlich, familiär)
--→ Rechtsgrundlagen: BDSG, Berufsordnung der Zahnärzte, StGB, Ausbildungsvertrag, Arbeitsvertrag
--→ Folgen bei Verletzung: Abmahnung, Kündigung, Berufsverbot, Geldstrafe, Freiheitsstrafe

Dokumentationspflicht

Gemäß § 630f BGB ist der Zahnarzt zur sorgfältigen und umfassenden Dokumentation von

--→ Untersuchungsergebnissen,
--→ Diagnosen,
--→ Therapiemaßnahmen,
--→ Medikamentenverordnungen verpflichtet. Alle Formulare sind unter Beachtung der Aufbewahrungsfristen aufzubewahren.

Meldepflicht

Die Meldepflicht gilt für

--→ geplante Straftaten,
--→ Infektionskrankheiten nach dem IfSG,

--→ Geschlechts- und Berufskrankheiten,

--→ Schwangerschaftsabbruch.

Abrechnungspflicht

--→ **Kassenpatienten:** Quartalsabrechnung an KZV (KCH, KFO; ZE/PAR/KBR: monatlich (s. S. 184)

--→ **Privatpatienten:** kein fester Termin, Zahnarzt entscheidet

Haftpflicht

Haftpflicht des Zahnarztes:

--→ Der Zahnarzt haftet bei **Behandlungsfehlern** (vorsätzlichen und fahrlässigen):
- Diagnose- und Therapiefehler
- Verletzung der Sorgfaltspflicht
- Überschreiten der Grenzen der Behandlungsfreiheit (z. B. Verabreichung eines nicht zugelassenen Medikaments)
- Verletzung der allgemein anerkannten Regeln der zahnärztlichen Wissenschaft und Kunst

--→ Berufshaftpflichtversicherung: Schutz bei Schadenersatz

--→ Der Zahnarzt haftet bei Behandlungsfehlern der Mitarbeiter (bei delegierten Leistungen).

--→ Nur vom Zahnarzt persönlich zu erbringende (nicht delegierbare) Leistungen: Anamnese, Aufklärung, Untersuchung, Diagnose, Behandlung, Therapie, Eingriffe, Injektionen

Delegation von Leistungen:

--→ **Voraussetzungen für die Delegation von Leistungen:**
- Der Zahnarzt muss die zu erbringende Leistung angeordnet haben,
- die Ausführung überwachen und kontrollieren,
- sich in Rufnähe aufhalten,
- bei Komplikationen sofort eingreifen,
- sich von der Qualifikation und der Sorgfalt der ZFA überzeugt haben.

--→ **Grundlegend an den Auszubildenden delegierbare Tätigkeiten:**
- Organisation, Verwaltung, Patientenbetreuung
- Zahnbeläge sichtbar machen und dokumentieren
- Befragung des Patienten vor Röntgen (z. B. bezüglich einer Schwangerschaft)

--→ **Nur unter Anleitung und Aufsicht des Zahnarztes:**
- Aufbereitung von Medizinprodukten
- Röntgen (Voraussetzung: Röntgenschein des ZAs)

⇢ **Nur unter Anweisung und Aufsicht:** Zahnsteinentfernung durch ZMP

Haftung der ZFA bei verursachten Schäden:

⇢ Vorsatz (= Absicht)
⇢ Fahrlässigkeit (= mangelnde Sorgfalt)

Beispiel:

1. Nichtbeachtung der Hygienevorschriften
2. Fehler bei der Vorbereitung von Spritzen
3. Nichtbeachtung der Strahlenschutzbestimmungen
4. Fehler in der Karteiführung
5. Verwechslung von Patientenunterlagen
6. Verstoß gegen die Schweigepflicht
7. eigenmächtige Tätigkeit
8. unterlassene Hilfeleistung

⇢ ZFA ist zum Schadenersatz verpflichtet
⇢ Rückgriffsrecht des Zahnarztes
⇢ Die Berufshaftpflicht des ZA deckt die zivilrechtlichen Ansprüche an die ZFA ab.
⇢ Die strafrechtliche Verantwortung (Geld- und Freiheitsstrafe) trägt immer die ZFA.

Beratung in Streitfällen/Behandlungsfehlern:

⇢ Gutachter- und Schlichtungsstellen der Zahnärztekammer
⇢ Gutachter der Krankenkassen, Patientenbeauftragte

Verjährungsfrist bei Körperverletzung: drei Jahre (ab Kenntnis des Patienten über Behandlungsfehler)

5.3.2   Pflichten des Patienten

Offenbarungspflicht

Wahre und vollständige Information (Anamnesebogen) über

⇢ aktuelle und frühere Krankheiten,
⇢ Einnahme von Medikamenten (z. B. Blutverdünner),
⇢ aktuelle Beschwerden,
⇢ Allergien

Der Anamnesebogen sollte regelmäßig aktualisiert werden. → RKI-Empfehlung: alle zwei Jahre; im Einzelfall eher

Honorarpflicht

Kassenpatienten:

--> eGK vorlegen

--> gegebenenfalls Ersatzverfahren bei nicht vorliegender, nicht einlesbarer eGK → Nachreichen der eGK binnen zehn Tagen, ansonsten Ausstellung einer Privatrechnung

--> Eigenanteile (PZR, HKP)

Privatpatienten: Behandlungs- und Laborkosten per Privatrechnung an Zahnarzt

Termine einhalten

Wird in der Zahnarztpraxis das sogenannte „Bestellsystem" betrieben (feste Termine zu einer bestimmten Uhrzeit) und erscheint der Patient nicht oder verspätet, so gerät er in Annahmeverzug. Gegebenenfalls ist vom Patienten dann ein Ausfallhonorar zu zahlen.

Einwilligung des Patienten einholen

S. Seite 138.

Mitwirkungspflicht

Der Patient ist zur Mitwirkung und Befolgung der ärztlichen Anweisungen (z. B. Medikamenteneinnahme, Verhaltensregeln nach einem Eingriff) verpflichtet.

6 Vertragsbeziehungen zum Dentallabor

6.1 Arten von Zahntechniklaboren

1. **Praxislabor** (= Eigenlabor): ZA als Arbeitgeber
   - → ZA-Rechnung enthält die Material- und Laborkosten
2. **Meisterbetrieb** (= Fremdlabor): ZA als Auftraggeber
   - → Labor erstellt oder repariert ZE, Füllungen, kieferorthopädische Geräte, Kronen, Brücken, Implantate, Veneer
   - → Werkvertrag → mit Erfolgsgarantie
   - → Gewährleistungsfrist → 2 Jahre → Konformitätserklärung
3. **Dentallabor im Ausland**

6.2 Auswahlkriterien für eine Vertragsbeziehung

1. vertrauensvolle Zusammenarbeit
2. Ausführung
3. Belieferung
4. Kommunikation
5. Kostenvoranschläge
6. Weiterbildung der Mitarbeiter
7. Zusatzleistungen

6.3 Ablauf eines Laborauftrages

1. Einholen eines Angebots
2. Auftragserteilung
3. Herstellung oder Reparatur
4. Lieferung oder Abholung
5. Eingangskontrolle
6. Rechnungsprüfung

6.4 Rechnungserstellung und Bezahlung

6.4.1 Kassenpatienten

- → ggf. Mehrkostenvereinbarung gem. GOZ abzüglich Festzuschuss
- → Fremdlaborrechnungen werden anhand der Auftragsnummer (als XML-Datei) der HKP-Datei zugeordnet.

→ Laborabrechnung erfolgt über **BEL** II – **B**undes**e**inheitliches **L**eistungsverzeichnis (Verzeichnis der abrechnungsfähigen zahntechnischen Leistungen für die Kassenabrechnung)
→ monatliche digitale Übermittlung der HKP-Datei an KZV
→ dort Prüfung; Papierversion bleibt in der Praxis
→ Bezahlung durch die Krankenkassen

6.4.2   Mehrkostenvereinbarung und Privatpatienten

→ ZA erstellt die Rechnung → enthält die Gesamtsummen aus der Laborrechnung und Behandlungsrechnung → fügt Laborrechnung bei
→ Laborabrechnung erfolgt über **BEB** – **B**undes**e**inheitliche **B**enennungsliste (Gebührenverzeichnis zahntechnischer Leistungen für die Privatabrechnung)
→ ZA schickt Rechnung an den Patienten
→ Patient zahlt an den ZA
→ ZA überweist an das Labor

6.5   Aufgaben der ZFA

→ Genehmigung des HKP in der Patientenkartei erfassen
→ Kostenvoranschläge einholen und verschiedene Angebote vergleichen
→ Laboraufträge ausfüllen (Laborauftragssatz)
→ Auftragsbeutel/-mappe mit Unterlagen wie Abdrücken, Bissnahmen
→ Hygienemaßnahmen: Desinfektion von Abdrucklöffeln und Bissnahmen vor Versand an Labor
→ Situationsmodelle und Fotos beifügen
→ Eintrag des Laborauftrages in das Laborkontrollbuch
→ Abgabe- und Liefertermine in die Patientenkartei eintragen
→ Eingangskontrolle auf vollständige Rückgabe der mitgelieferten Unterlagen
→ Rechnungsprüfung: Vergleich von Art und Umfang der berechneten Leistungen mit dem eingeholten Kostenvoranschlag

7 Beschaffung von Waren

7.1 Beschaffungsplanung

Bei der Beschaffungsplanung ist zu ermitteln, was und wie viel gebraucht wird und zu welchem Zeitpunkt dieses zu beschaffen ist.

Was wird gebraucht?

--> Praxisinventar: z. B. Einrichtungsgegenstände, Möbel, Geräte
--> Praxisbedarf: z. B. Verbrauchsmaterialien, Bürobedarf, Handschuhe
--> Sprechstundenbedarf für Patientenversorgung und Notfälle
--> Für Nahtmaterial, Kompressen, Schmerz- und Betäubungsmittel ist **keine Verordnung mehr möglich!** → in Punktwerten eingespeist

Wie viel wird gebraucht?

Vor- und Nachteile von zu großen oder zu kleinen Bestellmengen:

Große Bestellmengen	Kleine Bestellmengen
Vorteile:	Vorteile:
--> Vorräte bei Engpässen	--> geringe Lagerkosten
--> Rabatte	--> wenig Schwund
--> geringere Bestellkosten	--> geringer Platzbedarf
Nachteile:	Nachteile:
--> hohe Lagerkosten	--> keine Reserven bei Engpässen
--> Schwund	--> keine Rabatte
--> hoher Platzbedarf	--> Zuschläge bei Bestellung kleiner Mengen

Optimale Bestellmenge

In der Theorie ist die optimale Bestellmenge dort, wo Bestell- und Lagerkosten gleich hoch bzw. die Gesamtkosten am geringsten sind.

Praktisch lässt sich jedoch die optimale Bestellmenge nur schwer bestimmen. Bei Medikamenten hängt sie z. B. vom Verfallsdatum und von der Verfügbarkeit in der Apotheke ab.

Bei günstigen Einkaufspreisen, bei Gewährleistung eines möglichst ununterbrochenem Praxisablaufs und bei hoher Unabhängigkeit von den Lieferanten werden eher größere Beschaffungsmengen bestellt, was jedoch zu hohen Lagerkosten und totem Kapital führt.

Wann sollte bestellt werden?

→ Bei aktuellem Bedarf: sofortige Bestellung beim Stammlieferant
→ Bei Sonderangeboten: sofort bestellen
→ bei Erreichen des Meldebestandes
→ innerhalb eines bestimmten Bestellzeitraumes: z. B. wöchentlich, alle 14 Tage, monatlich

7.2 Anbahnung von Kaufverträgen

Bezugsquellenermittlung

→ **Intern:** Lieferantenkartei, Artikelkartei; vorliegende Angebote, Kataloge, Preislisten
→ **Extern:** Gelbe Seiten, Internet, Messen, Fachzeitschriften, Pharmavertreter

Anfrage

Zum Vergleich der Preise, Lieferungs- und Zahlungsbedingungen wird eine Anfrage an einen Lieferanten gestellt (Geschäftskontakte anbahnen, Angebote einholen, formfrei, unverbindlich)

Arten von Anfragen:

Allgemeine Anfrage	Spezielle Anfrage
Informationen über das Lieferprogramm; Kataloge, Prospekte, Preislisten **Beispiel:** *Warenart → PCs*	Anfrage nach einer bestimmten Ware oder nach bestimmten Einzelheiten (Preis, Qualität, Lieferungs- und Zahlungsbedingungen) **Beispiel:** *bestimmter Artikel → PC Maxi*

Angebote an die Allgemeinheit („Anpreisung")

→ in Katalogen, Homepages, Anzeigen, Plakaten, Prospekten, Werbespots und Schaufenstereinlagen
→ sollen Kunden anlocken, richten sich an die Allgemeinheit und sind unverbindlich

Angebot im rechtlichen Sinne:

→ verbindlich
→ richtet sich an eine bestimmte Person

--→ enthält bestimmte Angaben

--→ gilt befristet oder unbefristet

--→ ist der erste Antrag zum Kaufvertrag

Arten:

--→ Verlangt: Kunde bittet um ein Angebot

--→ Unverlangt: Verkäufer unterbreitet ein Angebot von sich aus

Gültigkeit:

--→ Befristete Angebote: bis zum Ende der Gültigkeitsdauer

--→ Unbefristete Angebote

- Per Gespräch oder Telefonat: solange, wie das Gespräch/Telefonat dauert
- Per E-Mail oder Fax: einen Tag, bis Geschäftsschluss des Anbieters
- Per Brief: eine Woche (7 Tage)

--→ Unverbindliche Angebote: Freizeichnungsklauseln schränken das Angebot ganz oder teilweise ein (z. B. „solange Vorrat reicht", „unverbindlich").

Ungültigkeit:

--→ Angebot wird nicht beachtet

--→ Angebot wird widerrufen

--→ Bestellung wird abgeändert

--→ Bestellung erfolgt zu spät → gilt als neuer Antrag

--→ Auftragsbestätigung ist zwingend

Widerruf: muss gleichzeitig oder vor dem Angebot eintreffen

Inhalte eines Angebots:

Ein Angebot muss Angaben machen über

--→ Art, Güte (Qualität), Beschaffenheit der Ware;

--→ Menge;

--→ Preis pro Einheit netto/brutto, Rabatte;

--→ die Lieferungsbedingungen;

--→ die Zahlungsbedingungen;

--→ den Erfüllungsort und den Gerichtsstand.

Angebotsvergleich: Zu beachten sind **quantitative** Kriterien (Ziel: preisgünstigsten Lieferanten herausfinden) und **qualitative** Kriterien (Ziel: bestmögliche Qualität der Ware/des Lieferanten).

Quantitative Kriterien	Qualitative Kriterien
→ Listenpreis	→ Qualität, Beschaffenheit der Ware
→ Rabatt	→ Stammlieferant/neuer Lieferant (Zuverlässigkeit)
→ Skonto	→ Service
→ Bezugskosten	→ Garantie
→ Endpreis	→ Verhalten bei Reklamationen
→ Zahlungsbedingungen	→ Pünktlichkeit

7.3 Abschluss von Kaufverträgen

Zustandekommen von Kaufverträgen: Ein Kaufvertrag kommt durch einen **Antrag** und dessen **Annahme** zustande, die inhaltlich übereinstimmen müssen.

Beispiele:

→ *Angebot (Antrag) + Bestellung (Annahme)*
→ *Bestellung (Antrag) + Lieferung (Annahme)*
→ *Bestellung (Antrag) + Auftragsbestätigung (Annahme)*

Bestellung: formfrei, verbindlich, enthält Angaben des Angebots

Auftragsbestätigung: Die Auftragsbestätigung ist die Mitteilung über die Annahme eines Auftrages.

→ Sie **entfällt** bei sofortiger Lieferung;
→ ist **zwingend** bei unverbindlichen Angeboten, verspäteter Annahme, Abänderung des Angebots;
→ ist **sinnvoll** bei größeren Beträgen, längeren Lieferzeiten.

Fernabsatzverträge: Fernabsatzverträge kommen ausschließlich unter Verwendung von Fernkommunikationsmitteln (z. B. Internet) ohne direkten Kontakt der Vertragsparteien zustande.

Im Onlinehandel erfolgt eine Bestellung per E-Mail oder über einen Bestellbutton. Ein Widerruf und die Rückgabe der Ware binnen 14 Tagen sind möglich.

Sonderformen des Kaufvertrages:

→ **Bürgerlicher Kauf:** beide Vertragspartner sind Privatpersonen
→ **Einseitiger Handelskauf:** Kauf zwischen Privatperson und Kaufmann (z. B. zwischen Zahnarzt und Dentaldepot)
→ **Zweiseitiger Handelskauf:** beide Vertragspartner sind Kaufleute
→ **Stückkauf:** Kauf eines Einzelstücks, z. B. T-Shirt mit Praxislogo

- ⇢ **Gattungskauf:** Kauf von Massenware, z. B. Röntgengerät
- ⇢ **Kauf auf Probe:** Kauf mit Rückgaberecht innerhalb einer Frist
- ⇢ **Kauf nach Probe:** Kauf nach einem Muster
- ⇢ **Kauf zur Probe:** Kauf einer kleinen Menge zur Auswahl, später Kauf einer größeren Menge

Allgemeine Geschäftsbedingungen (AGB):

- ⇢ vom Verkäufer aufgestellte Vertragsbedingungen
- ⇢ Vertragspartner können AGB abändern
- ⇢ **Persönliche Vereinbarungen haben Vorrang vor den AGB.**

7.4 Inhalte von Kaufverträgen

Die Inhalte von Kaufverträgen können frei vereinbart werden. Falls keine Vereinbarungen getroffen wurden, gilt die gesetzliche Regelung des BGB.

Rabatte (Preisnachlässe):

- ⇢ Mengenrabatt: bei großen Mengen; z. B. ab 3 St. 5 % Rabatt
- ⇢ Naturalrabatt: Ware als Zugabe; z. B. 500 g + 50 g mehr, 6 Flaschen kaufen, 5 bezahlen
- ⇢ Treuerabatt: für Stammkunden 10 % Rabatt
- ⇢ Eröffnungsrabatt: z. B. zur Neueröffnung des Geschäfts 20 %
- ⇢ Bonus: Rabatt (Rückvergütung) am Jahresende bei einem bestimmten Jahresumsatz

Beispiel: *Wenn wir in einem Jahr Waren für 5000 € bestellen, erhalten wir am Jahresende zusätzlich 3 % Rabatt.*

Lieferungsbedingungen:

- ⇢ **Versandkosten:** Fracht, Transportversicherung, Verpackung
  - Ab Werk: Käufer trägt alle Versandkosten
  - Frei Haus: Verkäufer trägt alle Versandkosten
  - Unfrei: Empfänger zahlt die Transport- und Zustellkosten
  - Gesetzliche Regelung: Käufer trägt alle Versandkosten

- ⇢ **Transportart:** z. B. DHL, Paketdienst, Lkw, Bahn
- ⇢ **Lieferzeit:**
  - Fixkauf: fester Liefertermin; z. B. 01.06. (fest/fix)
  - Terminkauf: bestimmter Zeitraum; z. B. Ende Mai, 30. KW
  - Kauf auf Abruf: Bestellung einer großen Menge, Lieferung nach Bedarf in Teilmengen
  - Gesetzliche Regelung: sofortige Lieferung

Zahlungsbedingungen:

--> Anzahlung: Teilbetrag wird vorausgezahlt

--> Vorauszahlung: Gesamtsumme wird vorausgezahlt

--> Ratenkauf: monatlich gleiche Teilbeträge zu festen Terminen

--> Nachnahme: Ware per Post gegen Geld

--> Skonto: Preisnachlass bei vorzeitiger Zahlung, z. B. 3 % Skonto bei Zahlung innerhalb von zehn Tagen

--> Zielkauf (Kreditkauf = Lieferantenkredit): rein netto (Kasse)= sofortige Zahlung des Rechnungsbetrages (brutto); 30 Tage netto = Zahlung des Rechnungsbetrages (brutto) innerhalb von 30 Tagen ohne Skonto

Beispiele:

Rechnungsdatum	Beginn der Kreditbeziehung	Späteste Zahlungsfrist
01.06.21 + 10 Tage =	**11.06.21** + 20 Tage Kredit max. Frist zur Skontoausnutzung	01.07.21 ohne Skonto

--> Zwischen dem 11.06.21 und dem 01.07.21 verliere ich 2 % Skonto, erhalte dafür jedoch einen Kredit für 20 Tage.

--> Gesetzliche Regelung: sofortige Zahlung

1. Skonto immer ausnutzen, dies verbilligt den Einkauf und mit der Zeit kommen ansehnliche Beträge zusammen.
2. Um Skonto auszunutzen, immer am letzten Skontotag den Überweisungsbetrag (Rechnungsbetrag brutto – Skonto) zahlen.
3. Ohne Skontoabzug immer am 30. Tag den vollen Rechnungsbetrag (brutto) zahlen, damit möglichst lange mit dem Geld gearbeitet werden kann.

Erfüllungsort: Ort, an dem der Schuldner seine Leistung erbringen muss (gesetzlicher Erfüllungsort)

--> Bei Warenschulden: Wohn- oder Geschäftssitz des Verkäufers

--> Bei Geldschulden: Wohn- oder Geschäftssitz des Käufers

Gerichtsstand: Ort der Klage bei Streitigkeiten

7.5   Erfüllung von Kaufverträgen

Kaufverträge sind **Verpflichtungsgeschäfte:**

--> **Pflichten des Käufers:** Annahme und Bezahlung der Ware

--> **Pflichten des Verkäufers:**

- Ware mangelfrei, rechtzeitig und an den richtigen Ort liefern
- Geld annehmen und das Eigentum übertragen (durch Einigung + Übergabe)

7.6 Störungen des Kaufvertrages

Werden die durch einen Kaufvertrag eingegangenen Verpflichtungen nicht eingehalten, treten **Störungen des Kaufvertrages** ein. Dies sind aufseiten des Käufers der **Zahlungs-** und der **Annahmeverzug**, aufseiten des Verkäufers die **mangelhafte Lieferung** und der **Lieferungsverzug.**

7.6.1 Zahlungsverzug (Nicht-rechtzeitig-Zahlung)

▶ Zahlungsverzug liegt vor, wenn der Käufer den Kaufpreis schuldhaft nicht oder nicht rechtzeitig zahlt.

Beginn des Zahlungsverzugs

Fälligkeit der Zahlung	Beispiel	Beginn Zahlungsverzug
kalendermäßig bestimmt	bis 31.03.	einen Tag später ohne weitere Mahnung = 01.04.
nicht kalendermäßig bestimmt	Rechnung und Lieferung: 01.04.	automatisch nach 30 Tagen = 01.05.

Rechte des Verkäufers

⇢ Zahlung und Schadenersatz → eventuell Verzugszinsen, Mahnkosten, Anwaltskosten, Gerichtskosten

⇢ Schadenersatz statt Leistung

⇢ Rücktritt vom Vertrag nach angemessener Nachfrist

Kaufmännisches Mahnverfahren (außergerichtliches Mahnverfahren ohne gerichtliche Schritte)

⇢ Mahnungen sind formfrei

⇢ Versand von bis zu drei Mahnungen im zeitlichen Abstand von 7–14 Tagen

Ablauf:

⇢ Höfliche Zahlungserinnerung

- oft zunächst telefonisch, dann schriftlich
- mit Rechnungskopie
- mit vorbereiteter Überweisung

Grund: Vergesslichkeit, Stammpatienten erhalten:

⇢ 1. Mahnung
- höflicher bzw. bestimmter Brief
- Fristsetzung
- Mahngebühren + Verzugszinsen

⇢ 2. Mahnung
- noch schärfer formuliert
- erhöhte Mahnkosten und Verzugszinsen
- 2. Nachfrist (z. B. 10 oder 14 Tage)

⇢ 3. Mahnung
- Setzung einer letzten Frist;
- Androhung von Anwalt, Inkassobüro,
- Erhebung von noch höheren Mahngebühren und Verzugszinsen

Wovon hängt die Schärfe des Mahnschreibens ab?

⇢ Stammpatient/Neupatient
⇢ Höhe des Rechnungsbetrages
⇢ Grund der Nichtzahlung

Kontrolle des Zahlungseingangs:

⇢ Offene-Posten-Liste im PC (OP-Liste)
⇢ Kontoauszüge
⇢ farbige Reiter auf der Karteikarte

Sofortmaßnamen bei wiederholten Zahlungsausfällen:

⇢ Vorauskasse
⇢ Bankeinzug
⇢ Behandlung ablehnen
⇢ Bei Stammpatienten:
- Ratenzahlung anbieten
- Zahlungsaufschub gewähren

Gerichtliches Mahnverfahren

Verfahrensbeginn: durch Einreichung eines Antrags auf Erlass eines Mahnbescheides beim zuständigen Mahngericht (online oder in Papierform), welcher dem Antragsgegner förmlich per Post zugestellt wird

Weiterer Ablauf:

Verfahrensschritt	Mögliches Verhalten des Antragsgegners/Mögliche gerichtliche Maßnahmen		Folge
1. Runde	1. Zahlung	→	Ende des Verfahrens
	2. Widerspruch	→	Gerichtsverhandlung
	3. Schweigen	→	Vollstreckungsbescheid
2. Runde	1. Zahlung	→	Ende des Verfahrens
	2. Einspruch	→	Gerichtsverhandlung
	3. Schweigen	→	Zwangsvollstreckung
			(durch Gerichtsvollzieher)
3. Runde	Zwangsvollstreckung:		
	1. Pfändung	→	Pfandsiegel, Austauschpfändung, Taschenpfändung, Lohnpfändung; nicht pfändbar: lebensnotwendige Sachen, Arbeitsmittel
	2. Zwangsversteigerung	→	kein Vermögen → Vermögensauskunft oder Erzwingungshaft

Verjährung von Forderungen

Ist eine Forderung **verjährt,** so kann sie nicht mehr gerichtlich eingeklagt werden.

Regelmäßige Verjährungsfrist: drei Jahre

Beginn der Verjährungsfrist: am Ende des jeweiligen Kalenderjahres

Beispiel:
Eine Lieferantenrechnung ist am 19.01.2022 fällig.

Berechnung der Verjährung:
Fälligkeit des Anspruchs: *19.01.2022*
Beginn der Verjährung: *31.12.2022 + 3 Jahre*
Ende der Verjährung: *31.12.2025 + 1 Tag*
Forderung ist verjährt am: *01.01.2026*

Verschiebung der Verjährung:

⇢ **Hemmung:** Verjährungsfrist wird durch hemmendes Ereignis (z. B. Klageerhebung, Zustellung Mahnbescheid) um sechs Monate gestoppt und an das alte Ende der Verjährungsfrist angehängt (= Verlängerung der Verjährung)

⇢ **Unterbrechung:** tritt ein, wenn Schuldner um Zahlungsaufschub bittet, Teilzahlung oder Zinszahlung leistet usw. → Danach beginnt die Verjährung neu zu laufen (= Neubeginn der Verjährung).

7.6.2 Annahmeverzug (Gläubigerverzug)

Der Gläubiger gerät in **Annahmeverzug,** wenn er die ihm angebotene Leistung nicht annimmt, z. B. wenn er die bestellten und ordnungsgemäß gelieferten Waren irgendwo zu einem günstigeren Preis findet und deshalb die Annahme verweigert.

Rechte des Verkäufers:

⇢ Rücknahme der Ware
⇢ Ware in eigene Verwahrung nehmen
⇢ Klage auf Abnahme
⇢ Selbsthilfeverkauf (öffentliche Versteigerung)
⇢ Notverkauf

7.6.3 Mangelhafte Lieferung (Schlechtleistung)

Mangelarten:

⇢ **Nach Erkennbarkeit:** offen, versteckt, arglistig verschwiegen
⇢ **Sachmängel:**
  • Art (einwandfreie, aber falsche Ware)
  • Menge (Zuwenig-/Zuviel-Lieferung)
  • Beschaffenheit (fehlerhafte Ware = fehlerhafte, beschädigte oder verdorbene Ware)
  • Verwendbarkeit (Fehlen einer bestimmten Eigenschaft)
  • Montagemangel (fehlerhafte Montage)
  • Ware ungleich Werbung (Eigenschaft, mit der das Produkt beworben wurde, fehlt)

Rügefristen:

⇢ Offene Mängel: unverzüglich nach Entdecken
⇢ Versteckte Mängel: unverzüglich nach Entdecken, spätestens innerhalb von 2 Jahren
⇢ Beweislastumkehr: ab dem 7. Monat muss der Kunde beweisen, dass der Mangel schon bei Lieferung vorlag

--→ Arglistig (absichtlich) verschwiegene Mängel: drei Jahre
--→ Aufbewahrungspflicht (zum Beweis, zur Prüfung, Mängelbeseitigung und Abholung)

Mängelrüge (Reklamation):

Mängel genau beschreiben, formfrei, am besten schriftlich oder per Einschreiben Rückschein (gilt als Beweismittel)

Rechte des Käufers:

--→ **Vorrangig** (muss zuerst in Anspruch genommen werden): Nacherfüllung (Wahlrecht zwischen Nachbesserung (z. B. Reparatur) – max. zweimal innerhalb angemessener Nachfrist - und Neulieferung)
--→ **Nachrangig** (wenn vorrangige Rechte erfolglos):
  - Rücktritt vom Kaufvertrag
  - Minderung (Preisnachlass)
  - Ersatz vergeblicher Aufwendungen (Gutachter- und Anwaltskosten u. a.)

--→ **Schadenersatz:** immer möglich

7.6.4 Lieferungsverzug (Nicht-rechtzeitig-Lieferung)

Voraussetzungen für das Vorliegen eines Lieferungsverzugs:

1. Grundvoraussetzung: Fälligkeit = Überschreitung des Liefertermins
2. Mahnung (= Aufforderung, die Ware zu liefern)
3. angemessene Nachfrist (keine Mahnung und keine angemessene Nachfrist bei Selbstinverzugsetzung, Fixkauf, Zweckkauf → Praxiseröffnung, Praxisjubiläum, Ostern, Hochzeit)
4. Verschulden = Vorsatz (Absicht) oder Fahrlässigkeit (mangelnde Sorgfalt) → kein Verschulden bei höherer Gewalt (Feuer, Krieg, Naturkatastrophen usw.)

Rechte:

1. Lieferung
2. Rücktritt
3. Schadenersatz
   --→ nur bei konkretem Schaden → in Euro messbar → z. B. Honorarausfall, Mehrkosten beim Deckungskauf
   --→ abstrakter Schaden nicht messbar → schwer durchsetzbar
   --→ ggf. Konventionalstrafe vereinbaren

8 Verwaltung von Waren

8.1 Wareneingang

Äußere Prüfung:

In Gegenwart des Fahrers sind zu prüfen: Verpackung, Absender, Empfänger, Liefertermin, Anzahl der Pakete.

Innere Prüfung:

- → **Lieferschein mit der Bestellungskopie verglichen** (Art-Nr., Art.-Bezeichnung, Menge, Einheit, Preis)
- → Ware auf Beschädigungen/Verwendbarkeit prüfen (Was ist defekt oder kaputt?)
- → Lieferschein mit Bestellungskopie ablegen (Garantie, zwei Jahre ab Lieferung); Aufbewahrung: sechs Jahre ab Ende des Geschäftsjahres
- → Bei Reklamation: Retourenschein ausfüllen und Ware an Absender zurückschicken
- → Chargen-Nr. bei Medikamenten, Verbrauchs- und Füllungsmaterialien notieren
- → für jedes Zimmer eine Registerkarte anlegen

Im Anschluss erfolgt die Einlagerung.

Rechnungsprüfung:

- → **Sachliche Prüfung**
  Rechnung mit Lieferschein und Bestellung vergleichen bezüglich Artikel-Nr., Artikelbezeichnung, Eigenschaften, Güte, Menge, Einheit, Einzelpreis, Rabatt, Versandkosten, Zahlungsbedingungen
- → **Rechnerische Prüfung**
  Alle Rechenoperationen nachrechnen: Gesamtpreis (Menge · Preis), Warenwert (Einzelposten addieren), Rabatt in Euro, Nettobetrag, Umsatzsteuer, Bruttobetrag
- → Prüfstempel auf Rechnung vermerken (sachlich und rechnerisch geprüft; Datum, Handzeichen)

Anweisung zur Zahlung:

1. **Anweisung des Zahlungstermins:** Fälligkeit der Rechnung (z. B. bei 10 Tagen Skonto → am 10. Tag zahlen)
2. **Zahlungsbetrag anweisen**
   a) **Bei Rechnungsdifferenzen:** neue Rechnung, Rechnung kürzen
   b) Abzug von Skonto: möglichst immer Skonto ausnutzen → am letzten Skontotag zahlen

c) Abzug ohne Skonto: z. B. bei 30 Tage netto → am 30. Tag zahlen

Beispiel: *Kürzung einer Rechnung wegen Zuwenig-Lieferung*

Art. Nr.	Menge	Einheit	Art-.Bezeichnung	Einzelpreis	Gesamtpreis
183	10	Box zu 100 St.	Latexhandschuhe, weiß, Gr. L	6,50 €	65,00 €

Vereinfachung mit Prozentfaktor: 1) 65 · 0,19 (19 : 100 = 0,19) 2) 65 · 1,19 (119 : 100 = 1,19)	Nettobetrag 65,00 € 19 % USt. +12,35 € 1) Bruttobetrag = 77,35 € 2)

Zwei Boxen wurden zu wenig geliefert, die Rechnung soll gekürzt werden. Wie hoch ist der neue Bruttobetrag?

Lösung:

alter Gesamtpreis (Nettobetrag)	*65,00 €*
– 2 Boxen zu je 6,50 €	*– 13,00 €*
= neuer Gesamtpreis (= Nettobetrag)	*= 52,00 €*
+ 19 % USt.	*+ 9,88 € 1)*
= neuer Bruttobetrag	*= 61,88 € 2)*

Vereinfacht mit Prozentfaktor:
1) 52 · 0,19 (19 : 100 = 0,19)
2) 52 · 1,19 (119 : 100 = 1,19)

8.2 Lagerhaltung

Oberziele: Bereitstellung aller Materialien für reibungslosen Praxisablauf; Lieferengpässe vermeiden

Unterziele:

1. günstige Einstandspreise
2. geringe Beschaffungsbemühungen
3. geringe Kapitalbindung
4. geringe Lagerkosten

Einspareffekt ⎯⎯⎯⎯⎯⎯⎯▶ **Zielkonflikt** ◀⎯⎯⎯⎯⎯ Kosteneffekt

Dieser Zielkonflikt zwischen den Vor- und Nachteilen einer umfangreichen Lagerhaltung ist daher **laufend zu optimieren**.

Lagerorte: Schränke, Safe, Regale, Kühlschrank, Notfallkoffer, Dachboden, Abstellraum

Lagertätigkeiten:

Aufgabengebiet	Anfallende Tätigkeiten
1. Lagerpflege	⇢ Bestandskontrolle
	⇢ Inventur
	⇢ Verfalldatum
	⇢ Chargenkontrolle
	⇢ Entsorgung abgelaufener Produkte
2. Verbrauchserfassung	⇢ Nachbestellungen
	⇢ Austragen verfallener Artikel
	⇢ umweltgerechte Entsorgung
	⇢ Anwenderzuordnung
3. Bestellvorbereitung	⇢ Fehlmengenerfassung
	⇢ Bestelltermin planen
	⇢ Artikelauswahl
	⇢ Angebotsvergleich
	⇢ Lieferantenauswahl
4. Bestellabwicklung	⇢ Bestelllisten erstellen
	⇢ Angebote einholen
	⇢ Bestellfreigabe einholen
	⇢ Bestellung versenden
5. Wareneingangskontrolle	Lieferschein, Transportschäden, offene Mängel, Mängelrüge, Verfallsdatum, Chargenerfassung
6. Einlagerung	⇢ richtigen Lagerplatz wählen
	⇢ ältere Artikel vorne, neue hinten einlagern
	⇢ Zahlungsanweisung vorbereiten

Lagergrundsätze:

⇢ übersichtlich lagern, sodass schneller Zugriff möglich
⇢ feste Lagerplätze
⇢ Lagerplan erstellen
⇢ Lagerkartei führen (Zu-/Abgänge)
⇢ alte vor neue Ware einsortieren
⇢ regelmäßige Bestandskontrolle
⇢ regelmäßige Lagerkontrolle (Aussortieren/Entsorgen nicht mehr verwendbarer Ware)

Wirtschaftliche Lagerhaltung: Kosteneinsparung durch geringe Lagerbestände und kurze Lagerdauer; mögliche **Gefahren** dabei: totes Kapital, Wertverlust, Bruch, Diebstahl

Lagerkosten einsparen:

--→ Miete: **kleineres Lager**
--→ Reinigung: **eigenes Personal**
--→ Energie: **Anbieterwechsel, LED-Lampen**
--→ Diebstahl: **Safe**
--→ Anschaffungskosten: **lange Nutzung**
--→ Brandschutz: **Feuerlöscher**

Bestellvorgänge optimieren:

--→ **Höchstbestand:** darf höchstens am Lager sein
--→ **Meldebestand:** dann muss nachbestellt werden
--→ **Mindestbestand:** muss immer vorhanden sein (zur Vermeidung von Engpässen)

8.3   Lagerung von Arzneimitteln und verpacktem Sterilgut

Lagergrundsätze für Arzneimittel:

--→ kühl, trocken, staubfrei, lichtgeschützt
--→ Kühlkette einhalten
--→ verschlossen und getrennt von übrigen Materialien
--→ alte vor neue Medikamente einsortieren (First-in-last-out-Prinzip), in Originalverpackung einsortieren
--→ Chargennummern notieren → Chargenbuch
--→ angebrochene Packungen und Flüssigkeiten prüfen
--→ Instrumente sterilisieren, einschweißen, dokumentieren

Lagergrundsätze von verpacktem Sterilgut

1. Sterilisierbehälter, Container: bis zu sechs Wochen
2. Klarsichtsterilverpackungs: bis zu sechs Monaten
3. Sterilgutdoppelverpackungen: bis zu fünf Jahren

--→ Die vertretbare Lagerdauer hängt stark ab von den Lagerbedingungen und kann daher nicht allgemeingültig festgelegt werden.
--→ Die Entscheidung liegt in der Verantwortung des Zahnarztes.
--→ Unter den üblichen Lagerbedingungen haben sich Lagerfristen von sechs Monaten bewährt.
--→ Ist die Lagerzeit abgelaufen oder die Verpackung beschädigt, muss die Hygienekette komplett erneut durchlaufen (Reinigung, Desinfektion, Sterilisation), das Medizinprodukt neu verpackt und sterilisiert werden.

--> Die aktuellen Richtlinien für die Aufbereitung von Medizinprodukten und deren Lagerung sind einzuhalten.

Regelmäßige Kontrolle: alle Lagerorte, alle Bestände, Verfallsdatum

8.4 Abfallentsorgung, -vermeidung und Umweltschutz

Abfallentsorgung

Entsorgungswege:

1. Rücknahmesystem über Dentaldepot:
   Entsorgungsbeleg per Post, Aufbewahrung: drei Jahre
2. Vertrag mit zertifiziertem Entsorgungsfachbetrieb:
   Übernahmeschein vom Fahrer, Aufbewahrung: drei Jahre
3. Entsorgung im Hausmüll (Restmüll)
4. Entsorgung über Apotheker, Hersteller
5. Mülltrennung durch Kommunen
6. Mülltrennung durch Einzelhandel

Abfallarten laut Abfallentsorgungsgesetz:

Abfallart	Art der Entsorgung
A. spitze Abfälle	
Einmalspritzen, Kanülen	--> Schutzklappe nicht wieder aufstecken --> Verletzungs- und Infektionsgefahr --> in durchsichtigen und bruchsicheren Behältern --> Entsorgung im Restmüll
extrahierte Zähne mit Amalgamfüllung	--> in dichten und verschließbaren Behältern --> Entsorgung durch Dentaldepot, Entsorgungsfachfirma
spitze und scharfe Instrumente	--> in durchstichsicheren, bruchsicheren Boxen --> Entsorgung im Restmüll
infektiöser Abfall	--> Desinfektion vor dem Abtransport --> sichere umschlossene Kennzeichnung --> Entsorgung als gefährlicher Abfall in zugelassenen Entsorgungsanlagen

Abfallart	Art der Entsorgung
Laborabfälle	⇢ Restmüll
	⇢ Schadstoffmobile
B. nicht spitzer Abfall	
Metallfolien aus Mundfilmpackungen	⇢ in Behältern sammeln
	⇢ Entsorgung durch Dentaldepot, Entsorgungsfachfirma
Blut, Watte, Schutzkleidung	⇢ in reißfestem, verschlusssicherem Foliensack
	⇢ Entsorgung im Restmüll
Medikamente	Entsorgung über Apotheker, Hersteller

Abfallvermeidung

Verwendung ökologischer Materialien:

⇢ umweltfreundliche Büromaterialien
⇢ Recyclingpapier, Einmalhandtücher
⇢ Kopierer/Drucker: recycelbare Druckerpatronen, alte Patronen im Fachhandel entsorgen
⇢ größere Mehrweg- statt Einwegartikel (außer, wo es zwingend ist)
⇢ Mundspülbecher aus Kunststoff durch Hartwegporzellan ersetzen
⇢ Dosierspender für Wasch- und Desinfektionsmittel

Papier:

⇢ elektronische Kartei statt Papierkartei
⇢ Altpapier als Notizzettel verwenden
⇢ Kontoauszüge nur wenn nötig ausdrucken
⇢ unerwünschte Werbung abweisen (Aufkleber an Briefkasten)

Verpackung:

⇢ Versandverpackung mehrmals verwenden
⇢ weniger Onlinebestellungen
⇢ Nachfüllpackungen und Konzentrate kaufen
⇢ Mülltrennung

Umweltschutz

⇢ langlebige und energieeffiziente **Elektrogeräte** kaufen (Effizienzklasse beachten)
⇢ **Kühlschrank:** regelmäßig abtauen, Tür nur kurz öffnen
⇢ **Wasserverbrauch:** Wasserhahn nicht unnötig lange laufen lassen

--> **Waschmaschine:** Maschine voll beladen, Energiesparprogramme benutzen
--> **Trockner:** seltener einsetzen, Schleuderzahl bei 1 200 bis 1 400 Umdrehungen
--> **Stromverbrauch:** Energiesparlampen (LED), Nachtstrom, Ökostrom, Anbieterwechsel
--> **Drucker:** geringer Stromverbrauch, geräuscharm, wiederverwertbare Druckerpatrone

8.5 Wartungsvertrag

Die technischen Geräte einer Zahnarztpraxis unterliegen gesetzlichen Prüfvorschriften, um ihren einwand- und störungsfreien Einsatz zu gewährleisten und Personal und Patienten zu schützen. Daher sollte ein Wartungsvertrag für die Geräte mit dem Anbieter oder einer spezialisierten Fachfirma geschlossen werden.

Werkvertrag: mit Erfolgsgarantie, Gerät muss wieder einsatzbereit sein

Gründe:

--> Erhaltung der Funktionstüchtigkeit
--> Schutz der Patienten und des Personals
--> Praxisablauf sichern
--> gesetzliche Vorgaben
--> Erhaltung der Garantieansprüche
--> Kostenersparnis für Folgereparaturen

Pflichten der Vertragspartner:

Zahnarzt	Wartungsfirma
--> vereinbarte Vergütung zahlen	--> vereinbarte Termine einhalten
--> Betriebsanleitung vorlegen	--> fehlerfreie Ausführung
--> Abnahmeprotokoll aufbewahren	--> Ersatzteile und Ersatzgeräte besorgen
	--> Abnahmeprotokoll erstellen

Wichtige Wartungsfristen:

--> Alle zwei Jahre: Autoklav, Behandlungseinheit, Feuerlöscher
--> Alle fünf Jahre: Röntgengerät

Weitere wartungspflichtige Geräte und Instrumente:

--> **Wartung durch Wartungsfirma:** Amalgamabscheider, Sterilisator, Entwicklungsautomat, Elektrotom, Reinigungs- und Desinfektionsgeräte
--> **Wartung durch ZFA:** chirurgische Instrumente, Hand- und Winkelstücke, Mundspülbecken

9   Zahlungsverkehr und Finanzierung

9.1   Zahlungsarten

9.1.1   Barzahlung

▶️ Barzahlung ist die Zahlung mit Scheinen und Münzen.

Beispiele für eine **Barzahlung** in einer Zahnarztpraxis sind der Prophylaxeshop, PZR, Eigenanteile am HKP.

--> **Vorteile des Bargeldes:** sicher, guter Überblick, Wechselgeld
--> **Nachteile des Bargeldes:** Diebstahlgefahr, Falschgeld, umständlich

Quittung

Eine **Quittung** dient als Beweismittel für die Leistung einer Zahlung.

Bestandteile einer handschriftlichen Quittung:

--> Betrag ohne USt.
--> USt.-Betrag
--> Betrag mit USt. (in Zahlen)
--> Betrag in Worten (gilt bei Abweichung zum Betrag in Zahlen)
--> Grund der Zahlung
--> Empfangsbestätigung
--> Name des Zahlers
--> Ort, Datum, Unterschrift des Empfängers, Stempel

Gründe für das Ausstellen einer Quittung: Zahlungsbeweis, Eigentumsbeweis, Garantie, Buchungsbeleg, Umtausch, Reklamation

Kassenbuch

Im **Kassenbuch** werden die Bareinnahmen und -ausgaben der Praxis erfasst.

--> Barein- und -auszahlungen (z. B. PZR, Praxisbedarf)
--> Ermittlung der Summe der Tagesbareinnahmen und -barausgaben des Kassenbestandes und evtl. Fehlbeträge
--> **im Praxiseinnahmen- und -ausgabenbuch**
--> Erfassung der betrieblichen Einnahmen und Ausgaben (z. B. Privatliquidation, Honorar der KVZ, Gehälter, Miete)
--> Vorlage beim Finanzamt
--> Kostenkontrolle

Regeln bei der Führung des Kassenbuchs:

--→ Einnahmen und Ausgaben einzeln und in chronologisch richtiger Reihenfolge erfassen

--→ Datum, Beleg-Nr., Grund, Betrag eintragen

--→ Eintragungen müssen lesbar und mit einem nicht löschbaren Stift vorgenommen werden (blauen Kugelschreiber verwenden → dokumentenecht)

--→ keine leeren Zeilen zwischen den Buchungen

--→ Für jede Ausgabe muss ein Beleg vorhanden sein

--→ Belege fortlaufend nummerieren

--→ Verbesserungen lesbar durchstreichen

--→ täglich zu führen (auch elektronisch möglich)

9.1.2 Halbbare Zahlung

Bei der **halbbaren Zahlung** ist aufseiten eines Beteiligten ein Bankkonto nötig. Der Zahler zahlt z. B. bar auf das Konto des Empfängers ein.

Formen der halbbaren Zahlung: Barscheck, Zahlschein, Reisescheck

Sonderform Nachnahme:

--→ **Grundsatz:** Ware gegen Bezahlung

--→ **Kosten:** Rechnungsbetrag, Porto, Nachnahmegebühr

--→ **Beispiele:** Versandhäuser, Patienten in der 3. Mahnung

--→ **Vorteile:** sofortige Zahlung, sicher, keine Mahnkosten

9.1.3 Bargeldlose Zahlung

Zahler (Schuldner) und Empfänger (Gläubiger) haben ein Girokonto.

Verrechnungsscheck

--→ wird fast nur noch von Unternehmen verwendet

--→ Einreicher des Schecks bekommt Betrag vom Konto des Ausstellers auf sein eigenes überwiesen

SEPA-Überweisungen

Der Kontoinhaber weist mit der SEPA-Überweisung sein Kreditinstitut an, eine einmalige Zahlung auf das Konto eines bestimmten Empfängers zu überweisen. Einzutragen sind:

--→ Verwendungszweck

--→ Kunden- oder Rechnungsnummer

--→ Rechnungsdatum

--→ **IBAN** = internationale Konto-Nummer (22-stellig; enthält ein Länderkennzeichen, eine 2-stellige Prüfziffer, die ehemalige Bankleitzahl und die ehemalige Kontonummer)

--→ **BIC** = internationaler Bankidentifizierungscode (zwingend bei Auslandsüberweisungen)

Dauerauftrag

Der Kontoinhaber weist mit einem Dauerauftrag sein Kreditinstitut an, einen gleichbleibendem Betrag regelmäßig (z. B. monatlich, vierteljährlich) zu einem festgelegten Termin auf das Konto eines bestimmten und ebenfalls gleichbleibenden Empfängers zu überweisen (z. B. Sparen, Miete).

SEPA-Lastschrift (Bankeinzug)

Der Empfänger darf das Geld vom Konto des Zahlers abbuchen, welcher ihn per SEPA-Lastschriftmandat dazu ermächtigt (z. B. Strom, Telefon).

Vorteile: bequem, pünktliche Zahlung, keine Mahnkosten

Elektronischer Zahlungsverkehr

--→ **Onlinebanking:** Bankgeschäfte werden von zu Hause aus mittels Computer auf der Internetseite der Bank erledigt. Die Anmeldung auf der Internetseite der Bank erfolgt durch Eingabe von **PIN** (Geheimnummer), **Passwort** und **TAN** (Transaktionsnummer). Mit der PIN meldet man sich an. Die TAN ist nur einmal pro Überweisung gültig und kann per SMS oder per TAN-to-Go-App zugesandt oder mit einem Generator erzeugt werden.

--→ **Homebanking:** Bankgeschäfte werden von zu Hause aus mittels Computer und einer speziellen Software abgewickelt. Die Software kann die Konten verschiedener Banken verwalten (multibankfähig) und offline betrieben werden.

--→ **Mobilbanking:** Bankgeschäfte können auch unterwegs mittels Smartphone erledigt werden. Auch zur drahtlosen Zahlung geeignet.

Vorteile des elektronischen Zahlungsverkehrs: jederzeit nutzbar, keine Wartezeiten, preiswert

Bankkarte (Debitkarte, girocard)

--→ von einem Kreditinstitut ausgegebene Karten auf Guthabenbasis

--→ Bezahlen an der Kasse durch PIN-Eingabe

--→ Varianten: V-Pay, Maestro, girogo

--→ kontaktloses Bezahlen kleiner Beträge möglich

--→ Vorteile: einfach, sicher, schnell

Elektronic Cash

--→ POS (Point of Sale, Zahlung im Geschäft): ohne Zahlungsgarantie
--→ ECC (Electronic Cash mit Chip): mit Zahlungsgarantie
--→ ELV (elektronisches Lastschriftverfahren): ohne Zahlungsgarantie
   Ablauf ELV: Kunde gibt Karte ein → Verkäufer gibt den zu zahlenden Betrag ein →
   Kunde gibt PIN ein → Kunde bestätigt Betrag → Kunde erhält Durchschrift (Quittung)
--→ Vorteile: einfach, schnell, kein Bargeld nötig, mit Zahlungsgarantie (ECC)
--→ Nachteile: ohne Zahlungsgarantie (POS, ELV) unsicher, Anschaffungskosten
   Lesegerät, monatliche Gebühr

Geldkarte

Die **Geldkarte** (elektronische Geldbörse) wird zur Zahlung kleinerer Beträge benutzt. Die
Bezahlung erfolgt mittels eines vorher eingezahlten Guthabens, welches auf dem Chip
der Karte gespeichert ist (maximal 200,00 €). PIN oder Unterschrift sind nicht nötig.

Kreditkarte

Kreditkarten werden von Kreditkartenunternehmen (VISA Card, Mastercard, Ameri-
can Express u. a.) ausgegeben und sind zumeist weltweit gültig. Die Kreditgewährung
erfolgt auf einem gesonderten Konto, wofür zusätzliche Gebühren anfallen. Die Belas-
tungen werden gesammelt und monatlich abgerechnet.

ePayment (Online-Bezahlverfahren)

Unter **ePayment** sind die Möglichkeiten der Zahlungsabwicklung über das Internet zu
verstehen. Ausgelöst werden sie durch einen Klick auf den Kaufbutton.

--→ Zahlungsmethoden: PayPal, paydirekt, giropay, Sofortüberweisung/Klarna u. a.
--→ Vorteile: schnell, einfach, sicher
--→ Nachteile: unterschiedlich hohe Gebühren, Datendiebstahl

9.2 Finanzierung

9.2.1 Kreditarten

Es wird unterschieden zwischen Krediten **ohne Kreditvertrag** (Lieferantenkredit, Dispositionskredit) und Krediten **mit Kreditvertrag** (Ratenkredit).

--→ **Lieferantenkredit** (Warenkredit): Der Lieferant gewährt ein Zahlungsziel für die
   Begleichung der Rechnung (z. B. „30 Tage netto" = Zahlung 30 Tage nach
   Lieferung). Für vorherige Zahlung innerhalb einer Skontofrist kann ein Skonto
   gewährt werden.

--→ **Dispositionskredit** (Überziehungskredit): Das Kreditinstitut gewährt einen kurzfristigen Kredit (mit Kreditlinie) auf das Girokonto, welcher durch Geldeingang auf das Konto ausgeglichen wird. Der Dispositionskredit ist gültig bis zum Widerruf und mit hohen Überziehungszinsen belegt.

--→ **Ratenkredit** (Anschaffungsdarlehen): langfristiger Bankkredit, der in zeitlich genau festgelegten, gleichbleibenden Teilbeträgen zurückgezahlt wird. Er eignet sich für größere Anschaffungen. Als Sicherheit für das Kreditinstitut können Wertgegenstände, Bürgen oder Gehaltsabtretungen dienen.

9.2.2 Kreditvertrag

Durch einen **Kreditvertrag** verpflichtet sich ein Kreditinstitut zur Gewährung eines Kredits zu vereinbarten Konditionen.

--→ bei mehreren Banken vorher Zinsen und Gebühren vergleichen
--→ bei der günstigsten Bank evtl. nachverhandeln

Inhalt eines Kreditvertrags: Kreditsumme, Höhe der Raten, Zahlungstermin, Laufzeit, Bearbeitungsgebühren, Zinssatz (nominal/effektiv)

Kreditverträge sind ab einer Kreditsumme von 200,00 € **schriftlich** zu fassen, ein **Widerruf** ist innerhalb von 14 Tagen möglich.

9.2.3 Leasing

Ein Objekt/eine Ware wird vom Leasinggeber finanziert und beschafft und einem Leasingnehmer gegen Zahlung einer monatlichen Rate zur Nutzung übergeben.

--→ **Vorteile:** Rücknahme z. B. veralteter Geräte nach der Mietdauer, keine zusätzlichen Wartungskosten
--→ **Nachteile:** Leasinggeber ist Eigentümer, Praxis nur Besitzer; Restkaufpreis nach der Mietdauer

9.2.4 Factoring

Ein Factoring-Unternehmen kauft im Rahmen eines Pauschalvertrags Patientenforderungen (Rechnungen) der Praxis an, bezahlt die Kaufpreise sofort und übernimmt die Rechnungsstellung und das Risiko eines Zahlungsausfalls.

Privatärztliche Verrechnungsstellen (PVS): Dienstleister, die Rechnungserstellung, Forderungseinzug und Mahnung für Zahnarztpraxen übernehmen

Vorteile: weniger Zeitaufwand, weniger Mahnkosten, mehr Zeit für die Patienten

10 Aufbau- und Ablauforganisation, Mitarbeiterführung, Zeitplanung

10.1 Aufbauorganisation

--→ beschreibt die Zuständigkeiten und Verantwortungsbereiche einer Praxis

--→ beschreibt die hierarchischen Beziehungen zwischen den Stellen

--→ wird in einem Organigramm dargestellt

--→ für jede Stelle gibt es eine Stellenbeschreibung

Betriebshierarchie: beschreibt die Führungsstruktur eines Betriebes (meist in Form einer Pyramide); Weisungsbefugnis nimmt von unten nach oben zu

Bildung von Aufgabenbereichen:

1. **Aufgabenanalyse:** Zerlegung der Gesamtaufgabe eines Betriebes in Teilaufgaben → Bildung von Arbeitsbereichen (z. B. Anmeldung, Assistenz, Sterilisation, Prophylaxe usw.)

2. **Aufgabensynthese:** Zusammenfassung der ermittelten Teilaufgaben zu Aufgabenbereichen → Anmeldung: Terminvergabe, Telefondienst usw.

3. **Stellenbildung:** Zuordnung von Personen zu den jeweiligen Aufgabenbereichen → Dr. Roth: Behandlung; Ute: Anmeldung; Pia: PZR

Stellenbeschreibung: Beschreibung der Ausgestaltung eines eng begrenzten Arbeitsbereiches, z. B. Zuständigkeiten, Stellenbezeichnung, Arbeitsbereich, Vollmacht, Voll-/Teilzeit, Stelleneinordnung, Stellenaufgaben, Anforderungen, Gehalt usw.

10.2 Ablauforganisation

Die Ablauforganisation legt die Arbeitsabläufe und Informationsprozesse fest.

Die Sicherung der Leistungsbereitschaft erfordert ein System von betrieblichen Regelungen:

--→ **Organisation:** generelle Regelungen → immer wiederkehrende Tätigkeiten, z. B. WSR, Ost, O1 usw.
--→ **Disposition:** fallweise Regelung in Abhängigkeit von der Situation, z. B. Patientenandrang, Pufferzeiten für Schmerzpatienten, Mahnungen für offene Rechnungen bei Stamm- und Neupatienten, Zahlungsmodalitäten bei Privatpatienten usw.
--→ **Improvisation:** spontane Entscheidungen, z. B. bei unvorhersehbaren Zwischenfällen, Notfällen, Ausfall eines Gerätes, unerwarteten Blutungen, Erkrankung einer Kollegin, Angstpatienten usw.

Formelle und Informelle Organisation:
Unwägbarkeiten im Praxisteam erfordern spontane Absprachen und Änderungen, ohne die Zahnärzte damit zu belasten. Das erfordert Flexibilität, Übersicht und Teamfähigkeit.

--→ **Formelle Organisation:** klare Organisationsstruktur mit festgelegten Arbeitsabläufen und Arbeitsbereichen, Weisungsbefugnissen und Zuständigkeiten
--→ **Informelle Organisation:** soziale Strukturen der Betriebsmitglieder, zwischenmenschliche Beziehungen, soziales Miteinander

10.3 Mitarbeiterführung und Ablaufplanung

10.3.1 Weisungssysteme

▶ Ein **Weisungssystem** beschreibt, von welchen Stellen Mitarbeiter Weisungen erhalten.

Unterschieden werden:

--→ **Einliniensystem:** ein Vorgesetzter erteilt Weisungen → Einzelpraxis
  Vorteil: klare Struktur; Nachteil: wenig flexibel
--→ **Mehrliniensystem:** mehrere Vorgesetzte erteilen Weisungen →
  Praxisgemeinschaft + Gemeinschaftspraxis (Berufsausübungsgemeinschaft)
  Vorteil: anpassungsfähig; Nachteil: fehlende Abstimmung

10.3.2 Führungsstil

▶ Unter **Führungsstil** versteht man den Umgang der Vorgesetzten mit ihren Angestellten (Wahrnehmung der Führungsaufgaben, Ausübung der Führungskompetenzen).

Es gibt verschiedene Arten von Führungsstilen:

⇢ **Laissez faire:** weitgehender Verzicht des Eingreifens der Führungskraft in die Arbeitsabläufe. Die Mitarbeiter handeln und entscheiden nach eigenem Ermessen und kontrollieren sich innerhalb des Teams.
Vorteil: keine Kontrolle nötig; Nachteil: eventuell Chaos
⇢ **Autoritär:** Die Führungskraft hat die alleinige Entscheidungs- und Weisungskompetenz. Die Mitarbeiter haben die Weisungen zu akzeptieren und auszuführen.
Vorteil: klare Struktur; Nachteil: starke Kontrolle
⇢ **Demokratisch (kooperativ):** Die Führungskraft beteiligt die Mitarbeiter an Entscheidungen, Ausführung und Kontrolle (Mitbestimmung).
Vorteile: Teamarbeit, Wertschätzung der Mitarbeiter; Nachteil: zeitaufwendig

10.3.3 Teamarbeit

▶ Bei der **Teamarbeit** bearbeiten mehrere Mitarbeiter arbeitsteilig Aufgaben und organisieren ihre Zusammenarbeit weitestgehend selbst.

Bei der Arbeit im Team ist es üblich, dass **Teamgespräche** stattfinden. Unterschieden werden:

⇢ **Kurzbesprechungen** (Meeting, Briefing): kurze tägliche Treffen vor Arbeitsbeginn (Besprechung von Tagesproblemen)
⇢ **Teambesprechungen** (Teamsitzungen): regelmäßige Treffen (Besprechung von Neuerungen, Problemen im Team usw.)

Organisatorische Voraussetzungen von Teamsitzungen:

⇢ regelmäßige Durchführung (z. B. alle 14 Tage, alle vier Wochen)
⇢ feste Dauer
⇢ für alle Mitarbeiter (ZÄe, ZFAs, Teilzeitkräfte, Auszubildende)
⇢ störungsfrei (keine Handys, keine Privatgespräche)

Vorbereitungen:

--→ Moderator/-in und Protokollführer/-in festlegen
--→ Agenda vorbereiten (Themen sammeln, Prioritäten setzen, Tagesordnung vorab verteilen)
--→ angenehme Atmosphäre schaffen (Imbiss, Getränke)

Durchführung:

--→ Begrüßung/Eröffnung
--→ Anwesenheitskontrolle
--→ Agenda abarbeiten
--→ für anliegende Aufgaben Verantwortlichkeiten und Zeitrahmen festhalten
--→ keine Endlosdiskussionen und Abschweifungen
--→ Dauer einhalten
--→ Protokoll führen

Nachbereitung:

--→ Protokoll schreiben und verteilen
--→ Ergebnisprotokoll

Verhaltensweisen der Teammitglieder bei Teamgesprächen: ausreden lassen, aktiv zuhören, nachfragen, sachlich argumentieren, nützliche Vorschläge machen, individuelle Probleme im 4-Augen-Gespräch klären, bei Konflikten einem anderen eine Brücke bauen, sich nicht auseinanderdividieren lassen

Vorteile von Teambesprechungen:

--→ Kennenlernen von gegenseitigen Problemen
--→ im kleinen Kreis Probleme offen ansprechen
--→ Zusammenhalt fördern
--→ neue Ideen finden, erörtern, fördern

10.4   Zeitplanung

10.4.1   Terminplanung

Eine effektive **Terminplanung** erhöht die Zufriedenheit von Patienten und Mitarbeitern und steigert die Effizienz der Behandlungsabläufe in der Zahnarztpraxis.

Planbare und nicht planbare Ereignisse in der Zahnarztpraxis

	Planbar	Nicht planbar
Patient	→ Sprechzeiten → längere Untersuchungen → Pufferzeiten → Terminvergabe → Recall	→ Absagen → Schmerzpatienten → Patientenandrang
Mitarbeiter	→ Arbeitsverträge → Arbeitszeiten → Abwesenheit → Azubi → Urlaub → Mutterschutz → Elternzeit	→ kurzfristige Erkrankung → Sonderurlaub
Räume, Geräte	→ Renovierung → Reinigung → Wartung	→ Stromausfall → PC-Absturz → Katastrophen

Bestellsysteme

Terminsprechstunde (Bestellpraxis): feste Termine, Behandlung in Reihenfolge der Termine

→ Vorteile Patient: minimale Wartezeiten, Zufriedenheit
→ Vorteile Praxis: gleichmäßige Personal- und Raumauslastung, Materialvorbereitung, weniger Stress

Offene Sprechstunde: freie Terminwahl, ohne Anmeldung

→ Vorteil Patient: flexible Planung
→ Vorteile Praxis: keine Terminplanung, mehr Patienten

Halboffene Sprechstunde: feste Termine und freie Terminwahl

→ Vorteile Patient: kurze Wartezeiten, Abendsprechstunde (z. B. für Berufstätige)
→ Vorteile Praxis: Wartezeit durch Terminvergabe steuern, weniger Stress

Planungsgrundsätze bei der Patientenbehandlung

Hilfsmittel der Terminierung:

--→ Terminplanung am PC (schnell, übersichtlich, leicht zu ändern)
--→ Erkrankung, Behandlungsart, Behandler, Datum, Uhrzeit eintragen

Terminvergabe:

--→ Termine für Spezialunteruntersuchungen blocken
--→ Pufferzeiten einrichten
--→ Lücken im Terminplaner lassen, Akutsprechstunde einrichten
--→ Termine überwachen, ohne Termin mit Wartezeit
--→ Ein Zahnarzt muss immer anwesend sein.
--→ Tagesplan erstellen (Terminplan für den jeweiligen Behandlungstag in jedem Behandlungszimmer auslegen)
--→ Terminblöcke für einzelne Behandlungen erstellen (enthält Behandlungsschritte in Minuten und Planung der Folgetermine)

Probleme der Terminierung:

--→ pünktlich beginnen, Pausenzeiten beachten
--→ Behandlungsräume möglichst parallel besetzen, keine Leerstände
--→ Wartezeiten vermeiden (weniger Patienten, Lücken füllen, Termine vergeben)
--→ wartende Patienten beruhigen (freundlich die Situation erklären, um Verständnis bitten, um späteres Wiederkommen bitten)
--→ Warteliste führen
--→ Absprachen bei Zeitüberschreitungen durch ZÄe treffen

Ablauf der Terminplanung

1. Grund der Anfrage ermitteln (Schmerzbehandlung, O1, PZR, ZE usw.)
2. Dringlichkeit bei Schmerzpatienten prüfen (Schmerzanamnese)
3. Patienten mit starken Schmerzen und Kinder sofort einbestellen
4. Wünsche des Patienten erfragen
5. Erfordernisse der Praxis beachten (Behandlungsdauer, Abwesenheit der Behandler)
6. Termin festlegen, im Terminplaner notieren
7. Patienten auf die Erfordernisse des Termins hinweisen (Wartezeit)
8. GKV-Patienten an eGK, Überweisung (KFO) erinnern
9. Termin wiederholen, Terminzettel mitgeben

Recall

Recall ist das System einer regelmäßigen Terminerinnerung (z. B. bei 01, PZR, ZE, Nachsorgetermine, Risikopatienten).

--> **Organisation:** Erfassung im PC, Liste regelmäßig ausdrucken; nach Datum sortierte Karteikarten regelmäßig prüfen
--> **Durchführung:** per Anruf, E-Mail, SMS
--> **Datenschutz:** Einwilligung des Patienten erforderlich, keine Postkarte versenden
--> **Vorteile Patient:** kein Vergessen von Terminen, bessere Zahngesundheit
--> **Vorteile Praxis:** bessere Auslastung, Patientenbindung

10.4.2 Dienstpläne

Bei der Gestaltung der Dienstpläne sind verschiedene Dinge zu berücksichtigen: Arbeitszeitmodelle der Mitarbeiter, Urlaub, Krankheit usw.

--> Wochenpläne (Dienstpläne), Jahrespläne (Fortbildung, Urlaub) erstellen
--> Reservezeiten für unvorhersehbare Ausfälle einplanen
--> Notdienst mit dem Praxisteam, mit Vertretungspraxen und mit der KZV planen
--> Absprachen bei unvorhersehbaren Ereignissen (z. B. Erkrankung) treffen

Arbeitszeitmodelle: z. B. Vollzeit, Teilzeit, Schichtarbeit, Jobsharing, Gleitzeit

Vor- und Nachteile einiger Arbeitszeitmodelle:

	Vorteile	Nachteil
Teilzeit	Nebenverdienst, Zeit für Familie	weniger Geld
Jobsharing	Kontakt zu Kollegen, Berufserfahrung	Abstimmungsprobleme mit Kollegen
Gleitzeit	begrenzte freie Zeiteinteilung	Abstimmungsprobleme mit Kollegen

Die Dienstplangestaltung sollte immer unter Einbeziehung der Mitarbeiter und ihrer individuellen Bedürfnisse erfolgen und fair miteinander abgestimmt werden. Die Erfordernisse der Praxis und die Bedürfnisse der Patienten haben aber immer Vorrang.

Formen der Arbeitsorganisation

Jobrotation: systematischer Arbeitsplatz- oder Aufgabenwechsel innerhalb des Betriebes (breites Wissen der Mitarbeiter, Abwechslung, Möglichkeit der Stellenvertretung im Dienstplan)

Spezialisierung: fester Arbeitsplatz (Fachwissen, Routine → Stellenvertretung im Dienstplan schwer möglich)

10.4.3 Urlaubsplanung

Bei der **Urlaubsplanung** ist es notwendig, ausgleichend zwischen den persönlichen Bedürfnissen der Mitarbeiter und den Erfordernissen der Praxis zu vermitteln.

Kriterien für den Interessenausgleich:

--→ Vorrang betrieblicher Belange
--→ Eltern schulpflichtiger Kinder/Azubis (Urlaub in Schulferien)
--→ Kinderlose außerhalb der Schulferien
--→ Dienstalter
--→ Urlaub mit Partner koordinieren
--→ vertragliche Vorgaben
--→ Gesetzliche Vorgaben:
  • mindestens einmal 14 Tage am Stück
  • mindestens 24 Werktage
  • Mehrurlaub möglich
  • Resturlaub bis 31.03. des Folgejahres
--→ Wartezeit bis zum vollen Jahresurlaub: sechs Monate

Anteiliger Urlaub: Mitarbeiter ist nur einen Teil des Jahres beschäftigt (z. B. am 01.03. eingestellt); 1/12 pro Monat (auf-/abrunden)

Beispiel: *Mitarbeiter ist fünf Arbeitsmonate beschäftigt bei 24 Werktagen Jahresurlaub. 24 Werktage : 12 Monate · 5 Monate = 10 Werktage*

Nachschlagemöglichkeiten zur Ermittlung der Urlaubsdauer: Ausbildungsvertrag, Arbeitsvertrag, Jugendarbeitsschutzgesetz (JArbSchG), Bundesurlaubsgesetz (BUrlG), Manteltarifvertrag

Erkrankung im Urlaub: Bei vorliegender AU werden die Krankheitstage nicht zum Urlaub gerechnet. Die durch Krankheit verlorenen Urlaubstage müssen zu gegebener Zeit nachgewährt werden. Eine eigenmächtige Verlängerung führt zur fristlosen Kündigung.

Urlaubsentgelt: Arbeitsentgelt wird während des Urlaubs weitergezahlt

Urlaubsgeld: Sonderzahlung zusätzlich zum Arbeitsentgelt

Sonderurlaub: zusätzlich zum gesetzlichen Urlaub gewährt, z. B. beim Tod eines Verwandten ersten Grades (Vater, Mutter, Ehepartner, eigenes Kind) oder der eigenen Hochzeit

Bildungsurlaub: dient der politischen und beruflichen Weiterbildung, durch Landesgesetze der Bundesländer geregelt

11 Qualitätsmanagement (QM)

11.1 Grundgedanken

-→ Das Qualitätsmanagement umfasst alle Maßnahmen, die es ermöglichen, die Dienstleistungen bestmöglich zu erbringen.
-→ Ziele: Patientenzufriedenheit, klare Zuständigkeiten, fehlerfreie Arbeitsabläufe
-→ Leitbild: fasst Werte, Überzeugungen, Mission (Lage der Praxis, Aufgabe/Zweck, besondere Stärken), Vision (lang- und kurzfristige Ziele) und Praxiskultur zusammen
  → Orientierungshilfe für das Verhalten der Praxismitarbeiter
  → sollte daher vom Praxisteam erstellt werden

11.2 QM-Systeme

Der Gesetzgeber legt den ZA auf keines der angebotenen QM-Systeme fest. Nach der Richtlinie des Gemeinsamen Bundesausschusses (G-BA) sind Vertragszahnärzte dazu verpflichtet, ein **einrichtungsinternes** Qualitätsmanagement einzuführen und weiterzuentwickeln. Die Richtlinie soll auch ermöglichen, dass Vertragszahnärzte ein QM für ihre Praxis individuell entwickeln können.

11.3 Grundelemente des einrichtungsinternen QM

-→ die Erhebung und Bewertung des Ist-Zustandes, z. B. durch Patienten- und Mitarbeiterbefragung
-→ die Definition von Zielen
-→ fehlerfreie Abläufe, Patienten- und Mitarbeiterzufriedenheit
-→ die Beschreibung von Prozessen und Verantwortlichkeiten durch Ablaufpläne zum Beschwerdemanagement, Checklisten und Organigramme
-→ Ausbildung und Anleitung aller Beteiligten
-→ Durchführung von Änderungsmaßnahmen
-→ erneute Erhebung des Ist-Zustands
-→ die praxisinterne Rückmeldung über die Wirksamkeit von QM-Maßnahmen

11.4 Qualitätsbereiche

Begriff „Qualität": eine Eigenschaft → möglichst gute Leistungen des ZAs und der ZFA, Praxisausstattung usw.

-→ Strukturqualität: Qualität der Leistungserbringung (z. B. Standort, moderne Räume, gute Geräteausstattung, hohe Personalkompetenzen)

--» Prozessqualität: Optimierung der Arbeitsabläufe (vom Patientenempfang bis zum Behandlungsabschluss)

--» Ergebnisqualität: Überprüfung des Behandlungsergebnisses (objektiv: hoher Heilungserfolg, Schmerzlinderung; subjektiv: Patientenzufriedenheit mit Behandlung)

11.5 Qualitätsverbesserung (PDCA-Zyklus)

Management-Kreislauf zur stetigen Verbesserung von Praxisabläufen, umfasst vier Elemente:

1. **P**lan: Ziele zur Verbesserung planen (To-do-Liste, ungeordnete Aufzählung von Tätigkeiten und Zielen)
2. **D**o: durchführen; Umsetzung der geplanten Maßnahmen
3. **C**heck: Überprüfen der Auswirkungen
4. **A**ct: handeln; bei Erreichen der Qualitätsziele → neuen Praxisablauf als Standard etablieren; bei Nichterreichen: Verbesserungspotentiale aufspüren, dann Zyklus neu beginnen

11.6 Hilfsmittel

--» Verfahrensanweisung: Beschreibung von Arbeitsbereichen (Aufzählung von Tätigkeiten an der Anmeldung)

--» Arbeitsanweisung: schrittweise Festlegung eines Arbeitsablaufs (Postbearbeitung, Röntgen)

--» Checkliste: Prüfliste zum Abhaken, Fragenkatalog, Vorteile: schnelle Einarbeitung, nichts vergessen, einheitliche Arbeitsabläufe (Terminvergabe, Ausdrucken von Formularen, Postbearbeitung)

--» Flussdiagramm: bildhafte Darstellung eines Arbeitsablaufs mit Symbolen

11.7 Mitarbeiterzufriedenheit

Gestaltungsbereiche

--» Gehalt, Extras

--» Urlaubsdauer, Sonderzahlung

--» geregelte Arbeits- und Pausenzeiten

--» regelmäßige Fort- und Weiterbildung

--» besseres Sozialklima

Durchführung

--» Einzelvereinbarungen

--» Teambesprechungen

--→ Fortbildungsplan

--→ gemeinsame außerdienstliche Veranstaltungen

11.8 Patientenzufriedenheit

Patientenbefragung

--→ Allgemeine, grundlegende Schritte

1. Allgemeine Vorüberlegungen
2. Gestaltung des Fragebogen
3. Probelauf
4. Durchführung
5. Auswertung
6. Verbesserung
7. Information der Patienten

Mögliche Fragen

--→ Wie zufrieden sind Sie mit der

1. Terminvergabe
2. Betreuung durch das Praxisteam
3. zahnärztlichen Behandlung

--→ Was gefällt Ihnen an unserer Praxis besonders gut?

--→ offene Fragen (Kritik/Lob)

--→ Statistische Daten zur Person

11.9 Beschwerdemanagement

--→ standardisierte Erfassung von Beschwerden

--→ Beschwerde: Unmutsäußerung über z. B. zu lange Warte- und Behandlungszeiten, Unfreundlichkeit, mangelnde Kompetenz u. a.

--→ Erfassen der Beschwerde: zunächst mündlich, dann schriftlich; Name, Datum, Anlass, Analyse der Beschwerde; künftige Fehlervermeidung, ggf. in Team-Sitzung ansprechen und Patienteninformation

--→ Richtiges Verhalten der ZFA: freundlich, sachlich bleiben, einfache Lösung suchen, Problem schnell lösen

--→ Verhalten bei unberechtigten Beschwerden: freundlich, sachlich, ruhig bleiben, ggf. an ZA verweisen

--→ Chancen einer Beschwerde: Patientenzufriedenheit erhöhen, optimale Arbeitsab-läufe, Fehlervermeidung

11.10 Dokumentation

Die Dokumentation erfolgt in einem QM-Handbuch, in welchem Ziele, Zuständigkeiten, allgemeine Verfahrensabläufe, Vorgehensweisen, Musterdokumente zusammengetragen werden. Dieses wird vom Zahnarzt und dem QM-Beauftragten erstellt und regelmäßig aktualisiert.

11.11 Außendarstellung

--→ Audit: Überprüfung der Qualitätsstandards durch ein unabhängiges Zertifizierungsunternehmen zur Erlangung eines Zertifikats
--→ Zertifikat: Urkunde über die Einhaltung der Qualitätsstandards, drei Jahre gültig
--→ Werbung in der Praxis oder am Praxisschild erlaubt
--→ Zertifizierung: Prüfverfahren durch eine Akkreditierungsstelle

12 Schriftgutbearbeitung

12.1 Versendungsformen

Briefformen der Deutschen Post AG:

Briefe	Gewicht	Maximale Anzahl Blätter	Briefhülle
Standardbrief	bis 20 g	3	C6/B6/DL
Kompaktbrief	bis 50 g	8	C6/B6/DL
Großbrief	bis 500 g	95	C5/B5/C4
Maxibrief	bis 1000 g	190	C5/B5/C4

Weitere Versandmöglichkeiten und Services der Deutschen Post DHL-Group: Postkarte, DHL Infopost, Dialogpost, Postaktuell, Responseplus

Varianten des Briefversandes mit der Zusatzleistung Einschreiben der Deutschen Post DHL-Group:

--→ **Einschreiben Standard:** persönliche Zustellung nur gegen Unterschrift an den Empfänger oder einen Empfangsberechtigten (z. B. Ehefrau)

--→ **Einschreiben Einwurf:** Post bestätigt Einwurf in den Briefkasten oder das Postfach des Empfängers

--→ **Einschreiben Eigenhändig:** persönliche Zustellung nur gegen Unterschrift an den Empfänger oder einen schriftlich Bevollmächtigten

--→ **Einschreiben Rückschein:** persönliche Zustellung nur gegen Unterschrift an den Empfänger oder einen Empfangsberechtigten; mit Postvollmacht, Empfangsbestätigung (roter Rückschein; vorher vom Absender auszufüllen) wird dem Absender zugestellt

--→ **Einschreiben Eigenhändig Rückschein:** persönliche Zustellung nur gegen Unterschrift an den Empfänger oder einen schriftlich Bevollmächtigten; Empfangsbestätigung wird dem Absender zugestellt

--→ **Einschreiben Wert:** Gegenstände bis 500,00 €; Bargeld bis 100,00 €

Eilige Briefe können mit dem Service DHL ExpressEasy National versendet werden (garantierte Zustellung am nächsten Tag; Abholung des Sendung, Transportversicherung in zwei Wertstufen bis 2.500,00 € und bis 25.000,00 € möglich).

Kleingutsendungen:

--→ Bücher- und Warensendung (Geschäftskunden: „Warenpost")

--→ **Päckchen:** bis 2 kg

--→ **Paket:** bis 31,5 kg (Schadenersatz bei Verlust oder Beschädigung: bis 500,00 €, jedoch max. den Wert der Sendung)

12.2 Briefbearbeitung

Aufbau eines Briefes:

--→ **Briefkopf:** Postanschrift des Absenders, Postanschrift des Empfängers, Ort und Datum
--→ **Betreffzeile:** Betreff (worum geht es in dem Brief)
--→ **Anrede**
--→ **Anschreiben:** Einleitung, Hauptteil, Schluss
--→ **Grußformel:** Beenden des Briefes mit Grußformel und Unterschrift → eventuell Anlage- und Verteilervermerk → eventuell Postskriptum (Nachtrag)

Faltung eines Briefes:

--→ Einfachfaltung (Halbfaltung)
--→ Kreuzfaltung (Viertelfaltung)
--→ Zickzackfaltung (Drittelfaltung längs für DL)
--→ Wickelfaltung mit Zickzack (Drittelfaltung mit Papierlage umklappen für C6)

12.3 Postbearbeitung

Ablauf Posteingang:

1. Zustellung	Postbote, Postfach
2. Vorsortieren	nach Privat (ungeöffnet)/Praxispost; Zeitschriften/Kataloge gesondert; Irrläufer/Werbung aussortieren
3. Öffnen	Ausnahmen: Privatpost und als persönlich gekennzeichnete Sendungen
4. Kontrollieren	auf Restinhalte, Anlagen; Fehlendes nachfordern
5. Stempeln	Datum → lesbar, korrekt, in Höhe des Anschriftenfeldes
6. Sortieren	in Mappen, Körbe
7. Verteilen	an Behandler
8. Weiterbearbeiten	prüfen, bezahlen, einscannen, Karteikarte heraussuchen

Ablauf Postausgang:

1. Sammeln der Dokumente	in Unterschriftenmappe
2. Kontrolle	auf Vollständigkeit, Richtigkeit, Sprache, Sauberkeit
3. Ablage der Briefkopie	in Ordner, einscannen
4. Falten (Falzen)	Einfachfaltung, Kreuzfaltung, Zickzackfaltung, Wickelfaltung
5. Kuvertieren + Schließen	Briefhülle auswählen, beschriften, Brief einlegen + schließen
6. Sortieren	nach Versandarten
7. Wiegen	und gegebenenfalls abmessen
8. Frankieren	passendes Porto, unfrei
9. Abgabe	

Privatpost	Praxispost
Briefe mit der Adressierung	Briefe mit der Adressierung
⇢ eigenhändig", „persönlich";	⇢ Praxis Dr. Grau (Name der Praxis zuerst),
⇢ Ute Weiß	⇢ z. Hd. Ute Weiß
Praxis Dr. Grau (Name des Empfängers zuerst) dürfen nicht von den Mitarbeitern geöffnet werden.	dürfen die Mitarbeiter öffnen.

Postvollmacht: Durch eine Postvollmacht werden Mitarbeiter ermächtigt, Sendungen entgegenzunehmen, die eigentlich nur vom Praxisinhaber in Empfang genommen werden dürften.

12.4 Wertstufen des Schriftgutes

⇢ **Tageswert:** z. B. Werbung → sofort vernichten

⇢ **Prüfwert:** z. B. Angebote → prüfen → weiterbearbeiten

⇢ **Dauerwert:** z. B. Verträge → dauerhaft aufbewahren

⇢ **Gesetzeswert:** z. B. Karteikarten → gesetzliche Aufbewahrungsfrist

12.5   Ordnungssysteme

Ordnungssysteme erleichtern das schnelle Wiederfinden von Daten in Ordnern.

Ordnungssystem	Ordnung	Beispiel
1. alphabetisch	nach Buchstaben	Meyer, Gerd
2. numerisch	nach Zahlen	RN 01/16459
3. alpha-numerisch	nach Zahlen und Buchstaben	E04/16459
4. chronologisch	nach Datum	12.02.2022
5. farbig	nach Farben	gesetzlich versichert blau, privat grün
6. mnemotechnisch	mit Merkhilfen	HKP = Heil- und Kostenplan
7. sachlich	nach Themen	Rechnungen, Lieferscheine

12.6   Ablagesysteme

Ablagesysteme sollen einen schnellen Zugriff auf Unterlagen ermöglichen.

Ablagesystem	Form der Ablage	Vorteil	Nachteil
liegend	Schnellhefter, Mappen übereinandergestapelt in Ablagefächern	preiswert	umständlich
stehend	Ordner in Schränke oder Regale einsortiert	schneller Zugriff	braucht viel Platz
hängend	Hängeregistratur (Mappen werden in speziellen Karteischränken eingehakt)	übersichtlich	braucht viel Platz
elektronisch	PC	übersichtlich	Datenverlust

C

LEISTUNGSABRECHNUNG

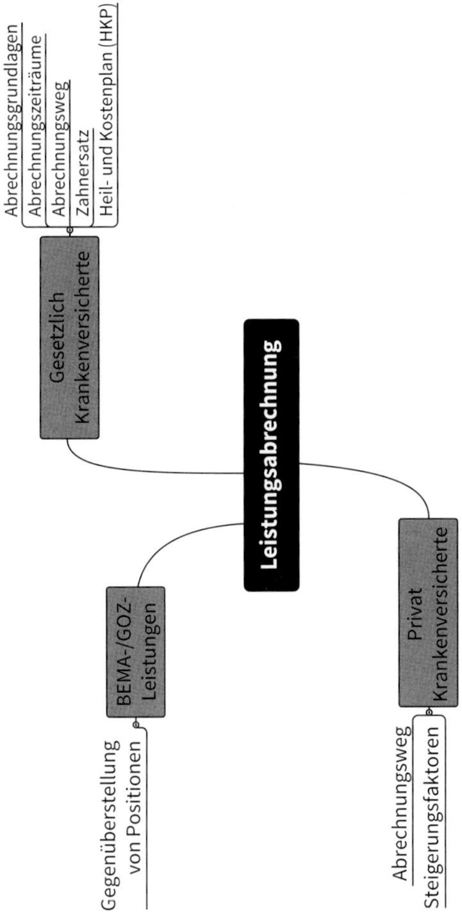

```
                                      Abrechnungsgrundlagen
                                      Abrechnungszeiträume
                                      Abrechnungsweg
                                      Zahnersatz
                                      Heil- und Kostenplan (HKP)

                   Gesetzlich
                   Krankenversicherte


                   Leistungsabrechnung


   BEMA-/GOZ-
   Leistungen
                                      Privat
                                      Krankenversicherte

Gegenüberstellung
von Positionen

                                      Abrechnungsweg
                                      Steigerungsfaktoren
```

1 Gesetzlich Krankenversicherte (GKV)

1.1 Abrechnungsgrundlagen

Die Abrechnung des **BEMA** (Bewertungsmaßstab für zahnärztliche Leistungen) ist in unterschiedliche Leistungsarten unterteilt. Diese sind:

1. konservierende und chirurgische Leistungen (KCH)
2. Kieferbruchbehandlungen (KBR)
3. kieferorthopädische Leistungen (KFO)
4. Parodontalbehandlungen (PAR)
5. Zahnersatz (ZE)

Im BEMA sind die Behandlungen aufgelistet, deren Kosten die gesetzliche Krankenkasse im Rahmen ihrer Leistungspflicht ganz oder teilweise übernimmt. Dabei hat jede Leistung eine bestimmte Bewertungszahl, die mit einem jährlich neu festgesetzten Punktwert multipliziert wird. Der Punktwert wird zwischen der Kassenzahnärztlichen Vereinigung (KZV) eines jeden Bundeslandes und den gesetzlichen Krankenkassen verhandelt und festgelegt. Daraus ergibt sich das Honorar des Zahnarztes (Honorar = Punktwert · Bewertungszahl).

Der Praxisinhaber hat seine Kassenleistungen nach dem Wirtschaftlichkeitsgebot zu erbringen. Die Leistungen müssen gemäß dem SGB V (Sozialgesetzbuch Nummer 5) notwendig sein und in ausreichender, wirtschaftlicher und zweckmäßiger Art und Weise erbracht werden.

1.2 Abrechnungszeiträume

-→ KCH und KFO: sind vierteljährlich abzurechnen
-→ ZE/PAR/KBR: sind monatlich abzurechnen

1.3 Abrechnungsweg GKV

1. Der Zahnarzt erstellt am Quartalsende die BEMA-Quartalsabrechnung.
2. Der Zahnarzt schickt diese an die KZV.
3. Die KZV prüft die Quartalsabrechnung.
4. Die KZV leitet sie weiter an die Krankenkasse.
5. Die Krankenkasse prüft die Quartalsabrechnung.
6. Die Krankenkasse leitet das Geld an die KZV weiter.
7. Die KZV verteilt die Honorare an die Zahnärzte.

1.4 Zahnersatz

Die Abrechnung von Zahnersatz verläuft etwas anders als oben dargestellt. Zahnersatz und Reparaturen werden durch die GKV fest bezuschusst. Die Ermittlung des Festzuschusses (FZ) ist abhängig von:

→ Befund
→ Wirtschaftlichkeitsgebot
→ Funktionsdauer
→ Stabilität
→ Gegenbezahnung

Befundklassen:

→ Klasse 1: erhaltungswürdiger Zahn mit weitgehender Zerstörung der klinischen Krone (Einzelkronen)
→ Klasse 2: zahnbegrenzte Lücken mit höchstens vier fehlenden Zähnen (Brücken)
→ Klasse 3: zahnbegrenzte Lücken mit mehr als vier fehlenden Zähnen (Modellguss/ Doppelkronenprothesen)
→ Klasse 4: Restzahnbestand bis zu drei Zähnen oder zahnloser Kiefer (Coverdenture-Prothese, Totalprothese, Doppelkronenprothesen)
→ Klasse 5: Lückengebiss nach Zahnverlust und endgültige Versorgung nicht sofort möglich (Interimsversorgung)
→ Klasse 6: Wiederherstellungs- oder erweiterungsbedürftiger konventioneller Zahnersatz (Reparaturen)
→ Klasse 7: Erneuerung und Wiederherstellung von Suprakonstruktionen
→ Klasse 8: nicht vollendete Behandlungen (Teilleistungen)

Regelversorgung: Kassenleistung, entspricht ZE-Richtlinien → notwendig, ausreichend, zweckmäßig und wirtschaftlich; KZV-Abrechnung nach BEMA/BEL (zahntechnische Leistungen), einheitlicher Punktwert, Bonusheft beachten (ohne Bonus = 60 %; Bonus 1 = 70 % bei fünf Jahren regelmäßiger Kontrollen; Bonus 2 = 75 % bei zehn Jahren regelmäßiger Kontrollen; Härtefall = 100 %)

Gleichartiger Zahnersatz: Regelversorgung und zusätzliche Leistungen (z. B. Vollverblendung oder anderes Kronenmaterial); Patient hat Anspruch auf Festzuschuss (FZ), Abrechnung FZ über KZV, Bonusheft beachten (ohne Bonus, Bonus 1, Bonus 2), Berechnung der Mehrkosten nach GOZ und BEB (zahntechnische Mehrkosten) → muss Patient zahlen

Andersartiger Zahnersatz: Versorgung baut nicht auf Regelversorgung auf (z. B. Brücke statt Prothese, Implantat statt Brücke); keine Abrechnung über KZV, Berechnung nach GOZ und BEB → muss Patient zahlen; Patient hat Anspruch auf FZ, Erstattung der FZ durch Krankenkasse direkt an Patienten ("Direktabrechnung")

1.5 Heil- und Kostenplan (HKP)

Grundsätzlich muss der Heil- und Kostenplan vor der Behandlung kostenfrei bei der gesetzlichen Krankenkasse eingereicht und genehmigt werden (Ausnahmen: Reparaturen). Er ist nach Genehmigung in der Regel sechs Monate gültig.

Aufbau des Heil- und Kostenplanes:

Teil 1 besteht aus der **Kopfzeile** (Versichertenfeld mit Patientendaten, Erklärung des Versicherten, Stempel des Zahnarztes) und den folgenden fünf Abschnitten:

I. **Befund des Gebisses/Behandlungsplan**
 -→ **Spalte B:** Hier ist der zahnmedizinische Befund komplett einzutragen (fehlende, ersetzte und erhaltungswürdige Zähne sowie vorhandene Prothetik) → aktueller Zustand der Zähne. Bei Wiederherstellungsmaßnahmen ist der Befund nicht auszufüllen.
 -→ **Spalte R:** Dem jeweiligen Befund ist die entsprechende Regelversorgung zuzuordnen (Regelversorgung = Befund + dazugehörige Festzuschuss-Richtlinien). → Grundversorgung
 -→ **Spalte TP:** wird nur ausgefüllt, wenn der Patient eine von der Regelversorgung abweichende Planung wünscht
 -→ **Spalte Bemerkungen:** für besondere Hinweise, z. B. bei Reparaturen, Verwendung von Stiften, Stumpfaufbauten usw.

II. **Befunde für Festzuschüsse**
 -→ **Spalte 1 – Befund-Nr.:** Hier wird der Befund entsprechend der jeweiligen Versorgung eingetragen.
 -→ **Spalte 2 – Zahn/Gebiet:** Hier wird der betreffende Zahn, die Regio oder der Kiefer angegeben.
 -→ **Spalte 3 – Anzahl:** Hier ist die entsprechende Anzahl der angegeben Befunde einzutragen.
 -→ **Nachträgliche Befunde:** Hier sind nur die Befunde 1.4 und 1.5 möglich. Hierfür ist keine nachträgliche Genehmigung erforderlich (wird durch Praxis direkt eingetragen).

III. **Abschnitt Kostenplanung**
 -→ **Nr. 1 – BEMA-Nrn. und Anzahl:** Angabe der BEMA-Nummern und Anzahl

⇢ **Nr. 2 – zahnärztliches Honorar BEMA:** Dieses ergibt sich aus der Summe der Bewertungszahlen multipliziert mit dem bundeseinheitlichen Punktwert.

⇢ **Nr. 3 – zahnärztliches Honorar GOZ (geschätzt):** Bei gleich- und andersartigem Zahnersatz fallen GOZ-Leistungen auf Teil 2 des HKP an. → Übertrag

⇢ **Nr. 4 – Material- und Laborkosten (geschätzt):** Angabe aller zahntechnischen Leistungen (Fremd- und Eigenlabor) sowie Praxismaterialien

⇢ **Nr. 5 – Behandlungskosten insgesamt (geschätzt):** Gesamtsumme durch Addition von Nr. 2–4

IV. Abschnitt Zuschussfestsetzung

Dieser Abschnitt wird von der Krankenkasse (KK) ausgefüllt! Die KK trägt Bonus mit 60 % (ohne Bonus), 70 % (Bonus 1), 75 % (Bonus 2), ggf. 100 % (Härtefallregelung) ein; gegebenenfalls kann die KK ein Gutachterverfahren einleiten.

V. Abschnitt Rechnungsbeiträge

Die Abrechnung der HKP erfolgt für Regel- und/oder gleichartige Versorgungen über elektronische Datenübertragung an die KZV.

⇢ **Nr. 1–3 – ZA-Honorar BEMA und GOZ:** alle Angaben in Euro und Cent; als zusätzliche Leistungen sind nur folgende BEMA-Nrn. möglich: 19, 21, 18a, 18b, 24c, 95d.

⇢ **Nr. 4 – Material- und Laborkosten gewerblich:** Angabe der gesamten Fremdlaborkosten nach BEL und BEB

⇢ **Nr. 5 – Material und Laborkosten Praxis**

⇢ **Nr. 6 – Versandkosten Praxis:** Kosten für den Versand von Abformungen usw. an das Fremdlabor

⇢ **Nr. 7 – Gesamtsumme:** Addition von Nr. 1–6

⇢ **Nr. 8 – Festzuschuss Kasse:** Übertrag aus Abschnitt IV

⇢ **Nr. 9 – Versichertenanteil:**

	Nr. 7 Gesamtsumme
–	Nr. 8 Festzuschuss
=	Nr. 9 Versichertenanteil

Teil 2 ist nur bei gleich- und andersartigen Versorgungen aufzustellen. Hier werden die GOZ-Leistungen beschrieben und durch Summenübertragung aus Teil 1 des HKP der voraussichtliche Eigenanteil des Patienten berechnet.

Abgerechnete HKP und Laborrechnungen sind zehn Jahre aufzubewahren (§ 630f Abs. 3 BGB)

2 Privat Krankenversicherte

Zahnärztliche Leistungen, die nicht im BEMA enthalten sind, sowie Behandlungen von Privatversicherten werden nach der GOZ (Gebührenordnung für Zahnärzte) abgerechnet. Vereinzelt verwendet man auch Leistungen aus der Gebührenordnung für Ärzte (GOÄ).

Die GOZ weist für jede Behandlung einen Basisbetrag zur Kalkulation des Honorars aus, den sogenannten Einfachsatz (1,0). Er liegt deutlich unter den Sätzen des BEMA, jedoch ist es möglich, den individuellen Zeitaufwand und Schwierigkeitsgrad einer Behandlung bei der Abrechnung zu berücksichtigen.

Dazu sind Steigerungsfaktoren angegeben, mit denen der Einfachsatz multipliziert wird. Der 2,3-fache Gebührensatz bildet eine Behandlung ohne Komplikationen ab. Für schwierige Behandlungen kann der Faktor bis zu 3,5 betragen, in Ausnahmefällen sogar darüber liegen.

In der Regel werden folgende **Steigerungsfaktoren** verwendet:

⇢ Zahnärztliche Tätigkeiten: 2,3
⇢ Röntgen: 1,8 (maximal 2,5)
⇢ Zuschläge: 1,0
⇢ Bei Faktoren über 2,3 ist eine Begründung anzugeben.
⇢ Bei Faktoren über 3,5 muss dies vor Behandlung schriftlich vereinbart werden.
⇢ Der Patient zahlt die Rechnung dann direkt an den Zahnarzt.

Abrechnungsweg bei Privatpatienten oder beihilfefähigen Privatpatienten

1. Zahnarzt oder Privatärztliche Verrechnungsstelle (PVS) erstellt Rechnung → kein zeitlich bestimmter Abrechnungstermin – Zahnarzt entscheidet, wann Rechnung gestellt wird; bei Nutzung PVS: Formblatt mit Entbindung der Schweigepflicht und Abtretung der Forderung erforderlich!
2. GOZ/GOÄ-Rechnung (Original plus Kopie) geht an Patienten
3. Patient zahlt Rechnung an Zahnarzt oder PVS
4. Patient sendet zur Kostenerstattung Belege an Beihilfestelle/PKV
   ⇢ beihilfefähige Privatpatienten senden Original an Beihilfestelle und Kopie an die PKV
   ⇢ „reine" Privatpatienten senden das Original an PKV
5. Kostenerstattung nach Prüfung durch Beihilfestelle/PKV an Patienten

3 BEMA/GOZ-Leistungen

Kariestherapie

Leistungen	BEMA	GOZ/GOÄ
Untersuchungen	01 (U)	0010, Ä5, Ä6
Beratungen	Ä1	Ä1, Ä2, Ä3
Zuschläge	03 (Zu)	ÄA–ÄD
PSI Code	04 (PSI)	4005
Vitalitätsproben	8 (Vipr)	0070
überempfindliche Zahnflächen	10 (üZ)	2010
intraorale Röntgenaufnahmen	Ä925a–d (Rö2 bis Stat)	Ä5000
Orthopantomogramm	Ä935d (OPG)	Ä5004
Füllungstherapie	13a–h	2050–2120
Aufbaufüllungen	13a, 13b	2180
Einlagefüllungen	–	2150–2170
adhäsive Befestigung	–	2197
Stiftverankerungen	16, 601	analog § 6 Abs. 2 Nr. 1 GOZ
besondere Maßnahmen	12 (bMF)	2030, 2040
provisorischer Verschluss	11 (pV)	2020
Mundschleimhautbehandlung, scharfe Kanten und Zahnstein entfernen	105, 106, 107	4050, 4055, 4060
besondere Vereinbarungen mit dem Patienten (z. B. Füllungen)	§ 28 SGB V	–

Endodontische Behandlungen

Leistungen	BEMA	GOZ/GOÄ
Anästhesien	40 (I), 41a (L1)	0080–0100
Methoden zur Vitalerhaltung der Pulpa	25 (cp), 26 (p), 27 (Pulp)	2330, 2340, 2350

Leistungen	BEMA	GOZ/GOÄ
Vitalextirpation	28 (VitE)	2360
Devitalisation (Mortalextirpation)	29 (Dev)	–
Wurzelkanalaufbereitung, -füllung	32 (WK), 35 (WF)	2410, 2440
Trepanation eines Zahnes	31 (Trep1)	2390
medikamentöse Einlage	34 (Med)	2430
physikalisch-chemische Methoden	–	2420
elektrometrische Längenbestimmung	–	2400
Ausstellen einer AU	Ä70 (AU)	Ä70
Bescheinigungen/Briefe/Befundberichte	Ä70	Ä70

Notfälle

Leistungen	BEMA	GOZ/GOÄ
Hilfeleistungen bei Ohnmacht oder Kollaps	02 (Ohn)	–

Chirurgische Behandlungen und Zuschläge (Kap. L GOZ)

Leistungen	BEMA	GOZ/GOÄ
Extraktionen	43 (X1), 44 (X2), 45 (X3)	3000–3020
Osteotomien	47a (Ost1), 48 (Ost2)	3030, 3040, 3045
Nachbehandlungen/Wundbehandlungen	36 (Nbl1), 37 (Nbl2), 38 (N), 46 (XN)	3050, 3060, 3290, 3300, 3310, Ä2006, Ä2007
OP-Zuschläge	–	0500–0530
Fremdkörperentfernung	Ä2009, Ä2010	Ä2009, Ä2010
Inzisionen	Ä161 (Inz1)	Ä2428
Exzisionen	49 (Exz1), 50 (Exz2)	3070, 3080

Leistungen	BEMA	GOZ/GOÄ
Zahn- und Kieferchirurgie		
⤳ Wurzelspitzenresektion	54a–c (WR1–3)	3110, 3120
⤳ Zystektomie	56a (Zy1), 56c (Zy3 bei Ost/WR)	3190, 3200
⤳ Zystostomie	56b (Zy2), 56d (Zy4 bei Ost/WR)	–
⤳ plastische Deckungen	51a (Pla1), 51b (Pla0)	3090
Lippenbändchen korrigieren	61 (Dia)	3280
Freilegung von Zähnen zur kieferorthopädischen Einstellung	63 (Fl)	3260

Systematische PAR-Behandlungen

Leistungen	BEMA	GOZ/GOÄ
Erstellung eines PAR-Status	4	4000
Aufklärungsgespräch	ATG (neu: seit 01.07.2021)	ggf. Ä1
Mundhygieneunterweisung	MHU (neu: seit 01.07.2021)	–
Befundevaluation	BEV (neu: seit 01.07.2021)	–
systematische PAR-Behandlung	AIT, CPT (neu: seit 01.07.2021)	4070, 4075 / 4090, 4100
Einschleifen, Nachbehandlung	108, 111	4040, 4150
unterstützende Parodontaltherapie	UPT a–g (neu: seit 01.07.2021)	–

Prophylaxemaßnahmen planen und durchführen

Leistungen	BEMA	GOZ/GOÄ
Früherkennungsuntersuchung	FU1–FU3	–
praktische Anleitung der Betreuungsperson	FU Pr	–
Fluoridlackanwendung	FLA	–
Individualprophylaxe, Versiegelung	IP1–IP5	1000–1040, 2000

Prothetische Behandlungen begleiten

Leistungen	BEMA	GOZ/GOÄ
Heil- und Kostenplan	–	0030
Planungsmodelle	7b	0050, 0060
Schraubenaufbau/Glasfaserstift	18a	2195
gegossener Stiftaufbau	18b	2190
prov. Krone/prov. Brückenanker/prov. Brückenglied	19	2270, 5120, 5140
Einzelkronen	20a–c	2200–2220
prov. Stiftkrone	21	–
Abnahme und Wiederbefestigung einer prov. Krone/prov. Brücke	24c/95d	–
Einschleifen des Gegenbisses	89	4040
Pfeilerkronen (Brücke)	91a–c	5000–5020
Brückenspanne	92	5070
Teleskopkronen	91d	5040
Steg/Verbindungsvorrichtungen	–	5070, 5080
Geschiebe bei geteilten Brücken	91e	5080
Adhäsivbrücke (Klebebrücke)	93a, 93b	5150 (5160)
Teilprothesen	96a–c	5200, 5210, 5070
Vollprothesen (cover denture)	97a, 97b	5220, 5230
individuelle Abformungen	98a–c	5170–5190
Stützstiftregistrat (intraoral)	98d	8010
totale Metallbasis bei zahnlosem Kiefer	98e	–
gebogene Klammern (Interims)	98f	–
partielle Metallbasis	98g	5210, 5070
gegossene Klammern (MOG)	98 h/1, 98 h/2	–
Reparaturen	100a–f	5250–5300
Schienenbehandlung	K1–K9	7000–7070

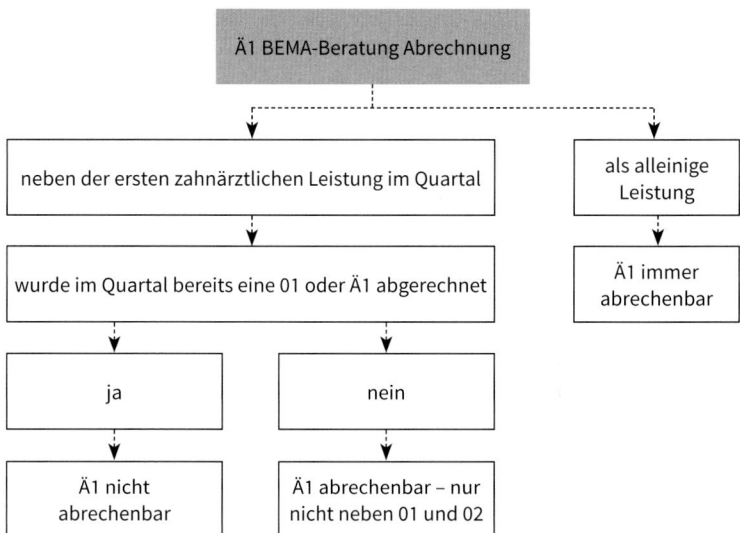

Hinweis: Die 18-Tage-Regel für die BEMA-Ä1 gilt nur für quartalsüberschreitende Krankheitsfälle.

Maßgeblich ist hierbei das Datum der letzten 01 oder Ä1 des Vorquartals. Sollte sich derselbe Krankheitsfall über ein Quartal erstrecken: in diesem Fall darf die Ä1 im neuen Quartal nur abgerechnet werden, wenn die Beratung ab dem 19. Tag stattfindet. Liegt ein neuer Krankheitsfall vor, so ist die Ä1 wieder abrechenbar. Innerhalb eines Quartals spielt die 18-Tage-Regel keine Rolle!

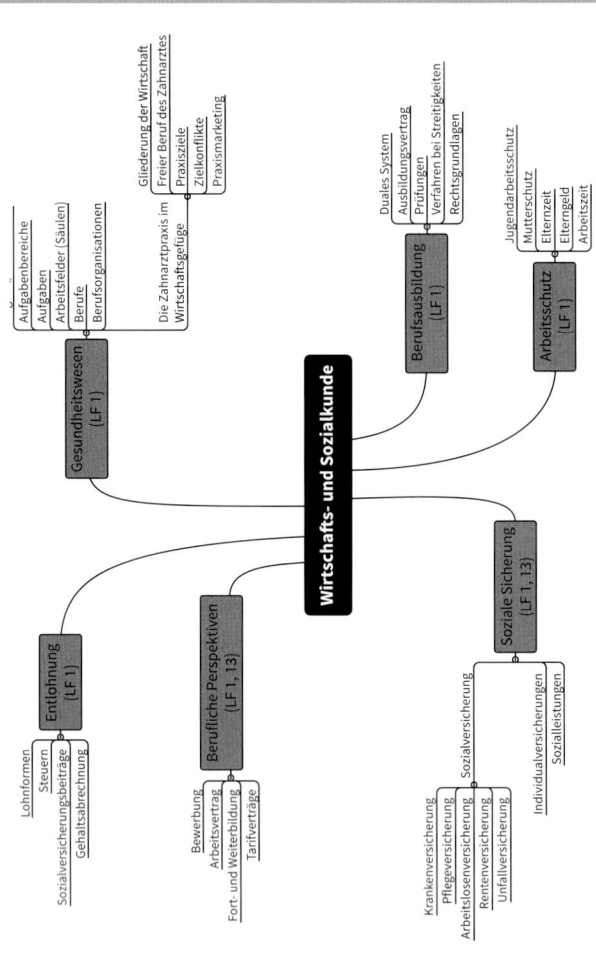

Wirtschafts- und Sozialkunde

Gesundheitswesen (LF 1)
- Aufgabenbereiche
- Aufgaben
- Arbeitsfelder (Säulen)
- Berufe
- Berufsorganisationen
- Die Zahnarztpraxis im Wirtschaftsgefüge
  - Gliederung der Wirtschaft
  - Freier Beruf des Zahnarztes
  - Praxisziele
  - Zielkonflikte
  - Praxismarketing

Berufsausbildung (LF 1)
- Duales System
- Ausbildungsvertrag
- Prüfungen
- Verfahren bei Streitigkeiten
- Rechtsgrundlagen

Arbeitsschutz (LF 1)
- Jugendarbeitsschutz
- Mutterschutz
- Elternzeit
- Elterngeld
- Arbeitszeit

Entlohnung (LF 1)
- Lohnformen
- Steuern
- Sozialversicherungsbeiträge
- Gehaltsabrechnung

Berufliche Perspektiven (LF 1, 13)
- Bewerbung
- Arbeitsvertrag
- Fort- und Weiterbildung
- Tarifverträge

Soziale Sicherung (LF 1, 13)
- Sozialversicherung
  - Krankenversicherung
  - Pflegeversicherung
  - Arbeitslosenversicherung
  - Rentenversicherung
  - Unfallversicherung
- Individualversicherungen
- Sozialleistungen

1 Gesundheitswesen

Das Gesundheitswesen umfasst alle Personen und Einrichtungen, deren Ziel die Vorbeugung (Prävention, Prophylaxe), Erkennung (Diagnostik) und Behandlung (Therapie) von Krankheiten ist.

1.1 Begriff „Gesundheit"

Die Weltgesundheitsorganisation (WHO) definiert „Gesundheit" als Zustand vollkommenen

⤍ **körperlichen** Wohlbefindens → organisch (z. B. frei von Hals-, Bauchschmerzen),
⤍ **geistigen** Wohlbefindens → psychisch (z. B. frei von Stress, Depression),
⤍ **sozialen** Wohlbefindens → Umweltbeziehungen (z. B. Familie, Freunde, Arbeitskollegen) und nicht allein das Fehlen von Krankheit und Gebrechen.

1.2 Aufgabenbereiche

Die Gebiete des Gesundheitswesens sind:

⤍ **Gesundheitspflege:** verantwortlich ist der Einzelne, z. B. durch gesunde Ernährung, ausreichende Bewegung, Vorsorge (Impfen; 01, PZR), maßvoller Konsum von Genussmitteln, Hygiene- und Abstandsregeln einhalten usw.
⤍ **Gesundheitsschutz und Umweltmedizin:** verantwortlich ist der Staat, z. B durch Gesetze und deren Überwachung wie Arbeitsschutz-, Umweltschutz- und Seuchengesetze
⤍ **Kurative Medizin:** verantwortlich ist der Zahn-/Mediziner bzw. die Zahn-/Medizinerin, z. B. durch Behandlung von Krankheiten durch Diagnose, Therapie und Rehabilitation

Das Gebiet der Prävention erstreckt sich auf die Gesundheitspflege und den Gesundheitsschutz, die Heilung und Linderung ist Aufgabe der Mediziner.

1.3 Aufgaben

Das Gesundheitssystem hat drei Aufgaben:
⤍ **Kuration:** Heilung und Linderung, z. B. Extraktion, Ost, WSR, Schmerzbehandlung
⤍ **Prävention:** Vorbeugung von Krankheiten, z. B. Prophylaxe, PZR, 01, Fissurenversiegelung
⤍ **Rehabilitation:** Wiedereingliederung in den Alltag, z. B. Implantate, ZE

1.4 Arbeitsfelder (Säulen)

Innerhalb des Gesundheitssystems werden die Aufgaben in drei Arbeitsfeldern (sog. „Säulen") durch unterschiedliche Einrichtungen erfüllt:

Säule	Einrichtungen	Aufgaben
⟶ Ambulante Versorgung	⟶ Praxen ⟶ Polikliniken, Notfallambulanzen	⟶ Kurativ ⟶ Gesundheitspflege
⟶ Stationäre Versorgung	⟶ Krankenhäuser ⟶ Kliniken	⟶ Kurativ ⟶ Rehabilitation
⟶ Öffentlicher Gesundheitsdienst	⟶ Behörden ⟶ Ämter	⟶ Gesundheitsschutz ⟶ Gesundheitspflege ⟶ Umweltmedizin

Aufbau des öffentlichen Gesundheitsdienstes

Weltweit

Weltgesundheitsorganisation (World Health Organization, WHO, Genf/Schweiz)
⟶ weltweite Seuchenbekämpfung
⟶ Arzneimittelkontrolle
⟶ Aufbau eines Gesundheitssystems in der Dritten Welt
⟶ Förderung der Aus- und Weiterbildung
⟶ bestmöglichen Gesundheitszustand aller Nationen herstellen

Europaweit

EMA (European Medicines Agency = Europäische Arzneimittelagentur, Amsterdam)
⟶ europaweite Zulassung von Arzneimitteln und Impfstoffen

Bundesebene

Bundesministerium für Gesundheit (BMG; Bonn/Berlin)
Gesetzgebung, Aufsicht über Gesundheitseinrichtungen

Bundesinstitut für Arzneimittel und Medizinprodukte (BfArM), Bonn
Zulassung und Überwachung von Medikamenten

Bundesinstitut für Risikobewertung (BfR), Berlin
Bewertung von Gesundheitsrisiken

Robert-Koch-Institut (RKI), Berlin
Erkennung, Verhütung und Bekämpfung von Krankheiten

Bundesebene
Bundeszentrale für gesundheitliche Aufklärung (BZgA), Köln
mehr Gesundheit für die Bürger durch Aufklärung
Paul-Ehrlich-Institut (PEI), Langen (Hessen)
Überwachung von Blut, Blutprodukten und Impfstoffen
Landesebene
Sozial- und Gesundheitsministerien der Länder
Schulgesundheitspflege, Krankenhausplanung, Organisation Rettungsdienst
Regionale Ebene
Gesundheitsämter
⇢ Hoheitliche Aufgaben (nur vom Staat ausgeübt): Hygienekontrollen, Beurteilung der Haftfähigkeit, Gesundheit von Beamten, Entgegennahme meldepflichtiger Krankheiten
⇢ Nicht hoheitliche Aufgaben: Beratung von Schwangeren, alkoholkranken Menschen, HIV-Patienten; Impfung, Gesundheitserziehung
Gewerbeaufsichtsämter
Arbeitsschutz- und Hygienekontrollen

1.5 Berufe

⇢ **Akademische Heilberufe:** z. B. Arzt, Zahnarzt, Tierarzt, Apotheker, Psychologe

⇢ **Assistenzberufe:** z. B. ZFA, MFA, TFA

⇢ **Berufe der Primärversorgung:** z. B. Notfall-, Rettungssanitäter/-in, Gesundheits- und Krankenpfleger/-in

⇢ **Diagnostisch-technische Berufe:** z. B. Medizinisch-Technische Assistentin (MTA), Labor- und Radiologieassistent/-in

⇢ **Therapeutische Berufe:** z. B. Physiotherapeut/-in, Logopäde/Logopädin, Diätassistent/-in

⇢ **Nicht ärztliche Fachberufe:** z. B. Zahntechniker/-in, Hebamme

1.6 Berufsorganisationen

Zahnärztekammer (ZÄK)

Aufbau: Bundeszahnärztekammer → Landeszahnärztekammer → Bezirksstelle

Mitglieder: alle approbierten Zahnärzte und Zahnärztinnen

Aufgaben: Erlass der Berufsordnung, Einhaltung der Berufspflichten überwachen, Fort- und Weiterbildung, Überwachung der Ausbildung, Zwischen-/Abschlussprüfung durchführen, Mitarbeit an Gesetzen, Gutachter- und Schlichtungsstelle, Röntgenschulung

Kassenzahnärztliche Vereinigung (KZV)

Aufbau: Kassenzahnärztliche Bundesvereinigung → Kassenzahnärztliche Vereinigung → Bezirksstelle

Mitglieder: alle Kassenzahnärzte, Vertragszahnärzte

Aufgaben: Kassenzahnärzte zulassen, Zahnarztregister führen, Abrechnung von Kassenpatienten, Honorare verteilen, Notdienst einteilen, Fortbildung, Abrechnung, Verträge mit Krankenkassen abschließen, Wirtschaftlichkeit der Praxen überwachen

Gewerkschaften, Berufsverbände

Begriff: Interessensvertretung eines Berufsstandes

Beispiele: *Verband medizinischer Fachberufe (VmF), Vereinte Dienstleistungsgewerkschaft (ver.di)*

Aufgaben: Tarifverhandlungen, Rechtsberatung, Fortbildung, Öffentlichkeitsarbeit, Mitwirkung in Prüfungen

1.7 Die Zahnarztpraxis im Wirtschaftsgefüge

1.7.1 Gliederung der Wirtschaft

Die Wirtschaft gliedert sich in vier Sektoren:

1. **Urerzeugung** (primärer Sektor): Landwirtschaft, Forstwirtschaft, Fischzucht usw.
2. **Industrieller Sektor** (sekundärer Sektor): Bauunternehmen, Handwerk, verarbeitendes Gewerbe usw.
3. **Dienstleistungssektor** (tertiärer Sektor): Handel (Groß- und Einzelhandel), Transport-, Gastgewerbe usw.
4. **Informationssektor** (quartärer Sektor): Kommunikationstechnik, Beratung (z. B. Rechtsanwälte, Heil- und Erziehungsberufe, technische Dienstleistungen

Ein Zahnarzt übt einen **freien Beruf** aus (= selbstständig ausgeübter wissenschaftlicher, künstlerischer, schriftstellerischer, unterrichtender oder erzieherischer Beruf; quartärer Sektor).

Diesen Produzenten steht der Endverbraucher (Konsument) gegenüber.

1.7.2 Freier Beruf des Zahnarztes

-→ **Besondere fachliche Qualifikation:** Approbation → staatliche Zulassung; Voraussetzung für die Tätigkeit als Zahnarzt (laut ZHG)

-→ **Leitend und eigenverantwortlich:** erbringt eine persönliche Arbeitsleistung (Diagnose, Behandlung, Therapie, Injektion, Aufklärung), Betreuung auf dem neuesten Kenntnisstand (permanente Weiterbildung)

-→ **Fachlich unabhängig:** hilft, berät, vertritt neutral und fachlich unabhängig

-→ **Dem Gemeinwohl verpflichtet:** auf die gesamte Gesellschaft ausgerichtet, im Dienste der Gesundheit stehend

-→ flächendeckende, wohnortnahe zahnärztliche Versorgung

1.7.3 Praxisziele

-→ **Sachziele** (Kernaufgaben):Vorbeugung, Erkennung, Behandlung von Zahn-, Mund-, Kieferkrankheiten

-→ **Allgemeine Ziele:** Patienten- und Mitarbeiterzufriedenheit, hohe fachliche Kompetenz, bestmögliche Versorgung

-→ **Medizinische Ziele:** Heilung, Schmerzlinderung

-→ **Wirtschaftliche Ziele:** Umsatz, Gewinn, geringe Kosten

-→ **Organisatorische Ziele:** fehlerfreie Arbeitsabläufe, klare Struktur

1.7.4 Zielkonflikte

Zielkonflikte ergeben sich aus dem Spannungsverhältnis Patientenzufriedenheit kontra wirtschaftlicher Erfolg.

-→ hoher Zeitaufwand (Angstabbau) ↔ Ergiebigkeit (kurze Extraktion)

-→ individuelle Behandlung (Terminwünsche) ↔ kurze Wartezeit für die Patienten

-→ Privatpatienten (höheres Honorar) ↔ Kassenpatienten

-→ Kostensenkung (Praxisbedarf, Geräte) ↔ Praxisservice

1.7.5 Praxismarketing

▶ Ziel des **Praxismarketings** ist es, Neupatienten zu gewinnen und Stammpatienten zu binden.

Maßnahmen/Bereiche des Praxismarketings:

-→ **Kompetenz des Arztes**
  • Zuwendung, Kommunikationsfähigkeit
  • ständige Fort- und Weiterbildung

- breites Leistungsangebot (z. B. IGeL, Bleaching, PZR)
- hervorragende Diagnostik und Therapie

--> **Kompetenzen des Praxisteam**
- freundlich, hilfsbereit, fachlich kompetent
- gepflegtes Äußeres, kommunikativ
- Belohnung kleiner Patienten, Spielsachen im Wartezimmer

--> **Praxisräume, Ausstattung und Service**
- gepflegter Eingangsbereich; aufgeräumter, ordentlicher Empfang
- moderne, gepflegte Behandlungsräume
- Wartezimmer-Service
- Nebenleistungen (z. B. Taxi-Ruf, Regenschirme)

--> **Praxisabläufe**
- klare, fehlerfreie Arbeitsabläufe
- gute Terminplanung, Recall

--> **Mediale Kommunikation**
- Praxisinformationen über Homepage (Kontaktformular, Online-Terminvergabe, Blogs, Kontaktdaten , Sprechzeiten usw.), Flyer, Visitenkarten usw.
- Patientenkommunikation mit klassischen Medien (z. B. E-Mail, Twitter, Facebook, Wartezimmer-TV)

--> **Regeln des Praxismarketings**
- festgelegt in der Berufsordnung der Zahnärzte
- Werbung in Anzeigen verboten

--> Entwicklung einer **Corporate Identity,** d. h. eines unverwechselbaren öffentlichen Erscheinungsbildes durch:
- **Corporate Behaviour** (einheitliches Verhalten des Praxisteams nach außen)**:** freundlich, kompetent, einheitliche Terminvergabe usw.
- **Corporate Communication** (einheitliche Sprache des Praxisteams nach außen und nach innen): bei Begrüßung am Telefon, Beschwerdemanagement usw.
- **Corporate Culture** (einheitliche Werte und Grundsätze der Praxis): Praxisphilosophie, Leitbild
- **Corporate Design** (einheitliches optisches Erscheinungsbild der Praxis): Praxis-Logo, Praxis-Farben, Arbeitskleidung

2 Berufsausbildung

2.1 Duales System

Die Ausbildung zur Zahnmedizinischen Fachangestellten ist eine duale Berufsausbildung, d. h., sie findet an zwei Lernorten statt:

→ **Berufsschule:** Theorie = Vermittlung von Fachwissen, Handlungskompetenz, Allgemeinbildung
→ **Betrieb:** Praxis = Vermittlung von Fachbildung und Fertigkeiten

Vorteile der dualen Ausbildung: Verknüpfung von Theorie und Praxis, Abwechslung, Erfahrungsaustausch, Allgemeinwissen, Vergütung

2.2 Ausbildungsvertrag

Mindestinhalte des Ausbildungsvertrages	
→ Name und Anschrift der Vertragspartner	→ Probezeit
→ Berufsbezeichnung	→ Vergütung
→ sachliche und zeitliche Gliederung der Ausbildung	→ Urlaub
	→ Kündigung
→ Beginn der Ausbildung	→ mitgeltende Tarifverträge, Betriebsordnungen
→ Dauer der Ausbildung	
→ tägliche Arbeitszeit	→ Ort der Berufsschule

Dauer der Ausbildung:

→ 3 Jahre
→ <u>Verkürzung</u> → Praxis- oder Berufswechsel → entsprechende schulische Vorbildung → gute schulische bzw. sehr gute betriebliche Leistungen
→ Teilzeitausbildung für jeden möglich → kein Grund erforderlich → Betrieb muss zustimmen → Kürzung auf max. 50 % der täglichen oder wöchentlichen Arbeitszeit möglich → entsprechende Verlängerung der Ausbildung auf max. 4,5 Jahre
→ <u>Verlängerung</u> → Ausbildungsziel kann nicht erreicht werden → Schwangerschaft → Nicht-Bestehen der Prüfung

Probezeit: mindestens einen Monat, maximal vier Monate; Zweck → Passt die Person ins Team? Ist der Beruf richtig gewählt?

Vergütung:

-→ Mindestausbildungsvergütung
-→ geregelt bis 2023
-→ ab 2024 jährliche Anpassung an die durchschnittliche Entwicklung aller Ausbildungsvergütungen

Die Auszubildenden haben einen Anspruch auf Erstattung der Kosten für die Anschaffung der notwendigen Fachliteratur.

Urlaub: entsprechend dem Jugendarbeitsschutzgesetz (JArbSchG)

Freistellung zur Berufsschule:

-→ Erwachsene und Jugendliche sind an Berufsschultagen mit sechs oder mehr Unterrichtsstunden zu je 45 Minuten einmal pro Woche freizustellen.
-→ Trifft Obiges bei zwei Berufsschultagen zu, so muss man an einem Tag wieder in den Betrieb.
-→ Der Ausbildungsbetrieb legt diesen Arbeitstag fest.

Freistellung zu Prüfungen:

-→ Zwischenprüfung: Dauer der Zwischenprüfung + Wegezeit
-→ Schriftliche Abschlussprüfung: Tag vorher + Prüfungstag
-→ Bei zwei Prüfungstagen: nur ein Tag bei gestreckter Prüfung: vor beiden Prüfungen jeweils ein Tag
-→ Keine Freistellung vorher: Prüfung am Montag, Feiertag, Berufsschultag

Kündigung:

-→ In der Probezeit: fristlos und ohne Grund möglich
-→ Nach der Probezeit: vier Wochen zum Monatsende; schriftlich, mit Grund
-→ nur bei Umzug, Krankheit, Berufswechsel
-→ besonderer Kündigungsschutz
-→ **Fristlose Kündigung: spätestens 14 Tage nach dem Ereignis, das zur Kündigung geführt hat;** aus wichtigem Grund (z. B. Diebstahl, Mobbing, sexuelle Belästigung, Körperverletzung, Schweigepflicht verletzt)

Ausbildungszeugnis:

-→ **Einfaches Zeugnis:** Personalien, Art und Dauer der Tätigkeit
-→ **Qualifiziertes Zeugnis:** zusätzlich Bewertung von Leistung und Sozialverhalten (wird nur auf Verlangen ausgestellt)

Registrierung des Ausbildungsvertrages: im Berufsausbildungsverzeichnis bei der zuständigen Stelle (Zahnärztekammer → Bezirksstelle)

Pflichten der Vertragspartner:

Auszubildender	Ausbilder
⇢ Arbeitspflicht	⇢ zur Führung des Berichtsheftes anhalten
⇢ ärztliche Untersuchung von Jugendlichen	⇢ Berichtsheft kontrollieren
⇢ Benachrichtigungspflicht	⇢ Ausbildungspflicht
⇢ Berichtsheftführung	⇢ Ausbildungsmittel und Fachliteratur kostenlos zur Verfügung stellen
⇢ Berufsschulpflicht	⇢ befähigten Ausbilder bereitstellen
⇢ Einhaltung der Betriebsordnung	⇢ Beschäftigungspflicht
⇢ Gehorsamspflicht	⇢ Bezahlung
⇢ Lernpflicht	⇢ charakterliche und sittliche Förderung
⇢ Schweigepflicht	⇢ Freistellung zur Berufsschule und zu Prüfungen
⇢ Sorgfaltspflicht	⇢ zum Besuch der Berufsschule anhalten
⇢ Treuepflicht	⇢ Fürsorgepflicht
⇢ Wettbewerbsverbot	⇢ Urlaubsgewährung
	⇢ Zeugnispflicht

2.3 Prüfungen

⇢ Zwischenprüfung (nach 18 Mon.)

⇢ Abschlussprüfung (nach 34 Mon.) im Sommer bzw. Winter

⇢ schriftlicher Teil → Behandlungsassistenz mit Röntgen; zählt doppelt; Praxisorganisation und -verwaltung, Abrechnungswesen, Wirtschafts- und Sozialkunde)
  → ggf. Ergänzungsprüfung (wenn weniger als 50 % im schriftlichen Teil oder bei 2 x „5")

⇢ praktische Prüfung

⇢ Bestehen der Prüfung → mind. 50 % im schriftlichen Teil + max. 1 x „5" im schriftlichen Teil + mind. 50 % in der praktischen Prüfung

⇢ Wiederholungsprüfung → maximal 2-mal → frühestens nach 1/2 Jahr → spätestens nach einem Jahr

2.4   Verfahren bei Streitigkeiten

Sollten Streitigkeiten nicht durch Ausbilder, Ausbildungsberater o. Ä. zu lösen sein, kann die zuständige Landeszahnärztekammer zur Vermittlung angerufen werden. Ansonsten sind Streitigkeiten aus dem Ausbildungsvertrag heraus vor dem Arbeitsgericht zu klären.

2.5   Rechtsgrundlagen

Betriebliche Ausbildung:

→ Berufsbildungsgesetz (BBiG; Gesetz zur Regelung, Modernisierung und Stärkung der beruflichen Bildung)
→ Ausbildungsordnung (Inhalte der Ausbildung → Erlass des BMG)
→ Ausbildungsrahmenplan (sachliche und zeitliche Gliederung der betrieblichen Ausbildung)

Schulische Ausbildung: Rahmenlehrplan (Lehrinhalte der Berufsschule → Erlass des Kultusministeriums)

3 Arbeitsschutz

3.1 Jugendarbeitsschutz

Das Jugendarbeitsschutzgesetz (JArbSchG) dient dem Schutz Jugendlicher (15- bis 17-Jährige) vor physischer und psychischer Belastung.

Arbeitszeit:

→ maximal acht Stunden täglich und 40 Stunden wöchentlich
→ Samstagsarbeit ist mit Ausgleich erlaubt
→ Sonntagsarbeit (Notdienst) ist verboten

Arbeitsbeginn und -ende: zwischen 06:00 Uhr und 20:00 Uhr

Freizeit: Zwischen Arbeitsende und Arbeitsbeginn müssen mindestens zwölf Stunden liegen.

Pausen zur Erholung:

→ eine Pause von mindestens 15 Minuten; 4,5 – 6 Stunden → mindestens 30 Minuten Pause
→ ab sechs Stunden Arbeitszeit mindestens 60 Minuten Pause insgesamt
→ Die erste Pause muss nach 4,5 Stunden erfolgen.

Berufsschule:

→ Bei Beginn vor 09:00 Uhr: anschließend keine Arbeit mehr im Betrieb
→ Freistellung an einem Tag mit mehr als fünf Unterrichtsstunden
→ Bei zwei Tagen Berufsschule muss man an einem Tag wieder in den Betrieb (Tag bestimmt der Betrieb).

Freistellung zu Prüfungen:

→ Zwischenprüfung: Dauer der Zwischenprüfung und Wegezeit
→ Schriftliche Abschlussprüfung: Tag vorher und Prüfungstag
→ Gestreckte Prüfungen: zwei Tage vorher und Prüfungstage

Urlaub:

→ Unter 18-Jährige (am 01.01. eines Kalenderjahres): 25 Werktage
→ Unter 17-Jährige (am 01.01. eines Kalenderjahres): 27 Werktage
→ Unter 16-Jährige (am 01.01. eines Kalenderjahres): 30 Werktage

Beispiel: *Ute, geb. 19.06.2005; Alter am 19.06.2022: 17; Alter am 01.11.2021: unter 17 →
27 Werktage Urlaub*

Werktage: Montag–Samstag

Arbeitstage: Montag–Freitag

Anteiliger Jahresurlaub:

→ Jahresurlaub : 12 Mon. · Arbeitsmonate
→ mindestens einmal 14 Tage am Stück
→ möglichst in den Ferien

Verbotene Arbeiten: gefährliche, schwere Arbeiten; langes Stehen; Überstunden;
Nachtarbeit; Akkordarbeit

Erstuntersuchung: innerhalb der letzten 14 Monate vor Ausbildungsbeginn

Überwachung: Praxis, Gewerbeaufsichtsamt

3.2   Mutterschutz

Das Gesetz zum Schutz von Müttern bei der Arbeit, in der Ausbildung und im Studium
schützt werdende Mütter und ihre Kinder vor und nach der Geburt am Arbeits-, Ausbil-
dungs-, Studienplatz.

Kündigungsverbot: vom Zeitpunkt, an dem der Arbeitgeber von der Schwangerschaft
erfährt bis vier Monate nach der Geburt

Beschäftigungsverbot:

→ sechs Wochen vor und acht Wochen nach der Geburt
→ zwölf Wochen nach der Geburt bei Drillingen
→ **vor der Geburt** entscheidet die Schwangere selbst
→ **nach der Geburt** gilt ein absolutes Beschäftigungsverbot

Finanzielle Leistungen während der Schutzfristen:

→ **Mutterschutzlohn:** durchschnittlicher Nettolohn der letzten drei Monate vor dem
   Eintritt der Schwangerschaft
→ **Mutterschaftsgeld:** von der Krankenkasse, 13,00 €/Tag
→ **Arbeitgeberzuschuss zum Mutterschaftsgeld:** Differenz zum Nettolohn

Kassenleistungen: Vorsorge, Nachsorge, Untersuchungen, Medikamente, Entbindung, eventuell Haushaltshilfe

Verbotene Arbeiten: Notdienst (wenn Sonntagsarbeit), Überstunden, operative Eingriffe, Prophylaxe, Einsatz bei Notfällen, Prothetik, Labor, Röntgen, Assistenz, Aufräumen, Desinfektion, Reinigung, Entsorgung

→ Ersatzarbeitsplatz anbieten oder Freistellung
→ Sitzgelegenheit, Liegemöglichkeit bereitstellen
→ Risikominimierungsgebot (z. B. Zeitdruck, Personalknappheit, Arbeitsplatzbedingungen usw.)

3.3   Elternzeit

Dauer:

→ **maximal drei Jahre,** am Stück oder in maximal drei Abschnitte aufgeteilt
→ 24 Monate zwischen dem 3. und 8. Lebensjahr des Kindes möglich
→ Zeitabschnitte müssen vor dem 3. Lebensjahr angemeldet werden
→ **Anmeldefrist: sieben Wochen vorher (ab Zugang der Information)**

Teilzeitarbeit während der Elternzeit:

→ **maximal 32 Stunden/Woche (je Elternteil)**
→ **Vorteile:** mehr Zeit für die Familie und für eigene Interessen, Kontakt zu Kollegen, man bleibt im Beruf, Nebenverdienst

Kündigungsverbot:

→ während der Elternzeit grundsätzlich Kündigungsschutz
→ Bis zum 3. Geburtstag des Kindes genommene Elternzeit: maximal acht Wochen vor Anmeldung der Elternzeit kündbar
→ Zwischen dem 3. und 8. Geburtstag des Kindes genommene Elternzeit: frühestens 14 Wochen vor Anmeldung der Elternzeit kündbar

3.4   Elterngeld

Bezugsdauer:

→ **Basiselterngeld** 12–14 Monate → zwölf Monate + zwei Partnermonate
→ **ElterngeldPlus:** 24–28 Monate → 24 Monate + vier Partnermonate
→ **Partnerschaftsbonus:** 24–28 Monate → 24 Monate + vier Monate
  • beide arbeiten gleichzeitig bis zu vier Monaten
  • 24–32 Stunden Teilzeit möglich
→ **Frühgeborene:** bis zu vier Elterngeldmonate zusätzlich

Höhe:

--→ 67 % (Basiselterngeld) bzw. 33,5 % (ElterngeldPlus) des monatlichen Nettoentgelts der letzten zwölf Monate

--→ maximal 1.800,00 € (Basiselterngeld)/900,00 € (ElterngeldPlus)

Geschwisterbonus: 10 % des Elterngeldes, mindestens 75,00 €/Monat

Mehrlingszuschlag: ab dem 2. Kind 300,00 €/Kind und Monat (Basiselterngeld), 150,00 €/Kind und Monat (ElterngeldPlus)

3.5   Arbeitszeit

--→ Tägliche Höchstarbeitszeit: 8 Stunden

--→ Sonderfall: täglich maximal 10 Stunden erlaubt, wenn innerhalb von 6 Mon. im Durchschnitt täglich 8 Stunden gearbeitet werden

--→ Wöchentliche Höchstarbeitszeit: 48 Std. (6 Arbeitstage · 8 Std./Tag)

--→ 6,5–9 Std. Arbeitszeit: mind. 30 Min. Pause

--→ Über 9 Std. Arbeitszeit: mind. 45 Min. Pause

--→ Freizeit: mind. 11 Stunden

--→ Sonn- und Feiertagsarbeit: verboten (Ausnahme: Notdienst)

4 Soziale Sicherung

4.1 Sozialversicherung

Artikel 20 Abs. 1 Grundgesetz besagt, dass die „Bundesrepublik Deutschland […] ein […] sozialer Bundesstaat" ist.

Rechtsgrundlage: SGB V (5. Sozialgesetzbuch)

Zweck: Absicherung der grundlegenden Lebensrisiken

Pflichtversicherung: für alle Arbeitnehmer und Angestellten

Beweis der Mitgliedschaft:

-→ Sozialversicherungsausweis
-→ eGK (Krankenversicherung)

Beitragszahler: Arbeitnehmer und Arbeitgeber je zur Hälfte (Sonderfälle: Pflege- und Unfallversicherung)

Solidaritätsprinzip:

-→ Die Mitglieder der Solidargemeinschaft gewähren sich gegenseitig Hilfe und Unterstützung.
-→ Der Beitrag richtet sich nach dem Bruttoverdienst.
-→ Jeder erhält die gleichen Leistungen.

Formen:

-→ Krankenversicherung
-→ Pflegeversicherung
-→ Arbeitslosenversicherung
-→ Rentenversicherung
-→ Unfallversicherung

4.1.1 Krankenversicherung

Zweck: Schutz bei und vor Krankheit sowie werdender Mütter

Träger: Gesetzliche Krankenkassen (Primär- und Ersatzkassen)

Pflichtmitglieder: Arbeitnehmer, Auszubildende, Rentner, Arbeitslose

Freiwillige Mitglieder: Künstler, Beamte, Arbeitnehmer über der Jahresarbeitsentgeltgrenze

Familienversicherte: Kinder bis 23 Jahre (nicht erwerbstätig); Kinder bis 25 Jahre (während Schul- oder Berufsausbildung sowie im Studium); Familienangehörige, deren Gesamteinkommen nicht den Betrag von einem Siebtel der Bezugsgröße nach § 18 SGB IV übersteigt; Familienangehörige mit einem Minijob bis 470,00 €

Beitragssätze:

--→ Gesamtbeitragssatz: 14,6 % + **maximal 1,3 %** individueller Zusatzbeitrag (je nach Krankenkasse) bis zur Beitragsbemessungsgrenze

--→ Arbeitnehmerbeitragssatz: 7,3 % + max. 0,65 %

Leistungen:

--→ Es herrscht das **Sachleistungsprinzip** (Sachleistung statt Geldleistung).

--→ Arztkosten, Zahnarztkosten, Medikamente, Krankengeld, Krankenhauskosten, Heilmittel, Hilfsmittel, Kuren

--→ Zuzahlungen/Eigenanteil: 1 % bzw. 2 % des Bruttoeinkommens (bei Erreichen der persönlichen Belastungsgrenze, Befreiungsausweis von der Krankenkasse möglich)

Wirtschaftlichkeitsgebot:

--→ Leistungen der Krankenversicherung müssen ausreichend, zweckmäßig, wirtschaftlich und notwendig sein (§ 12 SGB V)

--→ gilt für Patient, Zahnarzt, Krankenkasse

Vorteile:

--→ keine Abrechnung mit der Krankenkasse

--→ Kinder und Familienmitglieder sind in Grenzen mitversichert (siehe Familienversicherte)

--→ keine Ausschlüsse von Krankheiten

--→ keine Zuschläge wegen Vorerkrankungen

4.1.2 Pflegeversicherung

Zweck: Schutz bei Pflegebedürftigkeit

Träger: Pflegekassen (Krankenkassen)

Versicherte: Arbeitnehmer, Angestellte, Arbeitslose, Rentner

Beitragssätze:

--→ Gesamtbeitragssatz: 3,05 % bis zur Beitragsbemessungsgrenze

--→ Arbeitnehmerbeitragssatz: 1,525 %

--→ Kinderlosenzuschlag: Kinderlose ab 23 Jahren zahlen einen Zuschlag von 0,35 %

Pflegegrade: fünf Pflegegrade, von Pflegegrad 1 (geringe Beeinträchtigung der Selbstständigkeit oder der Fertigkeiten) bis Pflegegrad 5 (schwerste Beeinträchtigung der Selbstständigkeit oder der Fertigkeiten mit besonderen Anforderungen an die pflegerische Versorgung)

Leistungen: Pflegegeld, Sachleistungen, Kombination von beidem, vollstationäre Pflege, Kurzzeitpflege, Pflegehilfsmittel

4.1.3   Arbeitslosenversicherung

Zweck: Schutz vor und bei Arbeitslosigkeit

Träger: Bundesagentur für Arbeit, Nürnberg

Versicherte: alle Arbeitnehmer

Beitragssätze/weitere Finanzierung:

--→ Gesamtbeitragssatz: 2,4 % bis zur Beitragsbemessungsgrenze
--→ Arbeitnehmerbeitragssatz: 1,2 %
--→ Bundeszuschüsse aus Steuermitteln

Arbeitsförderung: Berufsberatung, Arbeitsvermittlung, Erstattung der Bewerbungskosten, Umschulung, Fortbildung

Leistungen:

--→ **Arbeitslosengeld I**
  * 60 % (ohne Kind) bzw. 67 % (mit Kind) vom Nettoverdienst
  * Dauer des Bezuges: 6–24 Monate, je nach vorheriger Beschäftigungszeit und Lebensalter, danach → Arbeitslosengeld II (Hartz IV)
  * Voraussetzungen: Anwärter ist beschäftigungslos, sucht versicherungspflichtige Beschäftigung (mindestens 15 Stunden/Woche) Anwartschaftszeit erfüllt, arbeitslos gemeldet, Arbeitslosengeld beantragt
  * Pflichten des Arbeitslosen: Eigenbemühen, Verfügbarkeit
  * Strafen bei Pflichtverletzung: Sperrzeiten, Kürzung, Wegfall, Rückforderung der Geldleistung

--→ **Kurzarbeitergeld, Saison-Kurzarbeitergeld**
--→ **Insolvenzgeld**

4.1.4   Rentenversicherung

Zweck: Absicherung im Alter (Altersrente), bei Erwerbungsunfähigkeit (Erwerbsminderungsrente), Hinterbliebene bei Tod eines Versicherten (Hinterbliebenenrente)

Träger: Deutsche Rentenversicherung (DRV)

Versicherte: Arbeitnehmer, Azubis, Eltern in der Elternzeit

Sozialversicherungsausweis: Vorlage-, Hinterlegungs- und Meldepflicht bei Arbeitgeber

Beitragssätze/Finanzierung:

--> Gesamtbeitragssatz: 18,6 % bis zur Beitragsbemessungsgrenze
--> Arbeitnehmerbeitragssatz: 9,3 %
--> Bundeszuschüsse aus Steuermitteln

Besonderheiten:

--> jährlicher Bundeszuschuss durch den Staat
--> **Generationenvertrag (ungeschriebener Vertrag zwischen der jüngsten, mittleren und älteren Generation):**
  - Als Kinder erhalten wir Unterhalt, Pflege, Bildung und Erziehung.
  - Als Erwachsene zahlen wir Beiträge in die Rentenversicherung.
  - Als Rentner erhalten wir Altersruhegeld.

--> **Umlageverfahren:** Die Beiträge werden sofort wieder an die Rentner ausgezahlt.

Leistungen:

--> **Regelaltersrente:** ab Geburtsjahrgang 1964 → 67 Jahre
--> **Vorgezogene Rente:** Rente wegen voller oder teilweiser Erwerbsunfähigkeit
--> **Hinterbliebenenrente** (Witwen/Witwer-, Voll- und Halbwaisenrente)
--> **Produktivitätsrente:** Beteiligung der Rentner an wirtschaftlicher Produktivitätssteigerung durch Rentenanpassung
--> **Kindererziehungszeiten:** Zeiten der Erziehung eines Kindes in dessen ersten drei Lebensjahren wirken rentenbegründend und rentensteigernd
--> **Erziehungsrente:** Geschiedene bei Tod des Ehepartners für Zeiten der Kindererziehung
--> **Grundrente:** Aufstockung der bestehenden Rente; Höhe wird individuell bestimmt
--> **Rehabilitation:** Kuren, Umschulung, Übergangsgeld

Drei-Säulen-Modell der Altersvorsorge

Durch den demografischen Wandel (weniger Beitragszahler, mehr Rentner) ist eine vielschichtige Altersvorsorge erstrebenswert. Das System der Alterssicherung in Deutschland basiert deshalb auf drei Säulen.

- → **1. Säule: gesetzliche Vorsorge** (gesetzliche Pflichtversicherung) → Existenzsicherung
- → **2. Säule: betriebliche Vorsorge** (Betriebsrente, Zusatzversorgung Öffentlicher Dienst) → Sicherung der gewohnten Lebenshaltung
- → **3. Säule: private Vorsorge** (Lebensversicherung, Immobilien, private Rentenversicherung [Riester-, Rürup-Rente]) → individuelle Ergänzung

Riester- und Rürup-Rente sind staatlich gefördert (Steuervergünstigung, Prämien).

4.1.5 Unfallversicherung

Zweck: Schutz bei Arbeitsunfällen, bei Wegeunfällen auf dem direkten Weg zur Arbeit und nach Hause, bei Berufskrankheiten

Träger im Gesundheitsbereich: Berufsgenossenschaft für Gesundheitsdienst und Wohlfahrtspflege, Hamburg (BGW)

Versicherte: Arbeitnehmer, Schüler, Studenten

Beiträge:

- → zahlt der Arbeitgeber allein direkt an die BGW
- → hängen ab von Unfallgefahren, Beschäftigtenzahl, Gesamtverdienst aller Arbeitnehmer

Aufgaben:

- → Arbeitsunfälle, Berufskrankheiten verhindern
- → arbeitsbedingte Gesundheitsgefahren durch Unfallverhütungsvorschriften (UVV) eindämmen
- → Folgen von Arbeits- und Wegeunfällen abmildern

Arbeitsunfälle sind im Verbandbuch zu dokumentieren:

- → Name der verletzten oder erkrankten Person
- → Angaben zum Unfallhergang, zum Gesundheitsschaden (Datum, Uhrzeit, Ort, Unfallart, Hergang, Art und Umfang der Verletzung)
- → Namen der Zeugen
- → Erste Hilfe (Namen, Datum, Uhrzeit, Hilfsmaßnahmen)

Grund für die Dokumentation ist, dass bei eventuellen Spätfolgen sonst keine Kostenübernahme erfolgt → die Behandlung erfolgt durch den Durchgangsarzt.

Leistungen: Behandlungskosten, Medikamente, Heil- und Hilfsmittel, Krankenhauskosten, Umschulung, Verletztengeld, Verletztenrente, Witwen- und Waisenrente, Sterbegeld

Volkswirtschaftlicher Nutzen: Entlastung der Krankenversicherung und der Rentenversicherung

4.1.6 Klageort

Die Sozialgerichte sind die Gerichte erster Instanz für alle öffentlich-rechtlichen Streitigkeiten in der Sozialversicherung.

4.2 Individualversicherungen

Zweck: private Risiken abdecken

Beitritt: freiwillig

Beitragshöhe: je nach Leistungsumfang und Risiko

Beitrag: zahlt Privatperson allein

⇢ **Urkunde bei Vertragsabschluss:** Police (enthält Leistungen, Risiken, Versicherungsdauer, Beiträge u. a.)

⇢ **Pro Individualversicherung:**
- Schutz vor Unvorhersehbarem
- Schutz vor großem finanziellen Risiko

⇢ **Kontra Individualversicherung:**
- Man kann sich nicht gegen alles versichern.
- teure Versicherungsprämien
- unübersichtlicher Versicherungsmarkt
- Viele Risiken sind im „Kleingedruckten" ausgeschlossen.

Versicherungsarten

Versicherung	Versicherter Schaden
Personenversicherungen	**an der eigenen Person**
⇢ Berufsunfähigkeitsversicherung	⇢ unvorhergesehene Erwerbslosigkeit
⇢ Lebensversicherung	⇢ Tod des Versicherten
⇢ Unfallversicherung	⇢ durch Risikosportarten (Drachenfliegen)

Versicherung	Versicherter Schaden
Sachversicherungen ⇢ Hausratversicherung ⇢ Wohngebäudeversicherung	**an eigenen Sachen** ⇢ z. B. durch Wasserschäden, Feuer, Diebstahl ⇢ z. B. durch Sturm, Hagel, Feuer
Vermögensversicherungen ⇢ Private Haftpflicht ⇢ Berufshaftpflicht ⇢ Kfz-Haftpflicht	**Schäden, die man anderen zufügt** ⇢ durch Unachtsamkeit bei Freunden usw. ⇢ durch Unachtsamkeit im Beruf ⇢ Schäden an fremden Autos

Private Krankenversicherung (PKV)

Zweck: Zusatzleistungen zur privaten Krankenversicherung, Auslandskrankenversicherung

Träger: Private Krankenkassen (z. B. Debeka, HUK usw.)

Versicherte: Beamte, Selbstständige, freie Berufe (Ärzte, Anwälte), Arbeitnehmer über der Jahresarbeitsentgeltgrenze

Beiträge:

⇢ zahlt der Patient an die private Krankenkasse
⇢ Familienangehörige zahlen eigene Beiträge

Kostenerstattungsprinzip:

⇢ Der Patient reicht die Rechnung bei der PKV ein, die die Kosten erstattet.
⇢ Bei Beamten: Kopie der Rechnung an Beihilfe, diese erstattet einen Teil der Kosten; Original an die Krankenkasse → erstattet die übrigen Kosten ganz oder teilweise

Leistungen: Chefarztbehandlung, 1-/2-Bett-Zimmer im Krankenhaus, Krankenhaustagegeld, Zahnersatz

Vorteile: bessere Leistungen, schnellere Terminvergabe, meist günstiger (bei hohen Einkommen), flexibler, individuelle Absicherung möglich

4.3 Sozialleistungen

▶ **Sozialleistungen** sind staatliche Zahlungen ohne Gegenleistung des Bürgers.

⇢ **Kindergeld:**
- 1. Kind: 219,00 €/Monat; 2. Kind: 219,00 €/Monat; 3. Kind: 225,00 €/Monat usw.

- Anspruch uneingeschränkt bis zum 18. Geburtstag des Kindes
- Verlängerung bei Schule, Ausbildung, Studium, Bundesfreiwilligendienst

⇢ **Wohngeld:** Mietzuschuss der Stadt/Gemeinde

⇢ **Berufsausbildungsbeihilfe (BAB):** für alleinlebende Personen während der Ausbildung, durch die Agentur für Arbeit

⇢ **BAföG:** Förderung von Schülern ab Klasse 10 einer allgemeinbildenden Schule, Fachschulen, Berufsfachschulen, Schulen des Zweiten Bildungsweges, Studenten; Antrag beim Landkreis, Studentenwerk

⇢ **Sozialgeld/Hartz IV:** wenn kein Anspruch mehr auf Arbeitslosengeld I besteht; zuständig sind die örtlichen Arbeitsagenturen, ARGE, Job-Center

⇢ **Elterngeld:** zuständig sind die örtlichen Elterngeldstellen (je nach Bundesland: Landkreise, Kommunen oder besondere Behörden)

⇢ **Mutterschaftsgeld:** wird durch Krankenkasse erbracht

5 Berufliche Perspektiven

5.1 Bewerbung

Vorgehen: wahlweise initiativ oder auf eine Anzeige hin, eigene Anzeige; Arten der Online-Bewerbung → Kurz-, Voll-, Formularbewerbung oder Bewerbungshomepage

Inhalt einer Bewerbung: Anschreiben, Deckblatt, Foto, lückenloser tabellarischer Lebenslauf, Abschlusszeugnisse (allgemeinbildende Schule, Berufsschule), Ausbildungs-, Arbeits-, Prüfungszeugnis, Lehrgangsbescheinigungen, Zertifikate

Die **Blätter** der Bewerbung sollten keine Knicke oder Flecken ausweisen und dürfen nicht gelocht oder geheftet sein. Es ist auf den sprachlichen Ausdruck, Rechtschreibung, Zeichensetzung zu achten, und die Unterschrift darf nicht vergessen werden. Der **Briefumschlag** zur Versendung der Bewerbung muss mit Absender, richtigem Namen und Adresse, und mit ausreichend Porto versehen sein

In der Bewerbung sollten die **Eigenschaften der ZFA** beschrieben sein: teamfähig, flexibel, belastbar, freundlich, motiviert, zuverlässig, eigenverantwortlich, pünktlich, engagiert, fortbildungsbereit, guter Umgang mit Kindern und Angstpatienten.

Die **Personalauswahl** wird nach Beurteilung der Bewerbung, einem Vorstellungsgespräch, eventuell Probearbeiten, Praktikum, Tests durch die Zahnarztpraxis vorgenommen.

Fragen im Vorstellungsgespräch:

Erlaubte Fragen	Nicht erlaubte Fragen
⇢ berufsbezogene Fragen	⇢ nicht berufsbezogene Fragen (Privates)
⇢ Motivation	⇢ bestehende Schwangerschaft
⇢ Schulbildung	⇢ Mitgliedschaft in Parteien, Gewerkschaft
⇢ Tätigkeiten	⇢ Religion
⇢ **Wahrheitspflicht**	⇢ Hobbys
	⇢ Privatleben
	⇢ frühere, ausgeheilte Krankheiten
	⇢ Schulden
	⇢ **Notlügen erlaubt**

5.2 Arbeitsvertrag

Dauer:

--> **Unbefristete Verträge:** Ende durch Kündigung
--> **Befristete Verträge:**

	Ohne Grund	Mit Grund
Beispiel	Übernahme	Vertretung
Höchstdauer	zwei Jahre	unbegrenzt
Ende	mit Fristablauf	mit Fristablauf
Verlängerung	max. 3-mal	max. 3-mal

Form: mündlich, schriftlich, Nachweispflicht nach EU-Recht

Inhalte: Vertragspartner, Beginn, Dauer, Tätigkeit, ärztliche Untersuchung, Probezeit (max. 6 Monate), Pflichten des Arbeitnehmers, Arbeitszeit, Vergütung, Arbeitsverhinderung, Lohnfortzahlung, Urlaub, Internet- und Telefonnutzung, Beendigung, Zeugnis, Nebentätigkeiten, Nebenabreden, Ort, Datum, Unterschriften

Pflichten aus einem Arbeitsvertrag:

--> **Arbeitnehmer:** Arbeitspflicht, Gehorsamspflicht, Sorgfaltspflicht, Benachrichtigungspflicht, Treuepflicht, Schweigepflicht, Wettbewerbsverbot
--> **Arbeitgeber:** Beschäftigungspflicht, Vergütungspflicht, Diskriminierungsverbot, Lohnfortzahlung, Fürsorgepflicht, Urlaub, Zeugnis, Haftpflicht
--> **Lohnfortzahlungspflicht bei Krankheit:**
  • sechs Wochen bei vollem Gehalt vom Arbeitgeber
  • pro Krankheit
  • bei unverschuldeter Krankheit, nicht bei Eigenverschulden
  • Anspruch: ab vier Wochen Betriebszugehörigkeit

Arbeitszeugnis:

--> **Arten:** einfaches, qualifiziertes
--> **Zeugnisgrundsätze:** Wahrheit, Wohlwollen, formgerecht, fristgerecht
--> **Positive Umschreibung von Negativverhalten:** Einzelwörter, keine verschlüsselten Formulierungen
--> **Notenskala 1–6:** z. B. „stets zu unserer voll**sten** Zufriedenheit" = Note 1
--> **Hilfe bei mehrdeutigen Formulierungen:** Arbeitgeber, Freunde, Eltern, Lehrer, Berufsverband, Zahnärztekammer, Fachanwalt, Arbeitsgericht

Beendigung:

--> **Allgemeine Gründe:** Zeitablauf, Kündigung, Aufhebungsvertrag, Renteneintritt, Tod, Praxisaufgabe, Praxiswechsel

--> **Durch Kündigung:**
- **Form: schriftlich (zwingend)**
- **Empfangsbedürftig:** Zugang muss nachgewiesen werden (Einschreiben mit Rückschein oder Unterschrift auf Briefkopie)
- **Einseitige Willenserklärung:** kann nicht abgelehnt werden
- Arbeitnehmer **muss keinen** Kündigungsgrund angeben
- Arbeitgeber **muss** Kündigungsgrund angeben

--> **Ordentliche Kündigung** (Einhaltung der Kündigungsfrist beachten):
1. **Durch Arbeitgeber:**
   - **Verhaltensbedingt:** z. B. Unpünktlichkeit, mangelhafte Kenntnisse
   - **Personenbedingt:** z. B. häufige Kurz- und Langzeiterkrankungen
   - **Betriebsbedingt:** z. B. Praxisschließung, schlechte Wirtschaftslage

2. **Durch Arbeitnehmer:** z. B. Streit, Unzufriedenheit, mehr Gehalt, Karrieresprung

--> **Außerordentliche Kündigung:**
- fristlos
- aus wichtigem Grund
- hat spätestens 14 Tage nach dem Ereignis, das die Kündigung begründet, zu erfolgen

--> **Änderungskündigung:**
- bei Änderung der inhaltlichen Arbeitsbedingungen (Arbeitsbereich; Arbeitszeit → Vollzeit/Teilzeit)
- alter Arbeitsvertrag wird gekündigt + neuer Arbeitsvertrag wird angeboten

Besonderer Kündigungsschutz:

--> Schwangere

--> während der Elternzeit

--> Menschen mit Schwerbehinderung

--> Auszubildende

Gesetzliche Kündigungsfristen:

Betriebszugehörigkeit	Mindestfristen (BGB)	Kündigung
unter sechs Monaten (Probezeit)	zwei Wochen	täglich möglich
über sechs Monate	vier Wochen (= 28 Tage)	zum 15. oder zum Monatsende

Berechnung des spätesten Kündigungstermins:

Arbeitsende: 30.09. – 28 Tage = 02.09.

Verlängerte Kündigungsfristen des Arbeitgebers:

Langjährige Betriebszugehörigkeit	Verlängerte Kündigungsfrist	Kündigung
zwei Jahre	einen Monat	zum Monatsende
fünf Jahre	zwei Monate	zum Monatsende
acht Jahre	drei Monate	zum Monatsende
zehn Jahre	vier Monate	zum Monatsende
zwölf Jahre	fünf Monate	zum Monatsende
15 Jahre	sechs Monate	zum Monatsende
20 Jahre	sieben Monate	zum Monatsende

Nach der Kündigung:

--→ Freistellung für Vorstellungsgespräche bei unbefristeten Verträgen
--→ Arbeitszeugnis
--→ Resturlaub (Urlaubsbescheinigung)
--→ Arbeitspapiere:
  • An- und Abmeldung zur Sozialversicherung
  • Jahresmeldung zur Sozialversicherung
  • Sozialversicherungsausweis
  • elektronische Steuerbescheinigung
  • letzte Gehaltsabrechnung
  • Arbeitsbescheinigung → Antrag auf Arbeitslosengeld → Agentur für Arbeit
  • Bescheinigung über vermögenswirksame Leistungen
--→ Widerspruch:
  • Arbeitnehmer erhebt binnen drei Wochen „Kündigungsschutzklage" vor dem Arbeitsgericht (am Geschäftssitz des Arbeitgebers)
  • Arbeitnehmer muss in dieser Zeit weiterbeschäftigt werden

Bei Streitfällen: Konflikt direkt ansprechen, Kollegen, Zahnarzt, Berufsverband, Ausbildungsberater, Kammer, Gewerbeaufsicht, Fachanwalt, Arbeitsgericht

5.3   Fort- und Weiterbildung

Nach § 1 BBiG gliedert sich die Berufsbildung in vier Bereiche:

1. Berufsausbildungsvorbereitung   3. Fortbildung
2. Berufsausbildung   4. Umschulung

Die Begriffe „Fortbildung" und „Weiterbildung" werden alltagssprachlich häufig synonym gebraucht, dennoch gibt es Unterschiede:

	Fortbildung	Weiterbildung
Ziel	Vermittlung von neuem Wissen und neuen Fertigkeiten an Mitarbeiter	→ Höherqualifizierung → mehr Verantwortung → Führungsaufgaben
höheres Gehalt	nein	ja
Dauer	→ kurze Einheiten → mehrere Tage; 1–2 Wochen	→ längere Einheiten → mehrere Wochen/Monate/Jahre
Berufstätigkeit notwendig	ja	Ausbildung + Berufserfahrung
Kostenübernahme	AN oder AG	je nach beruflicher Situation (AG, Staat, privat)
Anbieter	→ Kammern → Berufsverband → Akademien → Praxen	→ Kammern → Berufsverband → Akademien

Zurzeit gibt es folgende Höherqualifizierungen (Weiterbildungen):

→ **Anpassungsfortbildungen** (zwischen 40 und 280 Std.), z. B. als Prothetische oder Kieferorthopädische Assistentin

→ **Aufstiegsfortbildungen** (zwischen 280 und 400 Std.) als:

Abkürzung	Berufsspezialistin	Tätigkeiten
ZMP	Zahnmedizinische Prophylaxeassistentin	Prophylaxe, PZR
ZMF	Zahnmedizinische Fachassistentin	Prophylaxe, Chirurgie, Verwaltung

Abkürzung	Berufsspezialistin	Tätigkeiten
ZMV	Zahnmedizinische Verwaltungsassistentin	Verwaltung, Abrechnung, Ausbilderin
DH	Dentalhygienikerin	Prophylaxe, Unterstützung PAR
PM	Praxismanagerin	Abrechnung, Verwaltung

⤳ **Weitere Fortbildungsmöglichkeiten:** Geprüfte/-r Fachwirt/-in, Geprüfte/-r Betriebswirt/-in

⤳ Das Berufsbildungsgesetz sieht künftig folgende Höherqualifizierung vor: 3-Stufen-Modell

- 1. Stufe: Berufsspezialist
- 2. Stufe: Bachelor Professional
- 3. Stufe: Master Professional

Die neuen Berufsbezeichnungen werden noch festgelegt.

Gründe: Unzufriedenheit, mehr Wissen, mehr Verantwortung, höherer Verdienst, Arbeitslosigkeit

Fördermöglichkeiten: SBB (Stiftung Begabtenförderung berufliche Bildung bis 25 Jahre), Weiterbildungsstipendium über 25 Jahre, Aufstiegsstipendium; Aufstiegs-BAFöG (AFBG), Meisterbonus, Meisterpreis

Weitere Finanzierungsmöglichkeiten:

⤳ Zusatzvereinbarung im Arbeitsvertrag (Praxis)

⤳ staatliche Weiterbildungskredite (Kreditanstalt für Wiederaufbau KfW oder Bundesverwaltungsamt)

⤳ Bildungsgutscheine (Agentur für Arbeit)

⤳ Ausgaben als Werbungskosten steuermindernd absetzen

⤳ Ersparnisse, Eltern, Verwandte

Bildungsurlaub: je nach Bundesland maximal eine Woche pro Jahr

5.4   Tarifverträge

Tarifautonomie: Tarifpartner dürfen Tarifverträge frei und ohne staatlichen Einfluss aushandeln

Tarifpartner: Arbeitgeber- und Arbeitnehmerverbände

Tarifbindung: ZFA und Zahnarzt müssen Mitglied im jeweiligen Berufsverband sein.

Günstigkeitsprinzip: im Arbeitsvertrag günstigere Bedingungen möglich

Entgelttarifvertrag: regelt Gehalt, Gehaltsgruppen, Zuschläge, Zulagen, Ausbildungs-vergütung

Manteltarifvertrag: regelt Arbeitszeiten, Urlaub, Kündigungsfristen

6 Entlohnung

6.1 Lohnformen

Es wird unterschieden zwischen **Lohn** (Arbeiter) und **Gehalt** (Angestellte).

--> **Zeitlohn:** Stundenlohn, Mindestlohn nach Arbeitsstunden, Gehalt pro Monat
   Mindestlohn 2022:
   - ab 01.01.2022: 9,82 €/Std.
   - ab 01.07.2022: 10,45 €/Std. (--> Erhöhung auf 12,00 EUR/Std. in 2 Stufen geplant)

--> **Akkordlohn:** Entgelt nach Stückleistung, vor allem in der Produktion

--> **Prämienlohn:** Zeitlohn plus Prämie für z. B. Umsatz, gute Qualität

6.2 Steuern

Lohnsteuer/Einkommensteuer

--> Die Höhe der Lohnsteuer hängt ab vom Bruttoverdienst, der Steuerklasse und
   eventuellen Steuerfreibeträgen (in Lohnsteuertabellen nachzulesen).

--> Steuerfreibeträge:
   - **Grundfreibetrag:** steuerfreies Existenzminimum, für Alleinstehende und
     Verheiratete, wird jährlich festgelegt
   - **Kinderfreibetrag:** steuerfreies Existenzminimum für Kinder, allein oder auf
     beide Elternteile aufzuteilen

--> **Steuersätze:** 14 % bis 45 %

--> **Steuerklassen** (römische Ziffern):
   - I: für Ledige, Verwitwete, getrennt oder geschieden Lebende
   - II: für Alleinstehende mit Kind
   - III: für Verheiratete/Verpartnerte (den Partner mit dem höherem Einkommen)
   - IV: für Verheiratete/Verpartnerte (beide Partner mit gleich hohem Einkommen)
   - V: für Verheiratete/Verpartnerte (den Partner mit dem niedrigerem Einkommen)
   - VI: bei Zweit- oder Nebenverdienst (über 450,00 €)

Kirchensteuer

--> 8 % oder 9 % der Lohnsteuer/Einkommensteuer

--> je nach Religionszugehörigkeit und Bundesland

Solidaritätszuschlag

--> 5,5 % der Lohnsteuer/Einkommensteuer

--→ zur Finanzierung der Kosten der deutschen Einheit eingeführt

--→ kein Solidaritätszuschlag bis 16.956,00 €/33.912,00 € Einkommenssteuer → darüber hinaus „Milderungszone" → oberhalb der „Milderungszone" voller Solidaritätszuschlag

6.3 Sozialversicherungsbeiträge

Der Arbeitgeber überweist die Gesamtbeiträge (ohne Unfallversicherung) an die Krankenkassen. Diese leiten die Beiträge weiter an den jeweiligen Träger (Rentenversicherungsträger, Bundesagentur für Arbeit).

Beitragssätze:

Sozialversicherungs-zweig	Gesamtbeitragssatz	Beitragssatz Arbeitnehmer (AN)
Krankenversicherung	14,6 % + maximal 1,3 % (individueller Zusatzbeitrag der Krankenkasse) = max. 15,9 %	7,3 % + maximal 0,65 % (individueller Zusatzbeitrag der Krankenkasse) = max. 7,95 %
Pflegeversicherung	–3,05 % –3,40 % (Kinderlose über 23 Jahre) --→ weitere Ausnahme für Sachsen	–1,525 % + 0,35 % Kinderlosenzuschlag (--→ zahlt nur der AN) –1,875 % (Kinderlose über 23 Jahre)
Rentenversicherung	18,6 %	9,3 %
Arbeitslosenversicherung	2,4 %	1,2 %
Unfallversicherung	vom Arbeitgeber allein zu zahlen	–

Beitragsbemessungsgrenze (Stand: 2022):

Die Sozialversicherungsbeiträge werden nur bis zu einer bestimmten Grenze erhoben. Für den Teil des Gehaltes, der oberhalb der Beitragsbemessungsgrenze (BBG) liegt, fallen keine Beiträge an.

Sozialversicherungszweig	Beitragsbemessungsgrenze
Kranken- und Pflegeversicherung	4.837,50 € pro Monat
Arbeitslosen- und Rentenversicherung	West: 7.050,00 € pro Monat Ost: 6.750,00 € pro Monat

Jahresarbeitsentgeltgrenze (Stand: 2022):

Oberhalb der Jahresarbeitsentgeltgrenze (JAEG) besteht Wahlfreiheit zwischen GKV und PKV.

Sozialversicherungszweig	Jahresarbeitsentgeltgrenze
Kranken- und Pflegeversicherung	5.362,50 € pro Monat

6.4 Gehaltsabrechnung

Eine **Gehaltsabrechnung** vollzieht sich nach folgendem **Schema:**

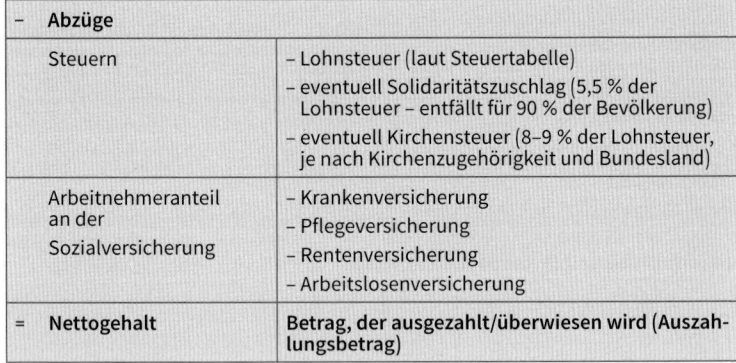

	Bruttogehalt	Grundgehalt laut Arbeitsvertrag
+	freiwillige Sonderzahlungen	z. B. Zulagen, Prämien, Weihnachtsgeld, Arbeitgeberanteil zu den vermögenswirksamen Leistungen
=	**Bruttoverdienst**	**gibt der Arbeitgeber aus und ist steuerpflichtig**

–	**Abzüge**	
	Steuern	– Lohnsteuer (laut Steuertabelle) – eventuell Solidaritätszuschlag (5,5 % der Lohnsteuer – entfällt für 90 % der Bevölkerung) – eventuell Kirchensteuer (8–9 % der Lohnsteuer, je nach Kirchenzugehörigkeit und Bundesland)
	Arbeitnehmeranteil an der Sozialversicherung	– Krankenversicherung – Pflegeversicherung – Rentenversicherung – Arbeitslosenversicherung
=	**Nettogehalt**	**Betrag, der ausgezahlt/überwiesen wird (Auszahlungsbetrag)**

▶ **Brutto** (Bruttogehalt) = Gehalt **ohne Abzüge**
Netto (Nettogehalt) = Gehalt **mit Abzügen**

Beispiel: *Für die 21-jährige kinderlose ZFA Lea Kleinschmidt (evangelisch, wohnhaft in Hannover), ist eine Gehaltsabrechnung zu erstellen. Dafür liegen folgende Daten vor:*

⇢ *Bruttogehalt:*   *1.800,00 €*
⇢ *Lohnsteuer:*   *122,75 €*
⇢ *Solidaritätszuschlag:*   *0 % der Lohnsteuer*
⇢ *Kirchensteuer:*   *9 % der Lohnsteuer*
⇢ *Krankenversicherung (KV):*   *14,6 % + 1,3 % individueller Zusatzbeitrag*
⇢ *Pflegeversicherung (PV):*   *3,05 %*
⇢ *Arbeitslosenversicherung (AV):*   *2,4 %*
⇢ *Rentenversicherung (RV):*   *18,6 %*

Wie hoch ist ihr Nettogehalt?

Rechenweg:

	Betrag in Euro	Beitragssatz AN (Gesamtbeitrag : 2)	Betrag/Beitrag von der Lohnsteuer, vom Bruttogehalt
Bruttogehalt	1.800,00		
– Lohnsteuer	– 122,75		
– Solidaritätszuschlag	– 0,00		
– Kirchensteuer	– 11,04	9 % der Lohnsteuer	122,75 : 100 · 9 1)
– KV	– 143,10	= 14,6 + 1,3 = 15,9 : 2 = 7,95	1.800,00 : 100 · 7,95 2)
– PV	– 31,95	= 3,05 : 2 = 1,525	1.800,00 : 100 · 1,525 3)
– AV	– 21,60	= 2,4 : 2 = 1,2	1.800,00 : 100 · 1,2 4)
– RV	– 167,40	= 18,6 : 2 = 9,3	1.800,00 : 100 · 9,3 5)
= Nettogehalt	**= 1.302,16**	**= 20,225**	

Berechnung der Abzüge (s. Wichtige Formeln Nr. 3):

Diese Prozentzahlen nie runden!

15,9 % + 3,05 % + 2,4 % + 18,6 % = 39,95 % : 2 = 19,975 % + 0,25 % = 20,225 %
→ Zwischenwerte NIE runden!

$$\frac{\text{Bruttogehalt} \cdot \text{Prozentsatz}}{100} = \frac{1.800,00\ € \cdot 20,225}{100} = 364,05\ € \text{ 6)}$$
AN-Beiträge zur Sozialversicherung

Kurzform mit Prozentfaktor:

1) $122{,}75 \cdot 0{,}09$	4) $1.800 \cdot 0{,}012$
2) $1.800 \quad \cdot 0{,}0795$	5) $1.800 \cdot 0{,}093$
3) $1.800 \quad \cdot 0{,}01525$	6) $1.800 \cdot 0{,}20225$

Wichtige Formeln:

1. Kirchensteuer 9 % der Lohnsteuer (Niedersachsen)	$\dfrac{\text{Lohnsteuer} \cdot \text{Steuersatz}}{100}$ $\dfrac{122{,}75\,\text{€} \cdot 9}{100} = 11{,}05\,\text{€}$ Mit Prozentfaktor: $122{,}75 \cdot 0{,}09$
2. Solidaritätszuschlag	entfällt seit 2021
3. Abzüge zur SV AN-Beiträge zur Sozialversicherung	$\dfrac{\text{Bruttogehalt} \cdot \text{Summe der AN – Beitragssätze}}{100}$ $\dfrac{1.800{,}00\,\text{€} \cdot 20{,}225}{100} = 364{,}05\,\text{€}$ Mit Prozentfaktor: $1.800 \cdot 0{,}20225$
4. AN-Beitrag zur SV Beispiel: KV	$\dfrac{\text{Bruttogehalt} \cdot \text{Beitragssatz}}{100}$ $\dfrac{1.800{,}00\,\text{€} \cdot 7{,}95}{100} = 143{,}10\,\text{€}$ Mit Prozentfaktor: $1.800 \cdot 0{,}0795$
5. AN-Beitrag zur SV (bei BBG) Beispiel: KV Bruttogehalt: 5.000,00 € BBG: 4.837,50 €	$\dfrac{\text{BBG} \cdot \text{Beitragssatz}}{100}$ $\dfrac{4.837{,}50\,\text{€} \cdot 7{,}95}{100} = 384{,}50\,\text{€}$ Mit Prozentfaktor: $4.837{,}50 \cdot 0{,}0795$
6. AG-Überweisung an die Krankenkasse (AG- + AN-Beitrag) **a) Normalfall** **b) Pflegeversicherung (Sonderfall: Kinderlose über 23 Jahre)**	Beispiel KV (Normalfall) AN-Beitrag · 2 143,10 € · 2 = 286,20 € AN-Beitrag + AG-Beitrag + ggf. Kinderlosenzuschlag (nur vom Arbeitnehmer)

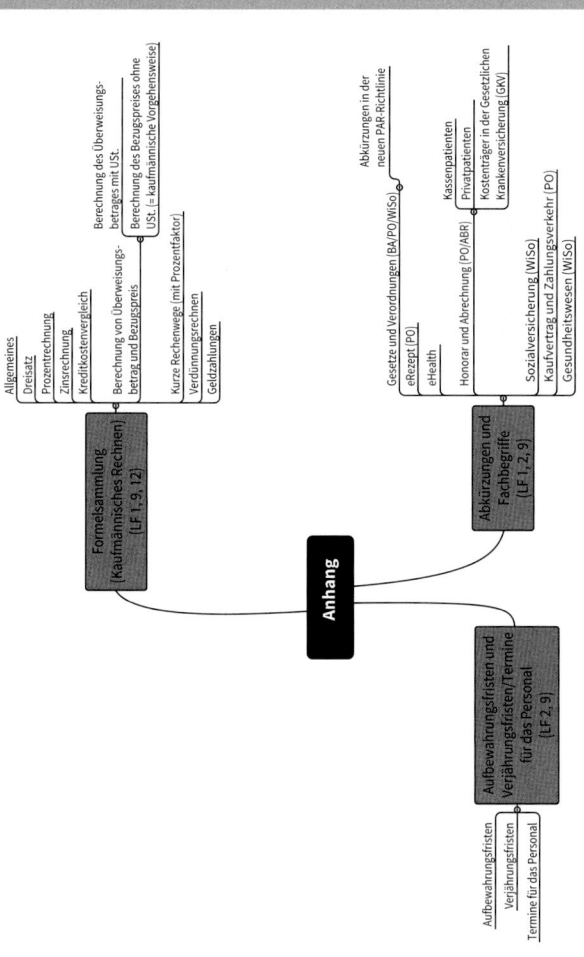

Anhang

Formelsammlung (Kaufmännisches Rechnen) [LF 1, 9, 12]
- Allgemeines
- Dreisatz
- Prozentrechnung
- Zinsrechnung
- Kreditkostenvergleich
- Berechnung von Überweisungsbetrag und Bezugspreis
  - Berechnung des Überweisungsbetrages mit USt.
  - Berechnung des Bezugspreises ohne USt. (= kaufmännische Vorgehensweise)
- Kurze Rechenwege (mit Prozentfaktor)
- Verdünnungsrechnen
- Geldzahlungen

Abkürzungen und Fachbegriffe [LF 1, 2, 9]
- Gesetze und Verordnungen (BA/PO/WiSo)
- eRezept (PO)
- eHealth
- Honorar und Abrechnung (PO/ABR)
  - Abkürzungen in der neuen PAR-Richtlinie
  - Kassenpatienten
  - Privatpatienten
  - Kostenträger in der Gesetzlichen Krankenversicherung (GKV)
- Sozialversicherung (WiSo)
- Kaufvertrag und Zahlungsverkehr (PO)
- Gesundheitswesen (WiSo)

Aufbewahrungsfristen und Verjährungsfristen/Termine für das Personal [LF 2, 9]
- Aufbewahrungsfristen
- Verjährungsfristen
- Termine für das Personal

1 Formelsammlung (Kaufmännisches Rechnen)

1.1 Allgemeines

Schreibweise Euro-Beträge:
Richtig: 15 € oder 15,00 € oder 15,-- €
Falsch: z. B. 15,66-- €

Richtige Schreibweise bei Addition und Subtraktion:
Schreibe die Zahlen stellenrichtig untereinander.

	HT	ZT	T	H	Z	E		
84					8	4	E	= Einer
163				1	6	3	Z	= Zehner
9480			9	4	8	0	H	= Hunderter
10850		1	0	8	5	0	T	= Tausender
120347	1	2	0	3	4	7	ZT	= Zehntausender
							HT	= Hunderttausender

Rundungsregeln

··→ **Euro-Beträge auf zwei Kommastellen runden:** Wähle die 3. Zahl als Rundungs-
stelle, betrachte dann die Ziffern rechts von der Rundungsstelle.
- Bei 0, 1, 2, 3, 4: **abrunden** → 2. Stelle bleibt gleich (z. B. 12,441 → 12,44)
- Bei 5, 6, 7, 8, 9: **aufrunden** → 2. Stelle nimmt um 1 zu (z. B. 12,445 → 12,45)

··→ **Beiträge zur Sozialversicherung mit drei Kommastellen NIE runden!**

Skontosätze (üblich: maximal 3 %): immer ganze Sätze (3 %) oder mit einer Kom-
mastelle (2,5 %)

Runden von periodischen Brüchen:

··→ 1/3 = 0,33333 = 0,3 = 0,33
··→ 2/3 = 0,66666 = 0,6 = 0,67
··→ 1/6 = 0,16666 = 0,16 = 0,17

1.2 Dreisatz

Gerades Verhältnis

(je mehr, desto mehr bzw. je weniger, desto weniger)

Gegeben: 3 kg Alginat kosten 60,00 €.
Gesucht: Wie viel Euro kosten 8 kg Alginat?

		Menge	Preis	
Gegeben	: 3	3 kg	60,00 € : 3	$\frac{60{,}00\ € \cdot 8\ \text{kg}}{3\ \text{kg}} = 160{,}00\ €$
1 Einheit		1 kg	20,00 € · 8	
Gesucht	· 8	8 kg	160,00 €	

Ungerades Verhältnis

(je mehr, desto weniger bzw. je weniger, desto mehr)

Gegeben: 2 ZFAs brauchen 9 Std.
Gesucht: Wie viel Stunden brauchen 3 ZFAs?

		ZFAs	Stunden	
Gegeben		2 ZFAs	9 Stunden · 2	$\frac{9\ \text{Stunden} \cdot 2\ \text{ZFAs}}{3\ \text{ZFAs}} = 6\ \text{Std.}$
1 Einheit	: 2	1 ZFA	18 Stunden : 3	
Gesucht	· 3	3 ZFAs	6 Stunden	

1.3 Prozentrechnung

Bei der Prozentrechnung werden Zahlen zur Vergleichszahl 100 in Beziehung gesetzt.

⇢ **Prozent** = Pro Cent = **pro (von) Hundert**
⇢ 1 Prozent = 1/100 = 1 : 100 = 0,01

Bequeme Prozentsätze lassen sich einfach als Bruch schreiben:

Prozent	Bezeichnung	Bruch	Dezimalzahl (Prozentfaktor = PF)	Ganze Zahl
5 %	ein Zwanzigstel	1/20	0,05 1)	100 : 20 = 5
10 %	ein Zehntel	1/10	0,1 2)	100 : 10 = 10
12,5 %	ein Achtel	1/8	0,125 3)	100 : 8 = 12,5
16 2/3 %	ein Sechstel	1/6	0,166… 4)	100 : 6 = 16,67
20 %	ein Fünftel	1/5	0,2 5)	100 : 5 = 20
25 %	ein Viertel	1/4	0,25 6)	100 : 4 = 25
33 1/3 %	ein Drittel	1/3	0,33… 7)	100 : 3 = 33,3
50 %	ein Halb (Hälfte)	1/2	0,5 8)	100 : 2 = 50

Vereinfachung mit dem Prozentfaktor (PF) (Dezimalzahl)

Prozentzahl : 100

oder: Verschiebe das Komma 2 Stellen nach links (= vorne)

1) 5 : 100 = 0,05   5) 20 : 100 = 0,2
2) 10 : 100 = 0,1   6) 25 : 100 = 0,25
3) 12,5 : 100 = 0,125   7) 33,3 : 100 = 0,33
4) 16,66 : 100 = 0,166   8) 50 : 100 = 0,5

Vereinfachte Ermittlung des Prozentwertes mit dem Prozentfaktor (PF) in 2 Schritten:

→ Beispiel: 25 % von 200 €

1. Teile den Prozentwert
   durch Hundert: 25 : 100 = 0,25
2. Multipliziere den
   Grundwert · Prozentfaktor: 200 · 0,25 = 50 €

Grundbegriffe:

5 %	von	**500,00 €**	=	**25,00 €**
Prozentsatz (p)		**Grundwert (G)**		**Prozentwert (W)**
Teile von 100 in %		Ausgangswert		Teilwert von 100
		= das Ganze		in €, Stk. etc.
		= in €, Stück		
		= 100 %		

Prozentdreieck:

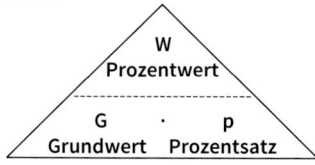

Anwendung:

1. Die gestrichelte Linie bedeutet „teilen".
2. gesuchten Wert abdecken
3. verbleibende Werte teilen oder multiplizieren

Beispiele:

⇢ *Gesucht: G → W : p*
⇢ *Gesucht: p → W : G*
⇢ *Gesucht: W → G · p*

Formeln:

1. **Grundwert (G)** $= \dfrac{\text{Prozentwert} \cdot 100}{\text{Prozentsatz}} = \dfrac{W \cdot 100}{p}$

2. **Prozentsatz (p)** $= \dfrac{\text{Prozentwert} \cdot 100}{\text{Grundwert}} = \dfrac{W \cdot 100}{G}$

3. **Prozentwert (W)** $= \dfrac{\text{Grundwert} \cdot \text{Prozentsatz}}{100} = \dfrac{G \cdot p}{100}$
Vereinfachung mit Prozentfaktor (PF): Grundwert · Prozentfaktor

4. **Vermehrter Grundwert** $= \dfrac{(\text{Grundwert} + \text{Prozentsatz}) \cdot 100}{(100 + \text{Prozentsatz})} = \dfrac{(G + p) \cdot 100}{(100 + p)}$
Vereinfachung mit dem vermehrten Prozentfaktor (PF):
Grundwert · vermehrter Prozentfaktor

5. **Verminderter Grundwert** $= \dfrac{(\text{Grundwert} - \text{Prozentsatz}) \cdot 100}{(100 - \text{Prozentsatz})} = \dfrac{(G - p) \cdot 100}{(100 - p)}$
Vereinfachung mit dem verminderten Prozentfaktor (PF):
Grundwert · verminderter Prozentfaktor

--→ Der vermehrte Grundwert findet z. B. bei Preiserhöhungen, der verminderte
  Grundwert bei Preissenkungen, Rabatten usw. Anwendung.
--→ Zwei Werte müssen immer gegeben sein, ein Wert wird immer gesucht.
--→ Der gesuchte Wert ist mit der Formel oder mit der Dreisatz-Tabelle zu ermitteln.

Bei der Berechnung mit der Formel ist wie folgt vorzugehen:

1. Formel auswählen
2. Werte einsetzen
3. ausrechnen

Beispiele:
1. Grundwert (G)
Wir bekommen 3 % Skonto. Das sind 15,00 €.
Wie hoch war der Bruttobetrag? (Wie hoch ist der Grundwert, wenn 3 % = 15,00 € sind?)

--→ Mit Formel:

1. Formel auswählen: $G = \dfrac{W \cdot 100}{p}$

2. Werte einsetzen: $\dfrac{15,00\ € \cdot 100\ \%}{3\ \%}$

3. ausrechnen: 500 €

$$G = \frac{15,00\ € \cdot 100\ \%}{3\ \%} = 500,00\ €$$

--→ Dreisatz-Tabelle:

	Prozent	Betrag	
: 3	3 %	15,00 €	: 3 gegebene Werte: Prozentsatz + Prozentwert
· 100	1 %	5,00 €	· 100
	100 %	500,00 €	gesuchter Wert

Antwortsatz: Der Bruttobetrag war 500 €.

2. Prozentsatz (p)

Von einer Rechnung über 500,00 € ziehen wir 15,00 € Skonto ab.
Wie viel Prozent Skonto erhalten wir? (Wie viel Prozent sind 15 von 500?)

--→ Mit Formel:

1. Formel auswählen: $\dfrac{W \cdot 100}{G}$

2. Werte einsetzen: $\dfrac{15,00\ € \cdot 100}{500,00\ €}$

3. ausrechnen: 3 %

$$p = \frac{15,00\ € \cdot 100}{500,00\ €} = 3\ \%$$

--→ Dreisatz-Tabelle:

	Betrag	Prozent	
: 500	500,00 €	100 %	: 500 → Grundwert
· 15	1,00 €	0,2 %	· 15
	15,00 €	3 %	Prozentwert + Prozentsatz

Antwortsatz: Wir erhalten 3 % Skonto.

3. Prozentwert (W)

Von einer Rechnung über 500,00 € ziehen wir 3 % Skonto ab.
Wie viel Euro Skonto erhalten wir? (Wie viel sind 3 % von 500?)

--→ Mit Formel:

1. Formel auswählen: $W = \dfrac{G \cdot p}{100}$

2. Werte einsetzen: $W = \dfrac{500,00 \,€ \cdot 3\,\%}{100\,\%}$

3. ausrechnen: $= 15\,€$

$W = \dfrac{500,00 \,€ \cdot 3\,\%}{100\,\%} = 15,00\,€$

> **Vereinfachung mit dem Prozentfaktor:**
> Grundwert · Prozentfaktor
> 500 €   · 0,03 (= 3 : 100) = 15 €

--→ Dreisatz-Tabelle:

	Prozent	Betrag	
: 100	100 %	500,00 €	Grundwert: 100
· 3	1 %	5,00 €	· 3
	3 %	15,00 €	Prozentsatz + Prozentwert

Antwortsatz: Wir erhalten 15 € Skonto.

4. Vermehrter Grundwert

Der Preis einer Ware betrug 20,00 €. Er wird um 5 % erhöht.
Wie hoch ist der neue Preis?

Vorgehen:

1) Prüfen, ob Erhöhung oder Verminderung vorliegt
2) passenden Prozentsatz berechnen
3) gesuchten Wert mit Dreisatz-Tabelle, Formel oder Prozentfaktor ausrechnen
--→ Preiserhöhung: 100 % + 5 % = 105 %

--→ Mit Formel:

1. Formel auswählen: $\dfrac{G \cdot \text{vermehrter Prozentsatz}}{\text{Grundwert}}$

2. Werte einsetzen: $\dfrac{20,00\,€ \cdot 105\,\%}{100\,\%}$

3. ausrechnen: $= 21\,€$

$G = \dfrac{20,00\,€ \cdot 105\,\%}{100\,\%} = 21,00\,€$

> **Vereinfachung mit dem vermehrten Prozentfaktor:**
> Grundwert · vermehrter Prozentfaktor
> 20 €   · 1,05 = 21 €
> = 100 % + 5 % = 105 %
> = 105 : 100 = 1,05

--→ Dreisatz-Tabelle:

	Prozent	Betrag	
: 100	100 %	20,00 €	Grundwert: 100
· 105	1 %	0,20 €	· 105
	105 %	21,00 €	vermehrter Grundwert (in % und €)

Antwortsatz: Der erhöhte Preis ist jetzt 21 €.

5. Verminderter Grundwert

Der Preis einer Ware betrug 20,00 €. Er wurde um 5 % gesenkt.
Wie hoch ist der neue Preis?

Vorgehen:

1) Prüfung, ob eine Vermehrung/Verminderung vorliegt
2) passenden Prozentsatz bestimmen
3) gesuchten Wert mit Dreisatz-Tabelle, Formel oder Prozentfaktor berechnen
   --→ Preissenkung: 100 % – 5 % = 95 %

--→ Mit Formel:

1. Formel auswählen:

$$\frac{G \cdot \text{verminderter Grundwert}}{\text{Grundwert}}$$

2. Werte einsetzen: $\dfrac{20,00 € \cdot 95 \%}{100 \%}$

3. ausrechnen: 19 €

--→ Prozentrechnung: $G = \dfrac{20,00 € \cdot 95 \%}{100 \%} = 19,00 €$

> **Vereinfachung mit dem verminderten Prozentfaktor:**
> Grundwert · verminderter Prozentfaktor
> 20 €   · 0,95 = 19 €
>   = 100 % – 5 = 95 %
>   = 95 : 100   = 0,95

--→ Dreisatz-Tabelle:

	Prozent	Betrag	
: 100	100 %	20,00 €	Grundwert: 100
· 95	1 %	0,20 €	· 95
	95 %	19,00 €	verminderter Grundwert (in % und €)

Antwortsatz: Der gesunkene Preis ist jetzt 19 €.

1.4   Zinsrechnung

Symbole	Berechnung der Zeit
Z = Zinsen	⇢ ein Jahr = 12 Monate
K = Kapital	⇢ ein Monat = 30 Tage
p = Zinssatz (pro Jahr)	⇢ 1. Tag zählt nicht
t = Zeit	⇢ letzter Tag zählt
Bei Eingabe in den Taschenrechner: 100 · 360 = 36 000	

Allgemeine Zinsformel (Tageszinsen):

$$Z = \frac{K \cdot p \cdot t}{100 \cdot 360}$$

Zinstage ausrechnen:

Eine Rechnung ist am 23.06. fällig und wird am 30.08. überwiesen.

1. Zeitraum notieren	→ 23.06.–30.08.	
2. Monate gleichmachen	→ 23.06.–23.08. = 2 Monate	
3. Monate in Tage umrechnen	→ 2 · 30 Tage	= 60 Tage
4. Resttage ermitteln und addieren	→ 23.08.–30.08.	+ 7 Tage
5. gesamte Zinstage ermitteln	→	= 67 Tage

Überweisungsbetrag bei Zahlungsverzug ermitteln:

Bruttobetrag + Verzugszinsen + Mahnkosten = Überweisungsbetrag

1.5   Kreditkostenvergleich

Lieferantenkredit und Bankkredit

Eine Rechnung über 3.730,00 € soll bezahlt werden, zahlbar innerhalb von zehn Tagen mit 2 % Skonto oder 30 Tage netto. Wie viel Euro spart der Zahnarzt, wenn er für den Überweisungsbetrag einen kurzfristigen Bankkredit zu 14 % aufnimmt?

1. **Überweisungsbetrag:**
   Bruttopreis – Skonto
   3.730,00 €   – 74,60 € = **3.655,40 €**

2. **Kreditdauer:**
   Zieltage – Skontotage
   30 Tage – 10 Tage = **20 Tage**

3. **Allgemeine Zinsformel:**

$$\text{Zinsen} = Z = \frac{K \cdot p \cdot t}{100 \cdot 360}$$

K = Überweisungsbetrag, Kreditsumme; p = Zinssatz der Bank (pro Jahr); t = Kreditdauer

4. **Werte in die Formel einsetzen:**

$$Z = \frac{3.655,40 \ € \cdot 14 \ \% \cdot 20 \ \text{Tage}}{100 \cdot 360} = \textbf{28,43 €}$$

5. **Gewinn:**

Skonto – Zinsen (Skonto bekomme ich, Zinsen zahle ich)

74,60 € – 28,43 € = **46,17 €**

6. **Antwortsatz:**

Der Gewinn beträgt 46,17 €. Die Aufnahme eines Bankkredits lohnt, um Skonto auszunutzen.

Kreditkosten Bankkredit: Überweisungsbetrag + Bankzinsen

Kreditsumme für einen Ratenkredit (= Anschaffungspreis)

Anzahlung + Restsumme (Laufzeit · monatliche Kreditrate)

1.6 Berechnung von Überweisungsbetrag und Bezugspreis

1.6.1 Berechnung des Überweisungsbetrages mit USt.

Dr. Roth bestellt 1 500 Handschuhe, eine Packung zu 100 Stück kostet 6,00 €/Packung, und zwei Packungen Röntgenfilme zu je 35,00 €/Pack. Der Lieferer gewährt 10 % Rabatt und 2 % Skonto. Die Versandkosten betragen pauschal 5,00 € (netto). Die Umsatzsteuer beträgt 19 %.

Wie hoch ist der Überweisungsbetrag?

Vereinfachte Vorgehensweise:

1.		A. Handschuhe: 1 500 Stück : 100 Stück/Packung = 15 Packungen			
2.		A. Gesamtpreis Handschuhe	= 15 · 6,00 €	=	90,00 €
3.	+	B. Gesamtpreis Röntgenfilme	= 2 · 35,00 €	=	+70,00 €
4.	**=**	**Gesamtsumme für beides**		**=**	**160,00 €**
5.	–	10 % Rabatt	= 160,00 € : 100 · 10	=	–16,00 € 1)
6.	**=**	**Warenwert, netto**	= 160,00 € – 16,00 €	**=**	**144,00 €**
7.	+	Versandkosten, netto		=	+5,00 €
8.	**=**	**Nettobetrag**	= 144,00 € + 5,00 €	**=**	**149,00 €**

9.	+ 19 % Umsatzsteuer	= 149,00 € : 100 · 19	=	+28,31 € 2)
10.	**= Bruttobetrag = Rechnungsbetrag**	**= 149,00 € + 28,31 €**	=	**177,31 €**
11.	− 3 % Skonto	= 177,31 € : 100 · 3	=	−5,32 € 3)
12.	**= Überweisungsbetrag**	**= 177,31 € − 5,32 €**	=	**171,99 €**

Berechnung mit dem Kalkulationsschema:

A. Handschuhe: 1 500 Stück : 100 Stück/Packung = 15 Packungen

A. Menge · Einzelpreis	= 15 · 6,00 €	=	90,00 €
+ B. Menge · Einzelpreis	= 2 · 35,00 €	=	+70,00 €
= Gesamtsumme für beides		**=**	**160,00 €** : 100
− 10 % Rabatt		=	−16,00 € · 10 1)
= Warenwert, netto		**=**	**144,00 €**
+ Versandkosten, netto		=	+5,00 €
= Nettobetrag		**=**	**149,00 €** : 100
+ 19 % Umsatzsteuer		=	+28,31 € · 19 2)
= Bruttobetrag = Rechnungsbetrag		**=**	**177,31 €** : 100
− 3 % Skonto		=	−5,32 € · 3 3)
= Überweisungsbetrag		**=**	**171,99 €**

Vereinfachung mit dem Prozentfaktor (PF)
oder: Das Komma 2 Stellen nach links (= vorne) verschieben

Prozentfaktor PF **Grundwert · PF**
1) 10 : 100 = 0,1   160 · 0,1 = 16 €
2) 19 : 100 = 0,19   149 · 0,19 = 28,31 €
3) 3 : 100 = 0,03   177,31 · 0,03 = 5,32 €

1.6.2   Berechnung des Bezugspreises ohne USt. (= kaufmännische Vorgehensweise)

Mit der sog. „Bezugskalkulation" soll der Bezugspreis ermittelt werden, den die Praxis nach Abzug von Rabatt und Skonto, zuzüglich der Bezugskosten (Fracht, Porto, Verpackung, Transportversicherung) beim Lieferer zu bezahlen hat. Die USt. wird dabei nicht betrachtet, da sie als durchlaufender Posten angesehen wird und nur vom Endverbraucher gezahlt werden muss.

Wird eine größere Menge in Gebindeeinheiten (Packungen, Pakete) bestellt, so ist zuerst die Anzahl der Pakete/Packungen zu ermitteln.

Danach muss der Gesamtpreis mit folgender Formel berechnet werden:
Menge (Gebindeeinheiten) · Einzelpreis.

Danach ergibt sich folgendes Schema der **Bezugskalkulation:**

	Listenpreis je Stück/Gesamt	**100 %**		**: 100**
−	10 % Rabatt	10 %		**· 10**
=	**Zieleinkaufspreis**	**90 %**	**100 %**	**: 100**
−	3 % Skonto		3 %	**· 3**
=	**Bareinkaufspreis**		**97 %**	
+	Bezugskosten			
=	**Bezugspreis**			

--→ Der Listenpreis gibt den Preis laut Preisliste/Katalog an (i. d. R. pro Stück oder Gebindeeinheit).
--→ Der Gesamtpreis gibt den Listenpreis für die gesamte Menge an.
--→ Der Zieleinkaufspreis gibt den Betrag nach Abzug von Rabatt an, den die Praxis zahlen muss, wenn sie keinen Skonto ausnutzt.
--→ Der Bareinkaufspreis ist der Zahlungsbetrag nach Ausnutzung (Abzug) von Skonto.
--→ Der Bezugspreis ist der Einkaufspreis beim Lieferer (ohne USt.).

Berechnung mit dem Kalkulationsschema:

1.		A. Handschuhe: 1 500 Stück : 100 Stück/Packung = 15 Packungen			
2.		A. Gesamtpreis Handschuhe	= 15 · 6,00 €	=	90,00 €
3.	+	B. Gesamtpreis Röntgenfilme	= 2 · 35,00 €	=	70,00 €
4.	**=**	**Listenpreis = Gesamtsumme für beides**		**=**	**160,00 €** : 100
5.	−	10 % Rabatt	= 160,00 € : 100 · 10	=	−16,00 € · 10 1)
6.	**=**	**Zieleinkaufspreis**	**= 160,00 € − 16,00 €**	**=**	**144,00 €** : 100
7.	−	3 % Skonto	= 144,00 € : 100 · 3	=	−4,32 € · 3 2)
8.	**=**	**Bareinkaufspreis**	**= 144,00 € − 4,32 €**	**=**	**139,68 €**
9.	+	Bezugskosten		=	+5,00 €
10.	**=**	**Bezugspreis**	**= 139,68 € + 5,00 €**	**=**	**144,68 €**

Vereinfachung mit dem Prozentfaktor (PF)

1) 10 : 100 = 0,1   160 · 0,1   = 16 €
2) 3 : 100 = 0,03 144 · 0,03 = 4,32 €

1.7 Kurze Rechenwege mit dem Prozentfaktor (PF)

Listenpreis, Rabatt, Zieleinkaufspreis

Listenpreis: 160,00 €

				PF	Grundwert · **PF**			
100 % Listenpreis	=	100 % =	100/100 = 1,0	→	160,00 € · 1,0	=	160,00 €
10 % Rabatt	=	10 % =	10/100 = 0,1	→	160,00 € · 0,1	=	−16,00 €
90 % Zieleinkaufspreis =	90 % =	90/100 = 0,9	→	160,00 € · 0,9	=	144,00 €

Bequemer Prozentsatz:

	Listenpreis:	160,00 € : 100	: 10	**10 %** = 1/10
−	10 % Rabatt:	16,00 € · 10	· 1	
=	Zieleinkaufspreis = 144,00 € + 5,00 € Versandkosten = 149,00 € = Nettobetrag			

Nettobetrag, Umsatzsteuer, Bruttobetrag

Nettobetrag: 149,00 €

100 % Nettobetrag	=	100 % =	100/100 = 1,0	→	149,00 € · 1,0	=	149,00 €
19 % Umsatzsteuer =	19 % =	19/100 = 0,19	→	149,00 € · 0,19	=	−28,31 €
119 % Bruttobetrag	=	119 % =	119/100 = 1,19	→	149,00 € · 1,19	=	177,31 €

	Nettobetrag	=	149,00 €	: 100
+	19 % USt.		+28,31 €	· 19
=	Bruttobetrag	=	177,31 €	
=	Rechnungsbetrag			

Brutto = Bruttobetrag = Preis mit (= einschließlich) Umsatzsteuer
Netto = Nettobetrag = Preis ohne (= ausschließlich) Umsatzsteuer

Rechnungsbetrag, Skonto, Überweisungsbetrag

Rechnungsbetrag: 177,31 €

100 % Rechnungsbetrag	=	100 % =	100/100 = 1,0	→	177,31 € · 1,0	=	177,31 €
3 % Skonto	=	3 % =	3/100 = 0,03	→	177,31 € · 0,03	=	−5,32 €
97 % Überweisungsbetrag =	97 % =	97/100 = 0,97	→	177,31 € · 0,97	=	171,99 €

	Rechnungsbetrag	=	177,31 € : 100
−	3 % Skonto		−5,32 € · 3
=	Überweisungsbetrag	=	171,99 €

1.8 Verdünnungsrechnen (Mischungskreuz)

Ein Konzentrat von 5 % soll hergestellt werden (= Verdünnung). Dazu soll ein 50-prozentiges Konzentrat mit 2 l Wasser vermischt werden.

a) Wie ist das Mischungsverhältnis?

b) Wie viel Liter Konzentrat und wie viel Liter Wasser werden gemischt?

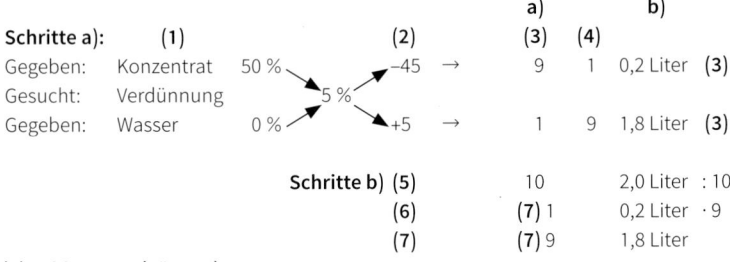

				a)		b)
Schritte a):	(1)		(2)	(3)	(4)	
Gegeben:	Konzentrat	50 %	−45 →	9	1	0,2 Liter (3)
Gesucht:	Verdünnung		5 %			
Gegeben:	Wasser	0 %	+5 →	1	9	1,8 Liter (3)

		a)	b)	
Schritte b) (5)		10	2,0 Liter	: 10
(6)		(7) 1	0,2 Liter	· 9
(7)		(7) 9	1,8 Liter	

(8) Schlusssatz (Lösung):

a) Mischungsverhältnis = 1 : 9

b) 0,2 Liter Konzentrat und 1,8 Liter Wasser sind zu mischen.

Das Mischungsverhältnis wird mithilfe des <u>Mischungskreuzes</u> gebildet (s. Schema). In Pfeilrichtung werden die Differenzen der Konzentration der Ausgangslösungen jeweils zur Konzentration der gewünschten Mischung gebildet.

Schritte a):

1. Konzentrat, Verdünnung und Wasser untereinanderschreiben
2. Differenz zwischen Konzentrat und Verdünnung berechnen
3. Ergebnis soweit wie möglich kürzen
4. Durch Überkreuzschreiben das Mischungsverhältnis berechnen

Schritte b):

(5) die gegebene Gesamtmenge der Verdünnung zuordnen

(6) Menge für ein Teil ausrechnen

(7) Teilmengen für Konzentrat und Verdünnungsmittel berechnen

(8) → **Schlusssätze mit Ergebnis formulieren**

1.9 Geldzahlungen

Lohnfortzahlung: sechs Wochen volles Gehalt vom Arbeitgeber

Kindergeld: 1./2. Kind → 219,00 € → für jedes weitere Kind mehr

Lohnersatzleistungen

⇢ **Krankengeld:** ab der 7. Krankheitswoche bis 1,5 Jahre 70 % vom **Brutto**gehalt, maximal 90 % vom **Netto**gehalt von der Krankenkasse innerhalb von drei Jahren

--→ **Bei Schwangerschaft:**
   a) Mutterschaftsgeld: 13,00 €/Kalendertag (Krankenkasse)
   b) Arbeitgeberzuschuss: Differenz zum Nettogehalt
   c) Nettolohn: Mutterschaftsgeld + Arbeitgeberzuschuss

--→ **Arbeitslosengeld I:**
   a) Mit Kind: 67 % vom Nettogehalt
   b) Ohne Kind: 60 % vom Nettogehalt

$$\frac{\text{Nettogehalt} \cdot \text{Prozentsatz}}{100 \text{ \%}}$$

Vereinfachung mit Prozentfaktor:
Grundwert (Nettogehalt) · Prozentfaktor

Beispiel für a):
Alleinerziehende ZFA, Bruttogehalt 1.800,00 €, netto = 1.302,16 €:

$$\frac{1.302,16 \text{ € } \cdot 67 \text{ \%}}{100 \text{ \%}} = 872,45 \text{ €}$$

Vereinfachung mit Prozentfaktor:

Prozentfaktor	Nettogehalt · PF
67 : 100 = 0,67 →	1.302,16 · 0,67

--→ **Elterngeld:**
   a) Basiselterngeld: maximal 1.800,00 €/Monat

$$\frac{\text{Nettogehalt} \cdot 67 \text{ \%}}{100 \text{ \%}}$$

Vereinfachung mit Prozentfaktor:
Grundwert (Nettogehalt) · Prozentfaktor

Beispiel:

$$\text{ZFA: } \frac{1.200,00 \text{ € } \cdot 67 \text{ \%}}{100 \text{ \%}} = 804,00 \text{ €}$$

Vereinfachung mit Prozentfaktor:

Prozentfaktor	Nettogehalt · PF
67 : 100 = 0,67	1.200 · 0,67
	3.000 · 0,67

$$\text{Ehemann: } \frac{3.000,00 \text{ € } \cdot 67 \text{ \%}}{100 \text{ \%}} = 2.010,00 \text{ € } \rightarrow \text{max. } 1.800,00 \text{ €}$$

   b) ElterngeldPlus: maximal 900,00 €/Monat

$$\frac{\text{Nettogehalt} \cdot 33,5 \text{ \%}}{100 \text{ \%}}$$

$$\frac{900 \text{ € } \cdot 33,5 \text{ \%}}{100 \text{ \%}} = 301,50 \text{ €}$$

Vereinfachung mit Prozentfaktor:

Prozentfaktor	Nettogehalt · PF
33,5 : 100 = 0,335	900 · 0,335

   c) Partnerschaftsbonus: siehe b)
   d) Geschwisterbonus: 10 % des Elterngeldes, mindestens 75,00 €/37,50 € pro Monat
   e) Mehrlingszuschlag: 300,00 €/150,00 € pro Kind und Monat

2 Abkürzungen und Fachbegriffe

2.1 Gesetze und Verordnungen (BA/PO/WiSo)

Kürzel	Bedeutung
AbfG	Abfallgesetz
AGG	Allgemeines Gleichbehandlungsgesetz
AMG	Arzneimittelgesetz
AO	Ausbildungsordnung
ArbPlSchG	Arbeitsplatzschutzgesetz
ArbSchG	Arbeitsschutzgesetz
ArbStättV	Arbeitsstättenverordnung
ArbZG	Arbeitszeitgesetz
ASiG	Arbeitssicherheitsgesetz
BBiG	Berufsbildungsgesetz
BDSG	Bundesdatenschutzgesetz
BEB	Bundeseinheitliche Benennungsliste
BEEG	Bundeselterngeld- und -elternzeitgesetz (Behandlungsrichtlinie = Richtlinie für ausreichende, zweckmäßige und wirtschaftliche vertragszahnärztliche Versorgung)
BEL II	Bundeseinheitliches Leistungsverzeichnis
BetrSichV	Betriebssicherheitsverordnung
BGB	Bürgerliches Gesetzbuch
BGR	Berufsgenossenschaftliche Regeln für Sicherheit und Gesundheit
BildscharbV	Bildschirmarbeitsverordnung
BioStoffV	Biostoffverordnung
BO	Berufsordnung (Musterberufsordnung der Zahnärzte)
BtMG	Betäubungsmittelgesetz
BtMVV	Betäubungsmittelverschreibungsverordnung
BUrlG	Bundesurlaubsgesetz
DSGVO	Datenschutz-Grundverordnung

Kürzel	Bedeutung
DVG	Digitales Versorgungsgesetz = Gesetz, das den Digitalisierungsprozess im Gesundheitswesen vorantreibt
DVPMG	Digitale-Versorgung-und-Pflege-Modernisierungsgesetz = Gesetz, das ebenfalls den Digitalisierungsprozess im Gesundheitswesen vorantreibt
eHealth-Gesetz	Fahrplan für die Einführung einer Digitalisierung im Gesundheitswesen
GefStoffV	Gefahrstoffverordnung
GewO	Gewerbeordnung
Hygieneplan	Hygieneplan der Bundeszahnärztekammer
IfSG	Infektionsschutzgesetz
JArbSchG	Jugendarbeitsschutzgesetz
KrWG	Kreislaufwirtschaftsgesetz
KSchG	Kündigungsschutzgesetz
LAGA-Richtlinien	Richtlinien über die ordnungsgemäße Entsorgung von Abfällen aus Einrichtungen des Gesundheitswesens
MPBetreibV	Medizinproduktebetreiberverordnung
MPG	Medizinproduktegesetz
MPSV	Medizinprodukte-Sicherheitsplanverordnung
MuSchG	Gesetz zum Schutz von Müttern bei der Arbeit, in der Ausbildung und im Studium
PAR-Richtlinie (PAR 21)	Richtlinie zur systematischen Behandlung von Parodontitis und anderen Parodontalerkrankungen
PDSG	Patienten-Datenschutz-Gesetz = Rechtsgrundlage für das eRezept
ProdSG	Produktsicherheitsgesetz
RKI-Richtlinie	Richtlinie des Robert-Koch-Instituts (Infektionsprävention in der Zahnheilkunde – Anforderungen an die Hygiene)
SGB V	5. Sozialgesetzbuch
StGB	Strafgesetzbuch
StrlSchG	Strahlenschutzgesetz
StrlSchV	Strahlenschutzverordnung

Kürzel	Bedeutung
TRBA 250	Biologische Arbeitsstoffe im Gesundheitswesen und in der Wohlfahrtspflege
TRGS 900	Arbeitsplatzgrenzwerte für Gefahrstoffe
TRGS 905	Verzeichnis krebserzeugender, keimzellmutagener oder reproduktionstoxischer Stoffe
UVV	Unfallverhütungsvorschriften
ZHG	Gesetz über die Ausübung der Zahnheilkunde

2.2   Abkürzungen in der neuen PAR-Richtlinie

Kürzel	Bedeutung
1. AIT	Antiinfektiöse Therapie
a)	– einwurzlige Zähne
b)	– mehrwurzlige Zähne
2. ATG	Parodontologisches Aufklärungs- und Therapiegespräch
3. BEV	Befundevaluation nach AIT und CPT
4. CAL	clinical attachment loss = erkennbarer Verlust des Zahnhalteapparates
5. CPT	Chirurgische Parodontal Therapie
a)	– einwurzlige Zähne
b)	– mehrwurzlige Zähne
6. HbA1c –Wert	Blutzuckerwert, der einen Rückschluss auf die Qualität der Blutzuckereinstellung der letzten 8 – 12 Wochen erlaubt.
7. MHU	Patientenindividuelle Mundhygieneunterweisung
8. PMPR	Professionelle mechanische Plaquereduktion
9. PSI	Parodontaler Screening-Index = orientierter Überblick über das Vorliegen und/oder die Schwere einer parodontalen Erkrankung und den Behandlungsbedarf
10. UPT	Unterstützende Parodontitistherapie

2.3   eRezept/Rezept (PO)

Kürzel	Bedeutung
aut idem	nur dieses (Medikament)
BtM	Betäubungsmittel

Kürzel	Bedeutung
noctu	nachts (kein Nachtzuschlag)
Rp.	lat. recipe = nimm (Einleitungsformel)
Sonstige	sonstige Kostenträger
Gebühr frei	befreit von der Zuzahlung (unter 18, Schwangere, Arbeitsunfall, Befreiungsausweis, sonstige Kostenträger)
Geb.-pfl.	nicht von der Zuzahlung befreit
N1	kleinste Packungsgröße
N2	mittlere Packungsgröße
N3	größte Packungsgröße
Tabl	Tabletten

2.4 eHealth

Kürzel	Bedeutung
al.vi	alternative Versichertenidentität = Prüfverfahren zur Versichertenidentität ohne Smartphone → mit geprüfter Signatur + PIN
CAN	Card Access Number (6-stellige Nummer auf der Vorderseite der eGK; Karte ist NFC-fähig) → Erst muss die CAN, dann muss die PIN eingegeben werden. Anschließend können die Daten in der ePA kontaktlos auf der eGK ausgelesen werden.
Cov Pass	digitaler Impfnachweis der EU von Geimpften für Corona-Impfung
DEMIS	Deutsches Elektronisches Melde- und Informationssystem für Infektionskrankheiten = Meldesystem für meldepflichtige Erreger
DPE	Datensatz persönliche Erklärung = Teil des NFD = Hinweise zum Aufbewahrungsort von Organspendeausweis, Vorsorgevollmacht und Patientenverfügung
eAA	elektronischer Arztausweis
eArztbrief	Übermittlung von Patientendaten + Röntgenbildern per KIM
eAU	elektronische Arbeitsunfähigkeitsbescheinigung
eGA	vom Patienten geführte elektronische Gesundheitsakte
eGK 2.1	elektronische Gesundheitskarte (mit CAN) 2. Generation, 1. Karte → zum kontaktlosen Auslesen

Kürzel	Bedeutung
eHBA 2.0	elektronischer Heilberufeausweis (Ärzte, Apotheker) 2. Generation
eHealth	Electronic Health = Digitalisierung (neue Technologien) im Gesundheitswesen
EHIC	European Health Insurance Card = Europäische Krankenversicherungskarte
eHKT	eHealth-Kartenterminal für im Gesundheitswesen eingesetzte kontaktlose Smartkarten
eMP	elektronischer Medikamentenplan (Dosierung von Medikamenten bei chronisch Kranken mit mind. 3 Medikamenten)
Ende-zu-Ende-Verschlüsselung	Daten sind über den gesamten Übertragungsweg verschlüsselt, d. h. Umwandlung eines Klartextes in einen Geheimtext; Entschlüsselung = Geheimtext wird in Klartext zurückgewandelt
eNFD	elektronischer Notfalldatensatz (chronische Erkrankungen, Medikamente, Unverträglichkeiten, Allergien, Schwangerschaft, Implantate, ergänzende Kontaktdaten)
ePA	vom Arzt/Zahnarzt bzw. von Ärztin/Zahnärztin geführte elektronische Patientenakte (Befunde, Arztbriefe, Röntgenbilder usw.)
ePA-App	ePA-App der Krankenkasse aus dem App-Store
eRezept	elektronisches Rezept
eRezept-App	App der Krankenkasse zur Verwaltung des eRezepts
eSignatur	elektronische Unterschrift des Arztes/Zahnarztes
eZAA	elektronischer Zahnarztausweis
G2.1	2. Generation der eGK 1. Karte → Vermerk oben rechts auf der eGK
Kartenterminal	eHealth-Kartenterminal zum kontaktlosen Auslesen der NFC-fähigen eGK
KIM	Kommunikation im Medizinwesen = sicherer E-Mail-basierter Dienst, bei dem in einem geschlossenen Nutzerkreis Zahnärztinnen und Zahnärzte untereinander oder mit der KZV Daten austauschen können
MIO	Medizinische Informationsobjekte (Impfpass)
NFC	NearFieldCommunication = kontaktloses Auslesen der eGK per Funk
NFC-fähige eGK	Erst nach Eingabe der 6-stelligen CAN und der PIN ist das kontaktlose Auslesen der eGK möglich.

Kürzel	Bedeutung
NFD	Notfalldatensatz
NFDM	Notfalldatenmanagement = ermöglicht den Aufruf der wichtigsten Notfalldaten von der eGK → s. eNFD
PIN	Persönliche Identifikationsnummer = Geheimnummer von Arzt, Apotheker und Patient zur Datenein- und -ausgabe
PUK	Personal Unblocking Key (= Entsperrschlüssel) → zum Zurücksetzen der PIN, falls man diese vergessen oder dreimal falsch eingegeben hat
PVS	Praxisverwaltungsprogramm (z. B. DAISY)
QES	Qualifizierte elektronische Signatur = rechtsgültige elektronische Unterschrift
QR-Code	Quick Response = schnelle Antwort = Quadrat mit schwarzen und weißen Punkten und Linien, das von der App schnell Informationen aufruft und Befehle ausführt
Rezept-ID	Rezept-Identity = Rezept-Schlüssel = Mithilfe des Rezept-Schlüssels und einem zusätzlichen Access-Code kann der Apotheker ein Medikament in der Datenbank abrufen.
Smartcards	kontaktlose Karten im Gesundheitswesen (eGK, eZAA)
SMC-B	Security-Modul-Card Typ B = Elektronischer Praxisausweis → zur Registrierung und Authentisierung als Zahnarztpraxis gegenüber dem Betreiber (IT-Dienstleister)
Telediagnostik	Ferndiagnose per Videozuschaltung
Telematik	Einsatz von Telekommunikation für besondere Zwecke
Teleradiologie	Fernröntgen per Videozuschaltung
VSDM	Versichertenstammdatenmanagement = prüft online, ob die Versichertendaten aktuell sind und ob aktuell ein Versicherungsverhältnis besteht

Nutzung des QR-Codes:

1. QR-Code im App-Store herunterladen
2. App installieren
3. App öffnen
4. Kamera auf den Code richten
5. QR-Code einscannen oder fotografieren
6. App verarbeitet den Code und führt Befehle aus
7. Inhalt öffnen

2.5 Honorar und Abrechnung (PO/ABR)

2.5.1 Kassenpatienten

Kürzel	Bedeutung
BEMA	
BEMA	Bewertungsmaßstab – einheitlicher Bewertungsmaßstab für zahnärztliche Leistungen
Mini-BEMA	Kurzfassung des BEMAs (Faltblatt)
Bewzahl	Bewertungszahl = Punktzahl = abrechenbare Punkte pro Leistung nach BEMA
Punktwert	Vergütung für einen abgerechneten Punkt in Euro laut Rundschreiben der KZV
Honorar	Punktzahl · Punktwert
Aufbau der Gebührennummer	
Abkürzung	Abkürzung der Leistungsbeschreibung
EDV-Nummer	Nummerierung zur EDV-Abrechnung
Geb.Nr.	Gebührennummer nach BEMA
Leistung	Beschreibung der Leistung
Punktzahl	Bewertung der Leistung in Punkten
Gliederung des BEMA	
1. KCH	konservierende und chirurgische Behandlungen, Röntgen
KG	Kiefergelenk
2. KB	Kieferbruch
3. KFO	Kieferorthopädie
4. PAR	Parodontopathien (Zahnbetterkrankungen)
5. ZE	Zahnersatz und Kronen
HKP	
HKP	Heil- und Kostenplan der GKV (Kassenpatienten)
Kostenvoranschlag	Heil- und Kostenplan der PKV (Privatpatienten)
XML-Datei	HKP-Datei = Datenfernübertragung des HKPs an die Krankenkasse

Kürzel	Bedeutung
Prothetik-Festzuschüsse	
Bonusregelung	60 % → Regelsatz → Bonus 0
	70 % → fünf Jahre + Bonusheft → Bonus 1
	75 % → zehn Jahre + Bonusheft → Bonus 2
	100 % → Härtefälle
Quartalsabrechnung	
1. Quartal	01.01.–31.03. (Januar, Februar, März)
2. Quartal	01.04.–30.06. (April, Mai, Juni)
3. Quartal	01.07.–30.09. (Juli, August, September)
4. Quartal	01.10.–31.12. (Oktober, November, Dezember)
Verträge und Vertragspartner	
BMV-Z	Bundesmantelvertrag-Zahnärzte
EKV-Z	Ersatzkassenvertrag-Zahnärzte
KK	Krankenkasse
KZBV	Kassenzahnärztliche Bundesvereinigung
KZV	Kassenzahnärztliche Vereinigung

2.5.2   Privatpatienten

Kürzel	Bedeutung
GOÄ	Gebührenordnung für Ärzte
GOZ	Gebührenordnung für Zahnärzte
PKV	Private Krankenversicherung
PVS	Privatärztliche Verrechnungsstelle

Steigerungsfaktoren von Leistungen	
1. Einfachsatz	1,0 = Mindestwert = Gebührensatz für einfache Verrichtungen (niedrige Punktzahl · einheitlicher Punktwert = 70 · 5,62421 Cent = 3,94 €)
2. Schwellensatz	Steigerung **ohne Begründung** möglich 1,15 = Labor 1,8 = Röntgen 2,3 = Privatpatienten

Steigerungsfaktoren von Leistungen	
3. Höchstsatz	Steigerung **mit Begründung nötig** 1,3 = Labor 2,5 = Röntgen 3,5 = 1. besonderer Schwierigkeitsgrad 　　　2. besonderer Zeitaufwand 　　　3. besondere Umstände

2.5.3 Kostenträger in der Gesetzlichen Krankenversicherung (GKV)

Kürzel	Bedeutung
Primärkassen	
AOK	Allgemeine Ortskrankenkasse
BKK	Betriebskrankenkasse
IKK	Innungskrankenkasse
KBS	Knappschaft-Bahn-See
LKK	Landwirtschaftliche Krankenkasse
Ersatzkassen	
BARMER	Barmer Ersatzkasse
DAK-Gesundheit	Deutsche Angestellten-Krankenkasse
HEK	Hanseatische Krankenkasse
hkk	Handelskrankenkasse
KKH	Kaufmännische Krankenkasse Allianz
H	Halle (Gründungsort) bzw. Hannover (heutiger Hauptsitz)
TK	Techniker Krankenkasse
vdek	Verband der Ersatzkassen
Sonstige Kostenträger	
BG	Berufsgenossenschaft
PKV	Private Krankenversicherung (Debeka, DKV, HUK u. a.)
Sonstige	sonstige Kostenträger

2.6 Sozialversicherung (WiSo)

Kürzel	Bedeutung
AV	Arbeitslosenversicherung
BBG	Beitragsbemessungsgrenze
JAEG	Jahresarbeitsentgeltgrenze
KV	Krankenversicherung
PV	Pflegeversicherung
RV	Rentenversicherung
SGB V	5. Sozialgesetzbuch (= Vorschriften zur Sozialversicherung)
UV	Unfallversicherung

2.7 Kaufvertrag und Zahlungsverkehr (PO)

Kürzel	Bedeutung
AGB	Allgemeine Geschäftsbedingungen
BIC	Bank Identifier Code = Bank-Identifizierungsnummer (bei Auslandsüberweisungen zwingend)
ECC	Electronic Cash mit Chip (ohne Zahlungsgarantie)
ELV	Europäisches Lastschriftverfahren (mit Zahlungsgarantie)
IBAN	International Bank Account Number = internationale Kontonummer (22-stellig)
PIN	Persönliche Identifikationsnummer = Geheimnummer
POS	Point of Sale = Zahlung am Verkaufspunkt (ohne Zahlungsgarantie)
TAN	Transaktionsnummer

2.8 Gesundheitswesen (WiSo)

Kürzel	Bedeutung
BAG	Berufsausübungsgemeinschaft = Gemeinschaftspraxis
BfArM	Bundesinstitut für Arzneimittel und Medizinprodukte, Bonn
BfR	Bundesinstitut für Risikobewertung, Berlin

Kürzel	Bedeutung
BG	Berufsgenossenschaft
BGW	Berufsgenossenschaft für Gesundheitsdienst und Wohlfahrtspflege, Hamburg
BMG	Bundesministerium für Gesundheit, Bonn und Berlin
BZgA	Bundeszentrale für gesundheitliche Aufklärung, Köln
D-Arzt	Durchgangsarzt
Dr. med. dent.	Doctor medicinae dentariae = Doktor der Zahnmedizin
Dr. med.	Doctor medicinae = Doktor der Medizin
EMA	European Medicines Agency = Europäische Arzneimittelagentur, Amsterdam
PartG	Partnergesellschaft
PEI	Paul-Ehrlich-Institut, Langen (Hessen)
RKI	Robert-Koch-Institut, Berlin
VertragsZA	Vertragszahnarzt
WHO	World Health Organisation = Weltgesundheitsorganisation, Genf (Schweiz)
ZÄK	Zahnärztekammer

3 Aufbewahrungs- und Verjährungsfristen/ Termine für das Personal

3.1 Aufbewahrungsfristen

Unterlage	Frist	Beginn
Kopie der AU (ab 2021 elektronisch übermittelt)	ein Jahr	ab Ausstellung
Belehrungsnachweis Gefahrstoffe	zwei Jahre	
Prüfbescheinigung – Feuerlöscher	zwei Jahre	ab Prüfdatum
BtM-Buch	drei Jahre	ab letzter Eintragung
Entsorgungsnachweis	drei Jahre	ab Registereintrag
Mitarbeiterunterweisung – Röntgen	fünf Jahre	
Prüfbescheinigung – Röntgengeräte	fünf Jahre	ab Prüfdatum
Bestellungen, Lieferscheine (als Geschäftsbriefe)	sechs Jahre	ab Jahresende
Lieferschein (als Buchungsbeleg)	zehn Jahre	ab Jahresende
Konstanzprüfung	zehn Jahre	
HKPs, Laborrechnungen	zehn Jahre	
Belege, Rechnungen, Mietverträge, Lohnkonten	zehn Jahre	ab Jahresende
Chargendokumentation	zehn Jahre	
Karteikarte, KFO-, PAR-Behandlung, Anamnesebogen	zehn Jahre	ab Behandlungsende/ ab Sterbedatum
Planungsmodelle	zehn Jahre	ab Eingliederung
Röntgen – Erwachsene	zehn Jahre	ab Röntgendatum
Röntgen – Kinder und Jugendliche (bis 18 Jahre)	bis zum 28. Lebensjahr	ab Röntgendatum

3.2 Verjährungsfristen

	Frist	Beginn
Zuschussbewilligung beim HKP	sechs Monate	ab Kostenzusage
Gewährleistung (Mangel an Zahnersatz, Warenlieferungen)	zwei Jahre	unverzüglich nach Entdecken
Allgemeine Verjährung (Forderungen, Lohn, Honorar)	drei Jahre	ab Ende des Kalenderjahres
Verjährung Schadenersatz Behandlungsfehler	drei Jahre	ab Kenntnis
→ Hemmung/Unterbrechung möglich	Verlängerung/	Neubeginn möglich

3.3 Termine für das Personal

Anlass	Wie oft
Mitarbeiterunterweisung nach StrSchVo	einmal jährlich
Aktualisierung des Anamnesebogens	alle zwei Jahre (laut RKI); besser regelmäßig
Aktualisierung der Kenntnisse im Strahlenschutz	alle fünf Jahre
Vorsorgeuntersuchungen: a) Jugendarbeitsschutzuntersuchung b) arbeitsmedizinische Vorsorge (gesamtes Personal)	vor und ein Jahr nach Ausbildungsbeginn vor Arbeitsbeginn, dann alle drei Jahre
Erste-Hilfe-Kurs	alle drei Jahre
eHBA	alle vier bzw. fünf Jahre (je nach Anbieter)

Bildquellenverzeichnis

Brauner, Angelika, Hohenpeißenberg: 19.1, 24.1, 77.1, 92.1.

Di Gaspare, Michele (Bild und Technik Agentur für technische Grafik und Visualisierung), Bergheim: 23.1.

Mair, Jörg, München: 95.1, 97.1.

stock.adobe.com, Dublin: Raths, Alexander 1.1; Trendsetter Images Titel, Titel.

Sachwortverzeichnis